Bausteine Kindergarten

Sammelband 4

Barbara Neugebauer

Von Zwergen und Riesen

Von Bären – „bärenstark"

Was Hände alles können

Wie die Zeit vergeht

Illustrationen:
W. Kuithan
G. Merkens
I. Scharwächter-Mebes

BERGMOSER + HÖLLER
VERLAG GMBH

ISBN 3-88997-047-8

Texte, Erarbeitung und Redaktion: Barbara Neugebauer
Titelzeichnung und Illustrationen: W. Kuithan, G. Merkens, I. Scharwächter-Mebes
Satz und Gestaltung: graphodata GmbH, Aachen
Notensatz: Musikverlag Schruff, Aachen
Druck und Bindung: Bonifatius-Druckerei, Paderborn

Informierende oder zum Nachdenken anregende Texte

Von Zwergen und Riesen

Von Bären – „bärenstark“

Was Hände alles können

Wie die Zeit vergeht

Es sollte im Sinne des Verlages ein neuer Sammelband entstehen, der weitere 4 Mappen der „Bausteine Kindergarten" zusammenfaßt und diese überarbeitet und aktualisiert anbietet. Damit ist für die Arbeit mit den Kindern wieder ein Band entstanden, der eine Auswahl von Themen und Anregungen für die Erzieher/innen bietet, die bei passender Situation und Gelegenheit eingesetzt werden können und zur Ideenfindung anspornen soll.

Der Themenbereich „Riesen und Zwerge" führt über phantastische Gestalten hin zur eigenen Befindlichkeit des als klein und groß sich einschätzenden Kindes. Es soll über anschauliche Vorstellungen und Erlebnisse das eigene Wachstum bestärkt werden.

Über die Hände als Körperteile, die oft auf das Ganze des Menschen hinweisen und für die Sinnesempfindung und für Greifbares stehen, ist eine unmittelbare Erfahrung für die Kinder möglich.

„Bären" (aus dem Jahrgang 1984) bieten einen doppelten Zugang: Einmal vom Kleinkind her gesehen, die Teddybärenwelt – das Kuscheltier als Partner für das kleine Ich, das begleitet und Halt bietet – zum anderen das exemplarische Kennenlernen eines Tieres und seiner Lebensgewohnheiten, das zum Interessefinden an der Natur- und Umweltthematik beitragen soll.

Das Zeitthema, welches prinzipiell in alles Tun einfließt, ist hier in ausgewählten Bereichen dargestellt, wie es das allmähliche Wachsen an Verständnis für Zeiteinteilung, für Sinnwerte, für Ausdauer und Wartenkönnen begleitet. Es traut den Kindern viel zu, indem es aus dem Erleben des Wandels eine Ahnung von Eingebettetsein in zeitliche Dimensionen ermöglicht.

Ein Ausspruch Meister Ekkeharts ist mir persönlich sehr wichtig geworden. Er kann alles Tun und auch die Behandlung dieses Themas immer wieder in die rechte Relation setzen, auf eine einfache Erkenntnis zurückführen:

„Die wichtigste Stunde in Deinem Leben ist die Gegenwärtige."

Barbara Neugebauer

EP	*Einzel- oder Partnertätigkeit*
G	*Gruppentätigkeit*
EPG	*Einzel-, Partner- oder Gruppentätigkeit*
gG	*gelenkte Gruppentätigkeit*
gGg	*gelenkte Gesamtgruppentätigkeit*

Jesus stellt das annehmende und vertrauende, das auf die Fürsorge anderer angewiesene Kind als Beispiel hin für den Glaubenden in seinem Verhältnis zu Gott.

Mk 10,13-16

Da brachte man Kinder zu ihm, damit er ihnen die Hände auflegte. Die Jünger aber wiesen die Leute schroff ab. Als Jesus das sah, wurde er unwillig und sagte zu ihnen: „Laßt die Kinder zu mir kommen; hindert sie nicht daran! Denn Menschen wie ihnen gehört das Reich Gottes. Amen, das sage ich euch: wer das Reich Gottes nicht annimmt, wie ein Kind, der wird nicht hineinkommen.“ Und er nahm die Kinder in seine Arme; dann legte er ihnen die Hände auf und segnete sie.

Erfahrungsfeld der Kinder

Das Auffälligste an heutigen Kindern, sieht H. von Hentig, ist ihre Unfähigkeit zu trauen, ein sie beherrschendes Gefühl, zu kurz gekommen zu sein, übergangen, übersehen, überhört, ungerecht behandelt, belastet oder beschuldigt zu werden. Wenn dies auch nur zum Teil zutrifft, welche Erfahrungen mögen solche Kinder in ihrer Umgebung gemacht haben? Haben sie im Haus die Ruhe, die Ordnung gestört – stören sie weiter dienstbeflissene Erwachsene – beim Einkauf, im Verkehr und anderswo – oder werden leicht übersehen? Im Alltag von Kindern passiert letzteres leicht!
Übermächtig werden für Kinder Eindrücke in Situationen, die für sie nicht mehr überschaubar sind. Demgegenüber vermehren sich in vertrauensvoller Umgebung und bei positiver Erwartungshaltung die Erfahrungen, die mit dem Größer-werden, dem Wachstum, verbunden sind. Der kindliche Blickwinkel ändert sich ständig in der Weise: „Je mehr ich wachse, umso größer werde ich; vieles, was mir einmal hoch erschienen ist, kann ich jetzt greifen."
Es kann jedoch auch das Gegenteil eintreten. Es können Erschwernisse des Erwachsenenlebens den Kindern durchaus bewußt werden und damit den Wunsch aufkommen lassen, klein bleiben zu wollen, die Sorgen der Eltern nicht übernehmen zu wollen.
Wichtig sind für Kinder auch die Beziehungen zu anderen Kindern. Hier kann das Verhältnis zu älteren Kindern durchaus bedrohlich auf kleinere wirken. Auch in der Kindergruppe gibt es durch Alter, Wissen, Einfluß, Beredsamkeit und Findigkeit bedingte Machtunterschiede. Besonders werden diese in altersgemischten Gruppen sichtbar.
Kleine Gestalten aus der Fernsehwerbung wie Mainzelmännchen, Schlümpfe und Figuren aus Kinderserien sind erste Anschauungsobjekte für die meisten heutigen Kinder. Verfestigt werden diese Vorstellungen dadurch, daß viele Film- und Fernsehfiguren auch in die Spielzeugwelt Einzug gehalten haben und zu Rollenspielobjekten der „kleinen Welt" geworden sind.
Gartenzwerge aus dem Kleingartenmilieu prägen oft die Vorstellung von Zwergen und von einer verniedlichten Welt.
Ein immer größeres Angebot an Bilderbüchern mit verschiedenen Darstellungen von Zwergen und Riesen in unterschiedlichen Techniken können die Phantasie der Kinder beflügeln.
Kinder hören gern zu, wenn sie in Märchen, Geschichten und Reimen etwas von Zwergen, Heinzelmännchen und anderen kleinen Wesen erfahren. Vielfach werden sie auch zu Hause Märchencassetten und -schallplatten besitzen, von denen sie bekannte Märchen wie Schneewittchen, Rotkäppchen, Schneeweißchen und Rosenrot abhören können. Hier werden sie mit den oft hilfreichen, selten mißgünstigen, Zwergengestalten bekannt gemacht.
Freude haben an Kleinem, Winzigem, Niedlichem, kleine Gegenstände und Tiere sehen und finden, gleichzeitig aber selbst Groß-sein-wollen, Stark-sein-wollen, so wie Vater und Mutter sein, das ist keinem Kind fremd. In der Familie erlebt es sich oft im Spannungsfeld von Klein- und Behütetsein sowie Groß- und Selbständigsein.
Wie oft erfahren Kinder, daß sie noch zu klein sind für die Türklingel, daß sie gerade über die Ladentheken sehen können und selbst kaum gesehen werden, daß ältere Geschwister und Erwachsene sie überragen. Mit diesem körperlichen Größer-sein sind auch erstrebenswerte Freiheiten verbunden, wie abendliches Aufbleiben, selbständiges Einkaufen, Weg-gehen-können, Radfahren u.a., überhaupt, vieles selbst entscheiden zu können. Auch Pflichten, die ernstgenommen werden, wie „zur-Schule-gehen", „zur-Arbeit-gehen", sind für sie erstrebenswert.
Riesengestalten aus der Sagen- und Märchenwelt, wie z.B. Rübezahl, sind wenigen Kindern im Kindergartenalter bekannt. Jedoch haben sie oft ein Bild von großmächtigen Gestalten, das nicht zuletzt von der Werbung und den Comic- und Science-fiction-Helden der älteren Geschwister geprägt wird. Einschlägige Fernsehsendungen bestimmen das Bild von supermächtigen Figuren.
Wenn diese Gestalten einerseits ängstigen und überwältigend wirken, so können sie jedoch auch anregen, es mit ihnen aufzunehmen. Vieles so Gesehene und Erlebte ahmen die Kinder im Rollenspiel nach, schlüpfen in die anderen Personen, um auch die erstrebten Eigenschaften einmal erproben zu können – ohne Ernstsituation.

Dimension des Themas

Kinder leben heute einen großen Teil des Tages unter Kindern, in speziellen Gruppen, in eigenen Räumen und mit ihrem Spielzeug. Sie spielen und lernen getrennt von den meisten Arbeits- und Erfahrungszusammenhängen der Erwachsenen, sind jedoch emotional und materiell abhängig von diesen, die sich ihnen gegenüber auf ihre Weise pädagogisch verhalten. Vor diesem Hintergrund ist es wichtig, neu zu bedenken, wie Kinder und Erwachsene gemeinsam miteinander leben und lernen können. Es ist daher möglich, das Verhältnis Kind – Erwachsener, d.h. „Klein-sein" – „Groß-sein", zum Thema zu machen.

Der Individualpsychologe Alfred Adler hat besonders auf die Daseins- und Lebenssituation des Kind-Seins hingewiesen. „Die ungeheure Macht der Erwachsenen, ihre Fähigkeit, mit den Gegenständen der kindlichen Welt, ja mit den Kindern selbst, nach Belieben umzugehen, läßt die Elternpersonen in den Augen der Kinder göttergleich erscheinen. Sie selbst aber empfinden Gefühle der Zurückgesetztheit, Kleinheit, Manipulierbarkeit, Schwäche."[1] Aus elterlicher Sorge um ihr Wohlbefinden erfahren Kinder eine Einschränkung ihrer Aktivitäten, aufgrund deren sie sich neugierig und probierend immer neuen Vorhaben zuwenden. Kinder setzen sich aber auch im handelnden Tun mit den Verhaltensweisen der Erwachsenen auseinander und ahmen diese nach. Hierdurch gewinnen sie einen großen Wissens- und Erfahrungszuwachs.
Das Thema läßt sich auch ausweiten auf die Beziehungen der Kinder untereinander. Besonders in altersgemischten Gruppen zeigen sich die unterschiedlichen Fähigkeiten und Einflußmöglichkeiten der Kinder.

Die im Titel dieser Einheit genannten Märchen- und Phantasiefiguren vertreten Gegensätze, die sich im märchenhaften Bezug bewältigen lassen. Die Gestalten entsprechen dem magisch-animistischen Weltbezug des Kindes. Es sieht die Welt zunächst belebt und erlebt auch Gegenstände und Naturereignisse als lebendig und veränderbar. Dem Kind ist es in den Geschichten also möglich, den Gestalten und Dingen unmittelbar zu begegnen. Die Belebung der Welt mit Märchenfiguren und mysteriösen (mystischen) Vorstellungen wird vom Kind auch selbst vollzogen als Deutungsmöglichkeit für unverständliche, geheimnisvolle und auch ängstigende Vorgänge.
Hier wird zunächst selbstverständlich, mit zunehmendem Alter und mit Freude am Fabulieren, die Grenze zwischen vorgestellter und realer Welt übersprungen. Die Identifikation mit kleinen Zwergenfiguren gelingt den Kindern am ehesten. In vieler Hinsicht fühlen sie sich ihnen gleich. Kinder können sich ihnen auch überlegen fühlen, weil Zwerge eben Zwerge bleiben und nicht mehr wachsen.
Zunächst bietet die oft heimelige Zwergenwelt den Kindern Phantasieräume, in denen sie sich wohlfühlen können.

Bei einer Reihe von Märchen und Erzählungen erleben die Kinder die Überlistung eines Großen oder Starken (eines Riesen, eines Tieres) durch Kleines, Geringes oder Schwaches. Diese Überwindung des Stärkeren erfolgt meist nicht durch bloßes Zerschlagen, sondern durch geistige Bewältigung dieser Mächte.
„Die Vision von dem Sieg des Kleinen über das Große, die Geschichten von David und Goliath, vom klugen Zwerg und vom dummen Riesen, stammen aus dem Wissen, aus der Ahnung oder aus dem Glauben an die Macht des Unscheinbaren, Verborgenen, Kleinen."[2]

(1) W. Spiel „Vom 1. bis zum 5. Lebensjahr" S. 106, vergl. ff in: Psychologie des 20. Jh. Bd. XI Verlag Kindler, Zürich 1980
(2) M. Lüthi „Es war einmal" S. 68, Verlag Vandenhoeck, Göttingen 1973

Modellziele

Fähigkeit entwickeln,

- in eine bildhafte Welt einzutreten, sich darin eigene Vorstellungen auszumalen und darin wohlzufühlen;
- dem Alter entsprechend Grenzen von Wirklichkeit und Vorstellungswelt zu überschreiten und spielerisch damit umzugehen;
- mit Hilfe der Phantasie die Sichtweise wechseln können;
- sich selbst in einer eigenen Relation von größer und kleiner, stärker und schwächer ... einzuschätzen, sich dabei mit anderen zu vergleichen und zu sehen, was diese schon können oder nicht zu tun vermögen;
  zu sehen, daß Einzelfähigkeiten durchaus verschieden verteilt sein können und daß z.B. Körperkraft oder Geschicklichkeit nicht gleichzeitig andere Vorzüge bedingt;
- im Vergleich mit anderen, auch mit phantastischen Gestalten, zu erfahren, daß „Groß – Klein" ... keine feststehende Größe ist, sondern immer nur aus individueller Sicht als größer oder als kleiner ... erscheint und sich mit dem Wachstum jeweils verändert;
- übermächtige Eindrücke ausdrücken können;
- Gemeinsamkeiten mit Größeren und mit Erwachsenen zu entdecken;
- Eigenständigkeit zu bewahren, auch wenn ältere Kinder in Gruppe, Familie oder Nachbarschaft bedrohlich wirken;
- die Rolle des Älteren in der Kindergartengruppe auszufüllen und dabei höheren Erwartungen von außen mit eigenen Interessen entgegenzutreten.

Elternbrief

Liebe Eltern,

ein Riese, der nur drei Meter groß ist,
ein Riese, der sich von einem kleinen Jungen Rat holt,
ein Riese, der weniger sieht als andere, – ist das überhaupt noch ein Riese?
Kann der so gefährlich sein und unseren Kindern schaden?
Ein Zwerg, ein winziger Wicht, zeigt sich dagegen besonders listig, flink, wendig, oft hilfreich und fleißig, manchmal verzaubert und eigensinnig. So ist er in den verschiedensten Märchen und Fabeln zu finden. Auch in Fingerspielen kommt der „Kleinste" vor; er profitiert sogar am Ende und ißt z.B. die Pflaumen alle auf.

Zum Vergleich dieser Eigenschaften und zum Hineinversetzen in eine märchenhafte Bilderwelt könnte es in den folgenden Wochen in unserer Kindergartengruppe kommen, wenn wir das Thema „Von Zwergen und Riesen" erleben.
Dies wird jedoch keine reine Phantasiewelt bleiben, denn es schließen sich Gelegenheiten an, in denen wir Erwachsene den Kindern gegenüberstehen mit dem jeweils verschiedenen Erfahrungsreichtum und unterschiedlichem Können.
Ihre Kinder werden vielleicht mit den vielfältigsten Fragen an Sie herantreten. Es wird wichtig sein, sie bewußt am Leben von uns Erwachsenen teilhaben zu lassen, damit gegenseitiges Verständnis wachsen kann. Sehen Sie doch bitte einmal nach, ob Sie noch Bilder von sich selbst als Baby, Kleinkind, Schulkind haben, und betrachten Sie diese mit Ihrem Kind. Vielleicht entdecken Sie dabei viele Gemeinsamkeiten.

Mit freundlichem Gruß

Kinder entwickeln eine Haltung zum Größerwerden, die mehr oder weniger realistisch ist. Fertigkeiten und Spielrollen möchten die Kinder wiederholen, sie beibehalten. Beobachtungen und Erlebnisse mit Erwachsenen und Medien können bei ihnen im Nachahmen oder im Anders-sein-wollen münden.

Kinder haben nicht nur einen freudigen Blick auf das Erwachsenwerden, vielfach zeigt sich auch eine zwiespältige Haltung ihrer Zukunft gegenüber. Diese Empfindungen können herausgefunden und ausgesprochen werden.

Kinderäußerungen zum Großwerden–

spontan erfragt, ergeben sie ein augenblickliches Bild!
Sie zeigen auf Lebensumstände, wie die Kinder sie wahrnehmen, zeigen, was sie jetzt vermissen, sich wünschen.
Sie können Erwachsene wieder realistisch werden lasse, können Anstoß zu eigenen Kursveränderungen geben.

Kinder zwischen 4 und 6 Jahren* antworteten auf die Frage ***„Warum willst du groß werden?“*** mit:

- weil ich schreiben lerne
- weil ich mir ein Auto kaufen will
- weil ich 9000 DM verdienen will
- weil ich kämpfen will
- Ich will nicht groß werden, weil man arbeiten muß und weil man alt wird und sterben muß.

Wenn die Kinder groß sind möchten sie gern:
rauchen
Kaffee trinken
Auto fahren
alles machen können
immer fernsehen
sich kloppen
nicht mehr schlafen gehen
nicht immer nur pommes essen
nicht in den Kindergarten gehen

Auf die Frage, was sie später arbeiten wollen, wurden genannt:
Sheriff; Bredok; Rambo; Bud Spencers Freund;
Polizist; Jäger; Ärztin; weiß nicht; Kindergärtnerin; Feuerwehrfrau

**Eine Kindergruppe der „Villa Kunterbunt“ in Remscheid, im Gespräch mit I. Rosiejcka*

Was von Zwergen erzählt wird

Zwerge sind niemals größer als ein drei- oder vierjähriges Kind, manchmal sind sie sehr viel kleiner:

ameisenklein
kleinfingergroß
daumengroß
nasenlang
topfhoch (ohne Zipfelmütze gemessen)
4 cm groß

Sie sind: schön oder bucklig
ernst oder traurig
neugierig oder zornig
sehr oft sind sie freundlich

Wie sie aussehen können:

sie haben Spitz-, Stubs- oder Breitnasen
sie haben ein glattes oder verschrumpeltes Gesicht
sie haben Enten- oder Gänsefüße und tragen darüber lange Kittel
sie tragen runde oder spitze Mützen
sie tragen manchmal Tarnkappen, um unsichtbar zu sein

manche tragen Umhänge
manche tragen grüne Zylinder
manche tragen Kleider aus
Blätter, mit Gräsern genäht
und mit Moos besetzt

manche tragen Pantoffeln
manche haben kurze Beine

viele gehen barbuß
viele tragen Zwergenschuhe
viele haben ihr Werkzeug bei sich
Zwergenkönige tragen Kronen aus Gold und Karfunkelsteinen

Was wir noch von ihnen wissen:
Sie leben meistens in der Erde und kommen nicht heraus, wenn die Sonne scheint. Sie mögen keinen Lärm.
Viele sind fleißig und helfen den Menschen. Dann leben sie als Hausgeister in ihrer Nähe. Oft sind Zwerge mit Tieren befreundet. Es gibt Zwerge, die auf Heupferdchen reiten.
Zwerge hüten auch Schätze, die in der Erde liegen.
Zwerge sind empfindlich. Wer sie auslacht, könnte von ihnen ins Bein gezwickt werden.
Zwerge sind nur von wenigen Menschen gesehen worden.

***Zwerge sind so alt
wie der Westerwald!***

Wie Zwerge heißen oder benannt werden:

Winziger Wicht
Wurzelmännlein
Meister Hämmerlin
Wichtelmännlein
Hügelmännchen
Heinzelmann
Heinzelfrau
Heinzelkind

Zwerg Schnüffelchen
Zwerg Binschonda
Zwerg Ziemlichkurz
Zwerg Plink
Zwerg Klibitz
Bibabutzlizwerg
Tippe-Tappe

Zwerg Nissen
Bergmännlein
Zwicks
Zwacks
Knütte Troll
Wille Wirbelwind
(aus Schweden)
Wutz
Seimalschlau

Zwerg Walla Kristalla
Zwerg Puck
Zwerg Zwockel
Zwerg Zwuckel
Zwergin Plixi
Zwergin Planschi
Traumfresserchen
Pitjewitt
Schlümpfli
Schratt
Munkepunk
Eckeneck
Mutzebutz
Wetter
Muck
Pumuckl
Wawuschel (kein echter Zwerg)
Schachtzwerg
Pixy aus England
Wombels
Trolle (aus dem Norden)
Klaubauterlottchen
Dilldappen (aus dem Siegerland)
Borgmännchen
Pichtermännchen
Erdmännchen
Finsterling
Haulemann
Ludki aus dem Wendischen
Rumpelwicht
Nebelwicht
Odderbaantje aus dem Norden
Goggolore
Toggeli aus der Schweiz

Butzemann
Sandmann
Daumerling
Daumesdick
Däumelinchen
Zipfelmütz

Wetter

Norden ↑
Westen ← → Osten
↓ Süden

Gnom
Kobold
Hausgeist
Tomte Tummetott
Rotkappe
Pilwiz
Bochschitt
Waldgeist
Gurkenkönig

Himpelchen und Pimpelchen
Hobs und Lobs (aus England)

Wen kennt Ihr?

Wie Riesen heißen oder benannt werden

BERGELMIR
RABULAN
RÜBEZAHL
TIMPETU
FASOLT
HURTALG
MORGAZEA
MUTAKIRORIKATUM

RIESENMÄDCHEN
MAKOMA
WAPIRI
GWISA
GHIMOTO
MAURIGI
SAKATIRINA

CALVA CALVA

RUMPUMPEL
RIESIGUS
PINKEPANK
LANGWIEBANK
RENNSOSCHNELL
FLITZWIEBLITZ
DONNERGROLL
MARIBUS
LASAURUS
MURTIKUM
RUMPELROCK
MEILENSTEIN

OTTO
RAUBUS
MAULUS

DRACHE
HÜNE
► ÄHNELN DEN RIESEN

SCHEINRIESE

DER FAULE RIESE
DER GETÄUSCHTE RIESE

RIESE MAUSBISKAUZ
RIESE HÄUSERLUPF
RIESE RUMPELBEIN
RIESE SUCKELBORST
RIESE SCHROH
RIESE UNTERM BERG
RIESE MAHON MAC MAHON (SCHOTTISCHER RIESE)
RIESE GOLIATH

DER BERGMACHER
DER BÄUMEPFLANZER
DER FEUERRIESE
DER FLUSSGEIST
DER FÜNFKÖPFIGE (AFRIKANISCHE RIESEN)

DER RIESE VON CORNWALL

WELTRIESEN
FROSTRIESEN
FEUERRIESEN
REIFRIESEN
EISRIESEN
STIERRIESEN

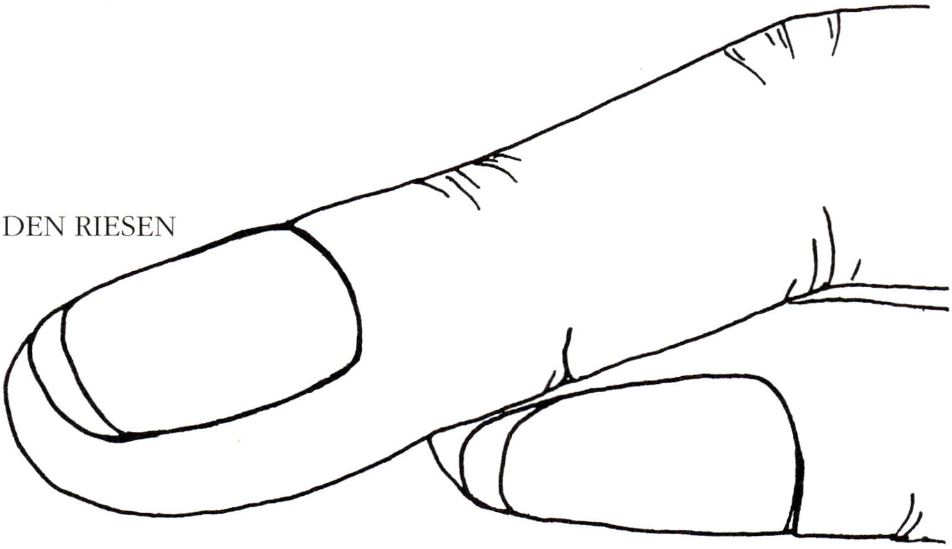

Was von Riesen erzählt wird

Riesen werden sehr groß – mindestens drei Meter groß!
Sie reichen oft bis zur Dachrinne der Häuser; einige sind noch riesiger.
Es gibt Riesen, die ihre Größe behalten und solche, die manchmal größer, manchmal kleiner werden. Ihre Schritte können ganz lang sein. Deshalb sind sie schnell da und können gut weglaufen.
Sie sind schon sehr alt und einige von ihnen sind zu Bergen versteinert. Sie leben weit entfernt, in Gebirgen oder hinter dem Meer. Sie sind stark. Oft sind sie aber nicht so geschickt und denken wenig nach.
Sie können ganz verschieden aussehen:
entweder wie ganz große Menschen
oder auch ähnlich wie ein Tier
(der Sturmwind ist einem großen Vogel ähnlich) oder wie fürchterliche Gesellen.

Sie brauchen alles größer:
Ihr Bleistift ist ein Besenstiel.
Ihr Taschentuch ist ein Bettlaken.
Ihre Zahnbürste ist ein Schrubber.
Ihr Topf ist eine Regentonne.
Ihre Badewanne ist ein See.
Ihr Spielzeug ist ein richtiges Auto.
Ihre Mütze ist ein Zelt.
Ihr Stuhl ist ein Berg.
Ihr Hemd ist aus 1000 m Stoff genäht.
....

Es lebt ein Ries' im Wald,
der hat ein Ohr so groß,
wenn da ein Donner schallt,
ist's ihm ein Jucken bloß.

Ch. Morgenstern

Gedicht:
Besuch

Besuch

War ein Ries' bei mir zu Gast,
sieben Meter maß er fast,
hat er nicht ins Haus gepaßt,
saßen wir im Garten.

Weil er gar so riesig war,
saßen Raben ihm im Haar,
eine ganze Vogelschar,
die da schrien und schwatzten.

Er auch lachte laut und viel,
und dann schrieb er mir zum Spiel
– Bleistift war ein Besenstiel –
seinen Namen nieder.

Und er schrieb an einem Trumm:
MUTAKIRORIKATUM
Ebenso verkehrt herum,
ja, so hieß der Gute.

Falls ihr einen Riesen wißt,
dessen Namen also ist
und der sieben Meter mißt,
sagt, ich laß ihn grüßen!

Die Erzieherin kann an Erfahrungen anknüpfen, die die Kinder schon mit Besuchern gemacht haben.

- Die Kinder berichten von Einladungen, die sie machen konnten.
- Sie berichten von der Überraschung eines unverhofften Besuches.
- Sie erzählen von Kindern und Erwachsenen, die schon einmal bei ihnen zu Besuch waren.

Vor dem Vortrag des Gedichtes wird nun die Andersartigkeit und Merkwürdigkeit des im Gedicht beschriebenen Besuchers herausgestellt. Durch die Ankündigung des Gedichtes schafft die Erzieherin in der Gruppe eine Erwartungshaltung.

Die Wiederholung der Strophen kann in einzelnen Teilen vorgenommen werden.

Gesichtspunkte für die Besprechung mit den Kindern:

- die besondere Behandlung des großen Besuchers; 7m am Beispiel anschaulich machen!
- ungewöhnlich sind die Bewohner seines Kopfes;
- bekanntmachen mit seinem Namen; den Namen als Lautmalerei so stehen lassen, da erst Leser den Reiz der Wortverkehrung verstehen.
- der Gruß zeigt eine freundliche und lockere Beziehung zu dem Besucher.

Mit der Beschreibung des Riesen, wie sie im Gedicht geschieht, ist Anregung für die Kinder da, sich diesen Riesen und seinen Besuch weiter auszumalen.
Es bietet sich an, die Einheit mit der Vorstellung des Bildes, welches das Gedicht illustriert, fortzusetzen. Bei der Bildbetrachtung können die Kinder alle beschriebenen Merkwürdigkeiten des Besuchers, die sie aus dem Gedicht schon kennen, wiederentdecken. Die Kinder können beschreiben, wie die Malerin das Bild gezeichnet hat.
Sie überlegen, was der Riese und das Kind miteinander tun könnten, was sie sich erzählen könnten.
Durch Wiederholung des Gedichtes wird der Eindruck vertieft.

aus:
G. Guggenmoos, Was denkt die Maus am Donnerstag, G. Bitter Verlag, Recklinghausen 1967
Eine Vertonung des Gedichtes von Günther Riehl ist zu finden in: Das große Guggenmoos Liederbuch, G. Bitter Verlag, Recklinghausen 1982

Was Riesen und Zwergen schmeckt!

Riesen, sagt, was euch schmeckt,
Was ihr schluckt, was ihr schleckt?
O ein kräftiges Pferd,
Das wird fröhlich verzehrt!
Jeden Abend zum Schlaf
Ein gebratenes Schaf!
Wir verschlucken die Kuh
Und das Kalb noch dazu!
Einen Ochsen – so groß,
Schön begossen mit Soß'!

Zwerge, sagt, was euch schmeckt,
Was ihr schluckt, was ihr schleckt?
Einen leckeren Kern,
Den verzehren wir gern!
Vom Salat nur ein Blatt,
O das macht uns schon satt!
Nur ein Schluck aus dem Krug,
Ja, das ist uns genug!
Eine Beere, schön rot,
Und ein Bröcklein vom Brot!

*aus:
Hedwig Diestel, Kindertag
Verlag Freies Geistesleben,
Stuttgart 1967, 6. Aufl. 1988*

Rabulan, der Riese

Rabulan, der Riese,
ißt so gern Gemüse.
Er sagt: „Gemüse ist gesund!"
und verzehrt aus diesem Grund
täglich einen Haselstrauch
und ein Fuder Rüben auch.
einen Kürbis obendrein;
denn er will bei Kräften sein.
Bei Ferdinand und Lieschen
tun's Äpfel, Salat und Radieschen!

*aus:
J. Guggenmoos,
Was denkt die Maus am Donnerstag?
G. Bitter Verlag, Recklinghasuen 1967*

Zwergenpicknick

Zwölf schlaue Zipfelmützenzwerge, die auf zwölf braunen Tannenzapfen saßen, aßen zweihundertzweiundzwanzig blaue Zwetschgen. Und als die zwölf schlauen Zipfelmützenzwerge die zweihundertzweiundzwanzig blauen Zwetschgen gegessen hatten, sagte Zwerg Zwockel zu Zwerg Zwuckel: „Mich zwickt's im Bauch!" Drauf sagte Zwuckel zu Zwockel: „Mich auch!"

*aus:
J. Guggenmoos,
Wenn Riesen niesen,
Verlag Ueberreuter Wien 1980*

Wie es im Lande der Zwerge geht

So geht es im Lande der Zwerge:
Ameisenhaufen sind da Berge,
das Sandkorn ist ein Felsenstück,
der Seidenfaden ist ein Strick,
die Nadel ist da eine Stange,
ein Wurm ist eine Riesenschlange,
als Elefant gilt da die Maus,
der Fingerhut ist da ein Haus,
die Fenster sind wie Nadelöhre,
ein Glas voll Wasser wird zum Meere,
der dickste Mann ist dünn wie Haar,
der Augenblick ist da ein Jahr.

Volksgut

Minke-Mönkeberg

Im Unter- oder Andertal
ist gewesen, war einmal,
hoch auf dem Minke-Mönkeberg
ein mandelgroßer Nasenzwerg.
Der grub einen dunklen Stollenschacht
von oben nach unten, rechts unten links,
von rechts nach hinten, schräg oben quer,
eine Zwergenwohnung, na bitte sehr!
Dann lud er alle Zwerge ein
zu einem Richtfeststelldichein.
Sie krochen in den Schacht:
stockdunkle Nacht,
durch den Berg,
Zwerg für Zwerg
kreuz und quer,
hin und her,
drunter und drüber,
je länger je lieber.
Da wurd aus dem Minke-Mönkeberg,
wer hätt's gedacht –
ein kribbeliger Zwergenwohnungsschacht.

Georg Klusemann

aus:
H. J. Gelberg,
Die Stadt der Kinder
G. Bitter Verlag, Recklinghausen 1969

Zum Mitspielen mit Fingern und Händen:

Vom Bibabutzlizwerg -

Ich bin ein Bibabutzlizwerg,
Bin bald im Busch, bin bald im Berg!
Ich bin ein muntrer kleiner Mann,
Der bis ins Mausloch schlüpfen kann!
Ich bin bald da, ich bin bald dort,
Seh'dies und das – und springe fort!
Ich bin der Nacht- und Nebelwicht,
im Gras ist's naß, das mag ich nicht!
Ich bin ein rascher kleiner Schratt,
Ich komm herein und schlage Rad!
Durch meine Höhle schlüpf' ich leicht,
Bin wie ein Luchs, der leise schleicht!
Ich sitze gerne im Versteck,
Zu jedem sage ich: Geh weg!
Verberg' mich hinter einem Strauch,
Du hörst von mir nicht einen Hauch!
Ich spring' hervor, bin froh, bin flink,
Besuch' den Fuchs, den Fisch, den Fink!
Es knistert, flüstert hier im Gras,
Ich suche, suche – was ist das?
Dich, Schlange, schicke ich nach Haus!
Geh du nur heim! Geh hier heraus!
Ich fang' im Takt zu tanzen an,
Die Trommel trommelt: Tamtamtam!
Ich tanze lustig – hei juchhe!
Dann sage ich: Ade! Ade ...

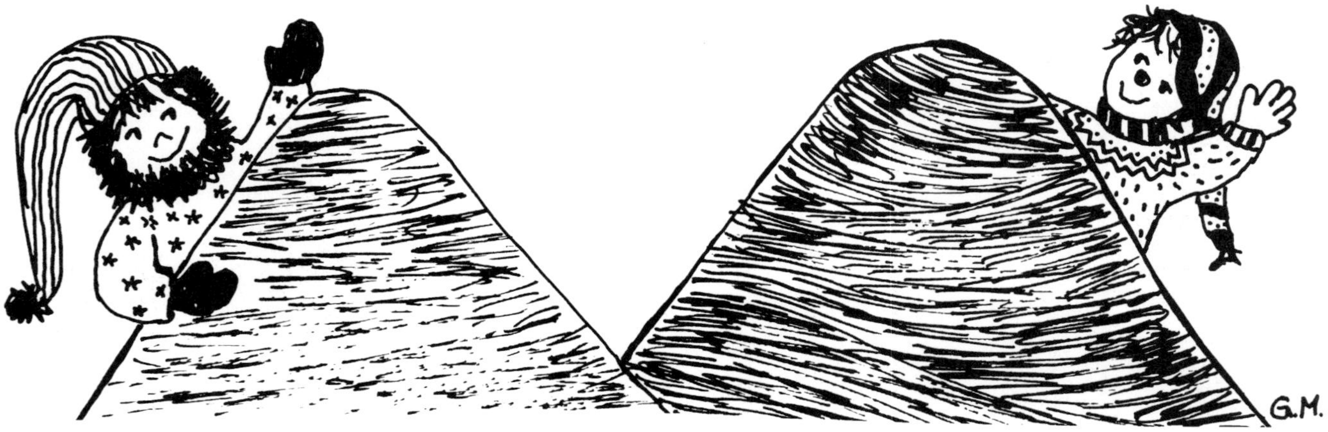

Hier ist ein Berg, da ist ein Berg,

In jedem Berge wohnt ein Zwerg!
Dazwischen steht ein Tannenbaum!
Und sieh, im blauen Himmelsraum
Erscheint der Mond um Mitternacht.
Das Zwerglein Munkepunk erwacht!
Es guckt geschwind zum andern Berg,
Sieh da, auch dort erwacht der Zwerg!
Der Zwerg mit Namen Eckeneck
Guckt auch aus seinem Bergversteck!
Hier siehst du beide Zwerge nun,
Was glaubst du, was die beiden tun?
Sie tanzen froh, wie ich und du,
Der Silbermond guckt ihnen zu.
Am Morgen geht der Mond nach Haus.
Die Nacht ist um, der Tanz ist aus.
Zuerst verschwindet Eckeneck
In seinem dunklen Bergversteck.
Dann schlüpft mit einem muntren Sprung
In seine Höhle Munkepunk.
Hier steht ein Berg, da steht ein Berg –
In jedem schlummert nun ein Zwerg.

Gedichte aus:
Hedwig Diestel, Kindertag
Verlag Freies Geistesleben Stuttgart 1967, 6. Aufl. 1988

Gunhild Merkens

Ein Phantasiespaziergang

Ausflug in die Zwergenwelt

Die Erzieherin bereitet die Kinder vor (die Gruppe sollte geteilt sein), indem sie ein geheimnisvolles Symbol zeigt, z.B. einen Naturstein (Kalkstein, Bergkristall ...).
Sie berichtet, wo sie den Gegenstand bekommen hat, wo sie ihn gefunden hat und daß sie eingeladen wurde zu einem Besuch.
Da im Zwergenreich abends alle munter werden, machen sich die Kinder in der Dämmerung auf.
Alle ziehen sich (darstellerisch) feste Schuhe an für den weiten Weg und gehen (falls noch nicht geschehen) in einen Raum mit Teppichboden oder jedes Kind erhält eine Unterlage.
Es ist wichtig, sich noch eine Brille aufzusetzen, um im Land ... besser sehen zu können. (Ein Kind verteilt darstellerisch.)
Jedes Kind, welches einen Platz gefunden hat, kuschelt sich auf einer Seite zusammen, wer die Augen (etwas) schließt, hat es sofort dunkler!

Nun träumen wir tip – tap, daß es so passiert:

(Möglichst erlebnisreich mit eigenen Worten erzählen!)
Wir gehen die Straße entlang. Da sehen wir an der Seite einen Himbeerstrauch. Zwei Beeren glänzen rot. Das muß etwas bedeuten! Wir kriechen unter dem Busch hindurch – alle nacheinander. Ganz schön eng wird es, wenn wir uns an den Stacheln der Äste nicht kratzen wollen. Es geht gut! – Wir selbst sind kleiner geworden? – Vor uns liegt ein rundes dunkles Loch. Eine Nase schiebt sich heraus und zwei Augen schauen uns an. „Wo wollt Ihr hin? ... Bei Zwerg „Schaugenau" waren schon einmal kleine Menschengäste. Geht ums Loch herum und immer geradeaus." Piepsend verschwindet die Maus.
Wir gehen weiter. Ein paar Äste liegen im Weg. Auf – ab – auf – ab; das schaffen wir schon.
Nun hören wir es zwitschern. Wippend auf einem dünnen Ast sitzt ein Vogel mit blauen Federn an den Seiten.
Da liegen Steine vor uns – eine Mauer könnte das sein.
„Willkommen bei uns!" ruft es und einige Steine drehen sich. Da kommt Zwerg „Schaugenau" und begrüßt uns. Ihr kennt ihn vielleicht und wißt, wie er aussieht mit seiner Zwergenbrille ... Er geht voran über weiches dunkelgrünes Moos, durch Wasser, das in vielen Kurven hindurchfließt, über einige Felsen, bis wir einen Platz erreichen ...
Hier bauen kleine Handwerker Bänke für einen großen Kreis. Sie sägen und hämmern und hobeln und feilen ...
Es ist so hell. Wir sehen, daß viele Leuchtkäfer in der Luft sind, die Licht geben.
Auf der anderen Seite sind Zwergenkinder. Wir gehen zu ihnen und sie zeigen uns, was sie gerade spielen ... Dann haben sie noch eine Überraschung für uns. Kommt einmal mit! Sie klettern mit uns in ihre Höhle, die sie erst gestern bunt bemalt haben ... Alle Wände in ihren Lieblingsfarben und -mustern ... Da läutet ein Glöckchen! Noch eine Stunde bis die Sonne aufgeht. Für die Zwergenkinder ist es Zeit zum Schlafengehen. Wir winken ihnen zu.
Zwerg „Schaugenau" geht uns wieder voran. Da kommt eine Kutsche vorbeigefahren. Eine Heuschrecke und ein Eichhörnchen ziehen sie. Ein Kind ... sieht, daß ein Rad locker ist. Wir wissen Bescheid mit eiernden Rädern und drücken es wieder fest an die Achse. „Danke – Danke" ruft das Eichhörnchen.
Alle dürfen sich nun hinein oder auf den Kutschbock setzen. Und ab geht's bis zum Mauertor. Das war ein Abschied! ...

Wir räkeln uns und legen die Brillen zur Seite.

Ausflug ins Riesenreich

Die Erzieherin bereitet die Kindergruppe wieder vor und zeigt als geheimnisvolles Symbol z.B. einen riesigen Fußabdruck auf einer Zeitung.

Zum Ausflug ins Riesenreich haben wir Kilometerstiefel angezogen und einen Krafttrunk getrunken.

Nun träumen wir rums – plums, daß es so passiert:

Mit zwei Schritten sind wir bereits aus (Ort angeben) ... heraus. Vor uns liegt eine lange lange Straße. Da donnert es gewaltig, die Erde bebt sogar. Als es wieder donnert, verstehen wir, daß jemand ruft: „Da seid ihr ja!" Und dann sehen wir ihn.
Ihr wißt, wie der Riese „Nennmichlaut" aussehen kann, denn seinen Bruder habt ihr schon gesehen ...
Er beugt sich zu uns herunter, und wir klettern alle auf seinen Arm und Ellenbogen und können sein Gesicht jetzt von Nahem sehen ...
Er hebt seinen Arm vorsichtig und geht mit uns Riesenschritte schreitend durch die Gegend.
Was es da alles gibt ...
Ein Kind ... und ... haben dann genug davon, durch die Luft zu schwingen. Sie möchten wieder auf dem Boden stehen. Der Riese aber hört nicht, was die Kinder sagen. Was können sie tun? ...
Eines hilft dann. Wir stampfen fest auf seinen Arm, das merkt er und schaut hin. Wir winken mit den Armen nach unten.
Da versteht er und bringt uns mit mächtig ausladenden Schritten zurück. Tschüs Herr Riese „Nennmichlaut!"

Wir rollen uns auf den Rücken und strecken uns ganz aus – in Länge und Breite – so wie wir wirklich sind.

Wie es im Lande der Riesen geht

So ist es im Lande der Reisen:
als Betten brauchen sie Wiesen,
zum Trinken haben sie Fässer,
wie Sägen sind ihre Messer,
ihre Semmeln sind wie Melonen,
wie Gurken sind ihre Bohnen;
die Kleider näht man mit Stricken,
die Stühle macht man wie Brücken;
man spielt mit richtigen Kranen
und wirklichen Eisenbahnen,
als hätten sie kaum ein Gewicht.
Ob's das gibt? – Ich weiß es nicht.

Volksgut

Sieben Riesen, die mit bloßen Füßen über nasse Wiesen liefen, niesten mit ihren Riesennasen so laut, daß von diesem Riesenniesen sieben Wieselkinder, die in tiefen Zimmern schliefen, aufwachten und „Gesundheit" riefen.

aus: J. Guggenmoos, Wenn Riesen niesen
Verlag Ueberreuter, Wien 1980

Zum Mitspielen mit Gesten:

Vom Riesen Timpetu

Still! Ich weiß was. Hört mal zu:
War einst ein Riese Timpetu.
Der arme Bursche hat – o Graus! –
im Schlafe nachts verschluckt 'ne Maus.
Er lief zum Doktor Pfiffikus.
„Ach, Doktor, denkt nur, welch' Verdruß!
Ich hab' im Schlaf 'ne Maus verschluckt,
die sitzt im Leib und kneipt und druckt."
Der Doktor war ein kluger Mann,
man sah's ihm an der Brille an.
Er hat ihm in den Hals geguckt:
„Wie, was? 'ne Maus habt Ihr verschluckt?
Verschluckt 'ne Miezekatz dazu,
so läßt die Maus Euch gleich in Ruh'!"

Alwin Freudenberg

Zum Darstellen im Kreis:

Hier schlummert der Riese, er schlummert in Ruh,
Wir gehen auf Zehen geschwind auf ihn zu!
Wir zupfen ihn heimlich, jetzt da und jetzt dort,
Doch wenn er sich rührt, dann springen wir fort!
Nun wandert er suchend im Kreise herum,
Wir stehen ganz still
und wir stehen ganz stumm,
Seid ihr das gewesen?
Wir sagen: O nein!
Da geht er nach Hause und schläft wieder ein!

aus:
Hedwig Diestel,
Kindertag
Verlag Freies Geistesleben,
Stuttgart 1967
6. Aufl. 1988

Horch, wer klopft an unserm Tor?

**Sing-Kreisspiel
mit dem Riesen Rumpelrock,
dem kleinen Wichtelmann und Kaspar Larifar**

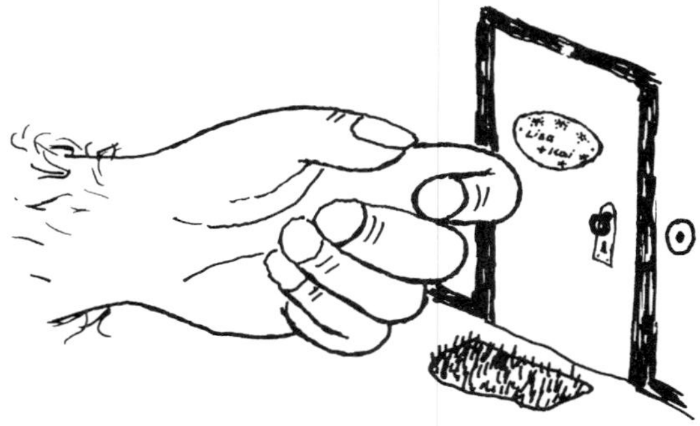

1. Strophe-Eingangslied

2.-4. Strophe

Refrain zu Strophe 2 - 4

Liedtext: Hedwig Diestel
Melodie: Friedgund Schlechtriem

I Vorschlag zur Einführung von Text und Melodie

Die Kinder sitzen oder stehen in einem großen Kreis.
Der Begriff „Riese, Wichtelmann, Kaspar" wird an Beispielen aus Märchen oder sonstigen Geschichten erklärt und beschrieben. Dabei werden die Wesensmerkmale dieser Gestalten hervorgehoben:

Riese **= plump – schwerfällig – langsam ...**
Wichtelmann **= flink – lustig ...**
Kaspar **= fröhlich – gelenkig ...**

A Nun sind alle Kinder Riesen

Sie gehen durch den Raum und versuchen, auf einen gemeinsamen Schrittrhythmus zu kommen. Dies erfordert große Konzentration, und dabei werden das Gehör und die Raumorientierung der Kinder geübt. Es wird nicht sofort glücken; evtl. kann ein Kind mit gutem rhythmischen Gespür den Hauptriesen spielen. Es bekommt den Namen „Rumpelrock". (Somit ist der Name aus dem Lied vorgestellt). Alle Riesen mit dem Namen Rumpelrock haben ein ganz bestimmtes Gehtempo! Nun kommt die Frau Rumpelrock, der Sohn, die Tante usw., bis alle Kinder im gleichen Rhythmus durch den Raum gehen. Die Erzieherin singt dazu: 2. Strophe – „Kommt der Riese R. ..." (Die Melodie wird vorgestellt)

Riesen können auch lustig sein und versuchen dann zu tanzen!
Alle Riesen probieren nun einen „Riesentanzschritt". Dabei könnten die Kinder auf einen schwerfälligen seitlichen Wiegeschritt kommen. Nun fassen sich immer 2 Kinder an den Händen und „tanzen" auf der Stelle.
Die Erzieherin singt dazu: „Heidideldum ..."

Damit sich die Melodie, der Text und die Bewegungsabläufe beim Kind gut einprägen, sollte sich die Erzieherin viel Zeit zur jeweiligen Wiederholung lassen!
Es bietet sich hierzu folgende „Bewegungsgeschichte" an:
Der Riese Rumpelrock will uns besuchen. Da unsere Tür für ihn sehr niedrig liegt, klopfte er einfach mit den Füßen. Wie hört sich das an? Alle stampfen auf den Boden! Die Erzieherin singt das Eingangslied = 1. Strophe, beim „poch, poch, poch ..." stampfen alle Kinder mit den Füßen!
Lied: „Kommt der Riese Rumpelrock ..." Die Kinder gehen, wie zuvor geübt, durch den Raum. Bei „alle Kinder freuen sich ..." klatschen die Kinder im Rhythmus in die Hände und tanzen dann paarweise (beim „Heidideldum") den „Riesentanzschritt".

B Nun sind die Kinder kleine Wichtelmänner

Zuerst wird mit den Kindern ein einheitlicher kleiner, schneller Wichtelmannschritt erarbeitet (siehe A). Beim Refrain bietet sich dann ein „Hüpfschritt" an: zwei Kinder fassen sich nebeneinander stehend an der Hand und hüpfen gemeinsam durch den Raum. Dabei sollten weitere Einfälle der Kinder immer berücksichtigt werden, um die Phantasie zu schulen!
Die Erzieherin singt die 3. Strophe, wobei die Kinder den Text in Bewegung umsetzen. Weitere Bewegungs-Ideen der Kinder geben zur Sing-Wiederholung der Strophe Gelegenheit.

C Die Kinder spielen den Kaspar Larifar

Die Durchführung erfolgt wie bei A + B, wobei hier die Zipfelmütze mit den Händen über dem Kopf angedeutet werden kann. Ist das ganze Lied vorgestellt, werden alle Strophen von der Erzieherin gesungen und von den Kindern in Bewegung umgesetzt.

II Kreisspiel

Drei Kinder werden als Riese R., Wichtelmann und Kaspar Larifar ausgewählt.
Während alle Kinder im Kreis sitzend oder stehend das Lied singen, setzen diese 3 Kinder den Text in die bekannte Bewegung um. Beim „Tanz" klatschen alle Kinder den Rhythmus mit, wobei dann nur noch die 3 Kinder in der Kreismitte tanzen!

1. Strophe – Eingangslied

Horch, wer klopft an unserm Tor?
Poch, poch, poch, wer steht davor?
Poch, poch, poch, wer mag das sein?
Laßt den lieben Gast herein!

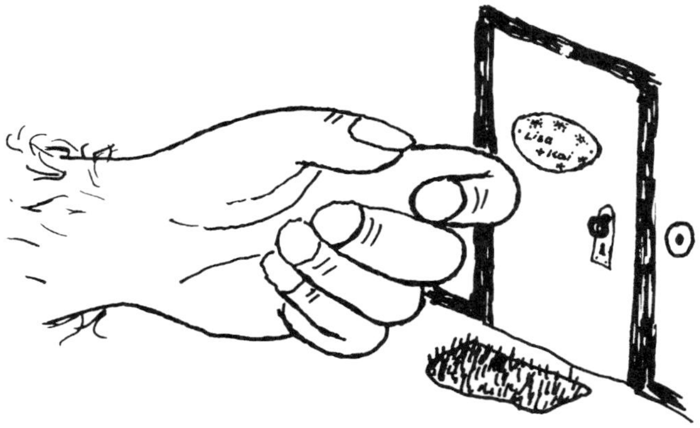

2. Strophe

Kommt der Riese Rumpelrock
mit dem dicken Knotenstock.
Hei, der macht viel Lärm und Krach,
alle Kinder werden wach.
Alle Kinder freuen sich:
Rumpelrock, besuche mich!

Heidideldum, heidideldum,
hüpfen sie im Kreis herum.
Heidideldill, heidideldill,
alle beide stehen still!

3. Strophe

Kommt der kleine Wichtelmann,
der so lustig trippeln kann.
Über Stock und über Stein,
tip, tip, tip, im Mondenschein!
Alle Kinder freuen sich:
Wichtelmann, besuche mich!

Heidideldum, heidideldum,
hüpfen sie im Kreis herum.
Heidideldill, heidideldill,
alle beide stehen still!

4. Strophe

Kommt der Kaspar Larifar
mit der Zipfelmütz im Haar.
Larifarifirlefanz,
hol dir jetzt ein Kind zum Tanz.
Alle Kinder bitten dich:
Larifari, hole mich!

Heidideldum, heidideldum,
hüpfen sie im Kreis herum.
Heidideldill, heidideldill,
alle beide stehen still!

Text nach: Hedwig Diestel, Kindertag, Verlag Freies Geistesleben, Stuttgart 1967, 6. Aufl. 1988

Riesen gibt es nicht

Es war einmal ein Riese, der wohnte in einer Felsenhöhle. Er schlief immer hundert Jahre an einem Stück, und dann wachte er stark und tatenfroh auf.
Eines Tages war es wieder einmal so weit: die hundert Schlafjahre waren um. Der Riese erhob sich, schüttelte den Staub aus seinen Haaren und trat aus der Höhle. Er schaute und blinzelte und schaute und blinzelte – und er wußte gar nicht, wo er sich befand. Denn vor seiner Höhle hatte sich in den hundert Jahren, als der Riese schlief, vieles verändert. Wo früher Wiesen gelegen hatten, stand jetzt eine Stadt mit hohen Häusern. Und dicht vor der Höhle des Riesen war eine Baustelle mit großen Maschinen.
Der Riese stapfte darauf zu und besah sich alles genau. Beim Anblick des Krans geriet er in Zorn. Dieser Kran war ebenso groß wie er selbst, und er war auch ebenso stark: An seinem langen Schwenkarm hob er Balken und Steine und transportierte sie bis ins oberste Stockwerk des Neubaus.
Das paßte dem Riesen nicht.
„Hallo, du da!" rief er. „Das ist mein Land.
Wenn hier einer Felsblöcke stemmt und Bäume ausreißt, dann bin ich das. Mach, daß du fortkommst!"
Der Kran antwortete nicht. Er war ja nicht lebendig.
„Ich rede mit dir!" grollte der Riese. „Hast du nicht gehört?" Er griff in das Eisengestänge des Krans und rüttelte daran.
Da schreckte der Kranführer auf und schrie ganz fürchterlich: „Hilfe! Da steht ein Riese."
Die Arbeiter rannten zusammen, und sie sahen den Riesen auch. Nur der Vorarbeiter sagte: „Leute! Bei euch sind ein paar Schrauben lokker! Es gibt keine Riesen!"
Die Arbeiter starrten den Riesen an und sagten: „Da steht doch einer."
Aber der Vorarbeiter schaute gar nicht hin. Er wiederholte: „Riesen gibt es nicht. Und weil's keine gibt, kann da auch keiner stehen."
„Das ist wahr", sagte der Kranführer.
„Na also", sagte der Vorarbeiter. „Ihr habt zuviel Bier getrunken. Geht wieder an eure Arbeit!"
Die Männer schielten noch einmal hinüber zum Riesen und meinten dann: „Der Vorarbeiter hat recht."
Sie nahmen ihre Arbeit wieder auf und kümmerten sich nicht mehr um den Riesen.
Da wurde der Riese wütend. Er murrte und knurrte: „Denen werd' ich's zeigen!"
Zuerst riß er das Drahtseil vom Kran ab.
Der Kranführer fluchte, aber die Arbeiter sagten: „Riesen gibt es nicht. Das Seil war alt und ist durchgewetzt."
Dann warf der Riese Bretter und Dachpappe durch die Luft. Da sagten die Arbeiter: „Riesen gibt es nicht. Das war der Sturm."
Schließlich stampfte er mit dem Fuß ein tiefes Loch in die Erde. Da behaupteten die Arbeiter: „Riesen gibt es nicht. Der Regen hat die Erde fortgeschwemmt."
‚Mit denen', dachte der Riese, ‚ist nichts anzufangen.' Und weil ihn niemand mehr beachtete, zog er sich grollend in seine Höhle zurück.
Dort schläft er wieder hundert Jahre und wartet, bis es bessere Zeiten für Riesen gibt.

Tilde Michels

Sichtwechsel – Spielen mit der Miniwelt

Auf verschiedene Weise treten Menschen miteinander in Kontakt oder nutzen Medien, um ihre Vorstellungen, Ideen und Gefühle darzustellen und mitzuteilen. Es wird positiv erlebt, wenn eine Rückmeldung zeigt, daß das zum Ausdruck Gebrachte angekommen ist und verstanden wurde.

Kinder, die auch das Bedürfnis haben, ihre innere Welt selbst auszudrücken, schlüpfen gerne in eine Rolle, bewegen sich entsprechend zum Tun, sagen ihre Wünsche, nennen ihre Gedanken, erzählen, wie ihnen zumute ist, je nach ihrem Sprachvermögen. Eine weitere Art und Weise der Darstellung ist das Formen, Malen, Zeichnen und Hantieren. Besonders für Kinder, die in ihren Ausdrucksfähigkeiten gehemmt sind, bieten Minispielmaterialien ideale Bedingungen, um die Erfahrungen und inneren Befindlichkeiten auszuspielen.

Über diese Welt, die es selbst gestaltet und von oben übersieht, hat das Kind einen Überblick. Diese Draufsicht kann es genießen, kann bestimmen, was geschieht, kann planen und Handlungen dirigieren, es kann umstellen, zerstören und wiederaufbauen.

Das Kleinkind ist hier „Bestimmer" über Wohnung, Haus und Hof, Stadt und Flughafen, Zoo und Autobahn .. und alle mitspielenden Figuren.

Im freien Spiel, also ohne Eingriffe von Erwachsenen, muß es keine bestimmten Fertigkeiten zeigen, kann es nichts Falsches tun, weil es nicht beurteilt wird. Es kann spielen, solange es ihm beliebt, es kann wiederholen, wenn es ihm wichtig ist, und variieren, wenn die Spielideen sich verändern oder im Zusammenspiel mit einem anderen Kind sich ergänzen. Es kann die Figuren führen und handeln und/oder mit ihnen reden. Durch die Freiheit des Spiels kann es zu einer gedanklichen und auch einer emotionalen Auseinandersetzung mit der Umwelt kommen. Auch Phantasiefiguren können in Familien- oder Gruppenkonstellationen hineingestellt werden. Sicher versinnbildlicht besonders die häusliche Umwelt im Puppenhaus die eigene Umgebung, so daß auch unvermutete Empfindungen im Familienspiel widergespiegelt werden. Das Kind, das aus subjektivem Erleben heraus sich im Miniaturspiel äußert, inszeniert das, was es beeindruckt hat, was es im Moment interessiert und was es belastet. Auf spielerische Weise, und nur, wenn es sich dabei wirklich frei fühlt, alles zu dürfen, nicht beobachtet zu sein, kann es Ängste, Eifersucht, Aggressionen und andere Spannungen und Schwierigkeiten abreagieren und verarbeiten und eine ausgeglichenere Gefühlslage erreichen. Durch die Distanz vom Ich durch die Figur/Puppe erhält dieses freie Spiel therapeutische Wirkungen, die nicht unterschätzt werden sollten.

Riesenkind schrumpft in der Zwergenwelt

Irgendwann lebt irgendwo ein kleines Riesenkind. An sich nichts Besonderes, aber Du mußt wissen, daß kleine Riesenkinder eine Seltenheit geworden sind; denn die Welt ist voll von großen Zwergenkindern. Das kleine Riesenkind also lebt und wird mit jedem Tag riesiger. Sein Wille wird riesig, wie sich das für Riesenkinder gehört. Seine Ideen werden riesig, seine Gedanken und seine Taten. Es hat riesigen Spaß, wenn es die Wiese hinunterrollt, im Matsch spielt und die Sonne genießt. Aber manchmal ist es auch traurig, und sein Kummer ist natürlich riesig, und es weint.

Eines Tages ist es dann so alt, daß es mit den anderen Kindern lernen soll, wie man in der Welt lebt. Es lernt, daß man es als kleines Riesenkind schwer hat in der großen Zwergenwelt. Warum? Na, hör mal, weißt Du nicht, wie Du Dich fühlst, wenn Du einen Pullover, der Dir zehn Nummern zu klein ist, trägst? Du mußt ständig aufpassen, daß Du den Pullover bei einer Bewegung nicht kaputtmachst. Am besten bewegst Du Dich nicht.

Das kleine Riesenkind gewöhnt sich also an, auf Zehenspitzen durch die große Zwergenwelt zu laufen, damit niemand seine Riesenschritte hört. Als nächstes versucht es, nur noch leise zu sprechen, damit man seine Riesenstimme aus der Masse der Zwergenkinder nicht heraushören kann. Es sieht den Zwergenkindern zu, wie sie sich bewegen und bald macht es keine riesigen Bewegungen mehr, keine riesigen Schritte und keine riesigen Sprünge.

Aber weil es trotz alledem noch ein Riesenkind ist, hat es natürlich immer noch riesige Ideen, Gedanken und Willenskräfte. Doch wie soll es sich verhalten? Die Zwergenkinder haben einen Zwergenwillen, und ihre Gedanken und Ideen sind so zwergenhaft, daß sie das benachbarte Zwergenkind nicht erreichen. Du weißt sicherlich, daß man einen Riesenwillen nicht in einen Zwergenwillen verwandeln kann; denn bisher hat es noch kein Zwerg geschafft, einen Riesenwillen voll zu erfassen.

Weil das Riesenkind in seinen Gedanken nicht einsam werden will, macht es sie zu Zwergengedanken, und seine Ideen werden die eines Zwergenkindes. Schließlich schafft es das Riesenkind auch, Zwergengefühle zu haben, weil es nach Zwergenart gelernt hat, die Gefühle vom Verstand aus zu steuern. Da gibt es keine Riesenfreude, keinen Riesenkummer und keine Riesenliebe mehr.

So lebt das Riesenkind, das zwergenhaft geworden ist, also nach Zwergenart glücklich in der Zwergenwelt. Eines Tages will das Riesenkind mal wieder einen richtigen riesigen Spaß haben und rollt die Wiese hinunter. Doch was ist das? Es macht überhaupt keinen riesigen Spaß mehr. Außerdem sind die Kleider des Riesenkindes kaputt; denn sie waren nicht für Riesenkinder gemacht.

Da überlegt das Riesenkind, was es statt dessen machen kann, aber es hat nur zwergenhafte Ideen. Endlich beschließt es, nach Hause zu gehen, und holt seinen Spiegel hervor, um zu sehen, ob es noch Schmutz im Gesicht hat. Aber wo ist denn das Riesenkind? Es kann sich nicht finden, obwohl es sein ganzes Spiegelbild absucht. Siehst Du es?

Richtig, da unten in der Ecke ist es. Jetzt hat sich auch das Riesenkind gefunden. Es hält sich den Spiegel dicht vor die Augen und starrt sein Spiegelbild an. Es schaut weg und dann wieder in den Spiegel, aber sein Zwergenspiegelbild wird davon nicht größer. Plötzlich nimmt das Riesenkind den Spiegel und wirft ihn weg. Mit zwergenhaftem Schwung fliegt er durch die Luft und landet vor den Füßen des Riesenkindes.

Da wird das Riesenkind traurig. Es blickt um sich und stellt fest, daß es nur noch die Hälfte von dem sieht, was es früher sehen konnte. Davon wird das Riesenkind noch trauriger, bis es schließlich anfängt zu weinen. Und es weint, so gut es das noch kann. Nur seine Tränen sind Riesentränen.

Dorothee Arnold

(Die Burg) ist nun verfallen,
die Stätte wüst und leer,
Und fragst du nach den Riesen,
du findest sie nicht mehr.

Adelbert von Chamisso: Das Riesenspielzeug

Aus:
Jugend schreibt/Zeitung in der Schule mit der Frankfurter Allgemeinen Zeitung, F.A.Z. vom 22. Dezember 1990

Medienempfehlung: Keloglan und der Riese

Beltz Praxis medien interkulturell (Toncassette und Begleitheft) von Erman Okay 1991

Mit dem Hörspiel wird eine neuartige Form des zweisprachigen Kindertheaters präsentiert. Die dominante Sprache ist deutsch, aber einige Figuren sprechen türkisch. Trotz fremdsprachiger Elemente können deutsche Kinder dem Inhalt folgen. Hier wird der zweisprachige Alltag türkischer Migrantenkinder zu einer spielerischen Kunstform, zum anderen wird eine Gleichberechtigung beider Sprachen projiziert. Die türkischen Kinder in der Gruppe freuen sich, daß sie beide Sprachen verstehen, während die anderen Kinder der Geschichte folgen können und neugierig werden.
In der türkischen Märchentradition spielt der Sultan bzw. Padischah eine Rolle. Hier tritt er mächtig und böse gegen Keloglan auf, einen kleinen Mann, der zuerst unterschätzt wird.

Vom kleinen Troll, der gerne spielen wollte

Svend Otto S.

Nicht nur Menschenkinder sind traurig, wenn sie niemanden zum Spielen haben. Jokke, dem kleinen Troll, geht es ebenso. Bis er Jule trifft. Jule ist zwar ein Menschenkind, und Trolle sollen den Menschen besser aus dem Weges gehen, heißt es, aber was macht das schon ...

mit Arm- und Fingerbewegungen darstellen

Da oben auf dem Berge, eins – zwei – drei
da tanzen viele Zwerge, eins – zwei – drei.

Da unten auf der Wiese, eins – zwei – drei
da schläft ein dicker Riese, eins – zwei – drei.

Finger zählend ausstrecken

- Dieser Reim wird durch Vorspiel eingeführt, welches zum Mitspielen motiviert.
- Über einen längeren Zeitraum wiederholt, auch zu verschiedenen Phasen des Tages, prägen sich Text und Bewegungen ein, wecken die Aufmerksamkeit der Kinder.
- Das Bewegungsspiel wird bewußt rhythmisch gesprochen:

- Einfache Instrumente könnten hinzugenommen werden.
- Variationen des sprachlichen Ausdrucks:
  Normale Lautstärke – leiser werdend – flüsternd
  tonlos, dann letztes eins – zwei – drei laut rufen
  umgekehrt: lauter werdend
  schneller/langsamer
- Zählen in den Sprachen der Kinder:

italienisch	uno – due – tre
türkisch	bir – iki – üc
serbokroatisch	jedan – dva – tri
spanisch	uno – dos – tres
portugiesisch	una – dues – tres
polnisch	jeden – dwa – trzy
russisch	agure – gba – mpu [adin] – [dwa] – [tri]

Wortspielereien:

Da unten in der Höhle
tief und dunkel
da gibt es viele Zwerge
und Gemunkel!

Da oben in der Höhe
licht und hell
dreht sich das Riesenrad
ganz ganz schnell!

Als der Riese Holterprotz
in seine Stiefel stieg,
dachten alle:
„die Schornsteine stehen schief."

Ideen zu den folgenden Zeichnungen in gewechselter Größe:

Ein Riese namens Miese stand auf seiner Wiese
groß und fürchterlich.
Die Kinder liefen vor ihm weg.
Die Erwachsenen bauten um ihre Häuser hohe Mauern.
Die Eichhörnchen hüpften lieber auf den Bäumen herum, spielten fangen und sprangen schnell davon.
Die Maulwürfe blieben sowieso unter der Erde.
So blieb er allein.
Ein kleiner Wicht mit Namen „Gesicht" lief über die Wiese und schaute sich neugierig alles an.
Der Riese „Miese" bemerkte den Kleinen und dachte: „Vielleicht geht es dem besser als mir!" Er wünschte sich, auch so klein zu sein.

Der kleine Wicht mit Namen „Gesicht" kennt viele Kinder und Erwachsene, ebenso die Tiere. Er betrachtet den Riesen Miese und denkt: „Der sieht so mächtig stark aus." Er wünschte sich, auch so groß zu sein und überlegte sich, was er dann alles könnte.
Er schloß die Augen und tatsächlich, es gelang ihm, viel größer als der Riese zu sein.

Die Kinder äußern anhand der „Wechselbilder" eigene Größenphantasien und vergleichen ihre Wünsche. Es ist sinnvoll, das 2. Bild zur Betrachtung zunächst abzudecken. So läßt sich die vierfache Sicht aus der Perspektive der wechselnden Personen mit den älteren Kindern nacheinander erarbeiten.
Was denkt, was wünscht sich der Riese?
Was denkt, was wünscht sich der Zwerg?
Was denkt, was wünscht sich der riesige Zwerg?
Was denkt, was wünscht sich der kleine Riese?

Irene Scharwächter-M.

Irene Scharwächter-M.

Erzählung: Wie groß die Riesen sind

Die Erzählung ist in diese Einheit aufgenommen, weil sie es den Kindern möglich macht, ihre Phantasien auf vergnügliche Weise anzuregen.
Da ist ein Vater, der sich mit seinem Sohn auf den Weg macht, einen Riesen zu suchen und seine Größe festzustellen. Sie sehen vieles, aber beim Zusammentreffen von Riese und Sohn verschläft der Vater diese wichtigen Augenblicke.
Der Sohn geht gut beschützt vom Vater hinaus auf die Suche. Unternehmungslustig geht er allein ein Stück weiter und macht seine eigenen „Phantasie"-Erfahrungen. Danach kann er sich auch mit der Größe von 3 Metern begnügen.

Die Geschichte, an gekennzeichneten Stellen gekürzt, läßt sich je nach Alter und Ausdauer der Kinder noch weiter zusammenfassen und als Erlebnisschilderung gut mit eigenen Worten eumgestalten.

Sich mit dem Jungen die Frage stellen

Vorbereitungen treffen

Suche miterleben

Kinder überlegen, was sie tun würden

Spannung, Enttäuschung, Freude miterleben

Abmachung durchschauen

Bezug zum Vater wiederfinden

Mit der Einleitungsfrage des Jungen Jakob regt die Erzieherin die Kinder zu Überlegungen an; unterstützt wird dies durch die Identifikation der Kinder mit dem Jungen.

- Die Erzieherin trägt die Geschichte weiter vor bis * Hier können die Kinder überlegen, was für den Ausflug gebraucht wird.
- Ein nächster Einschnitt könnte vorgenommen werden bei ** Die Kinder äußern ihre Vermutungen zum weiteren Verlauf.
- Nun werden die Erlebnisse des Jungen weitererzählt sowie der Abschluß der Geschichte.
- Das Gespräch zwischen dem Riesen und Jakob läßt sich auch gemeinsam mit den Kindern erfinden (mit ___ gekennzeichnet)
- Größen veranschaulichen, z.B. 3 m, so groß wie 3 Kinder.
- Im anschließenden oder späteren Gespräch werden die Erlebnisse des Jungen erneut angesprochen, z.B.
- Der Riese war nicht so, wie Jakob ihn sich vorstellte.
- Was ist schön daran, einen Riesen zum Freund zu haben?
- Warum ärgerte Vater sich ein wenig?

Bildergeschichte davon malen lassen; mit den Kindern besprechen, welchen Bildanteil sie übernehmen.

- Die Geschichte kann gut mit Handpuppen nachgespielt werden bei Einteilung in 3 Szenen:
  Mutter/Vater/Sohn/
  Sohn/Riese
  Vater/Sohn

Sie eignet sich auch als Puppenspiel, das den Kindern vorgetragen wird. (→Fest)

Wie groß die Riesen sind

Das ist bestimmt schon länger als hundert Jahre her. Damals sagte Jakob zu seinem Vater: „Papa, zeig mir endlich einen Riesen. Ich möchte wissen, wie groß so einer wirklich ist."
„Jawohl", meinte auch die Mutter. „Du erzählst ihm immer von Riesen, zeig ihm einmal einen."
„Ich habe bisher selbst keinen gesehen. Aber sie sollen riesig sein", erzählte der Vater. „Auf alle Fälle über hundert Meter groß." Und weil auch er neugierig war, wie groß sie wirklich sind, gingen sie Riesen suchen. Die Mutter wollte zu Hause bleiben, weil sie noch einiges zu tun hatte.
Vater und Sohn packten ein, was man für einen Ausflug braucht. Rund und prall hingen die Rucksäcke auf ihren Rücken. *
„Vergeßt nicht, eure Mützen mitzunehmen. Zieht euch warm an. Und seid vorsichtig!" verabschiedete sie die Mutter und sah ihnen nach, bis sie hinter der ersten Kurve des schmalen Sandwegs verschwunden waren.
Mit langen Schritten ging der Vater voran und Jakob mit kurzen hinterher. Vor jedem Berg meinte Jakob: „Vielleicht ist das ein dicker Riese, der sich zum Schlafen hingelegt hat." Aber je näher sie dann kamen, desto deutlicher erkannten sie, daß das kein Riese, sondern ein ganz normaler Berg war.
Schmetterlinge und Blumen sahen sie, blauen Himmel, Sonne, Vögel und Felder. Aber nirgends einen Riesen. Nach einiger Zeit setzten sich die beiden an den Wegrand, packten belegte Brote aus und aßen. Dann legten sie Mützen ins Gras und sich selbst in die Sonne. „Schön ist das hier", seufzte der Vater wohlig. „Ich schlaf' ein Stündchen." Er klapperte mit den Augendeckeln, und im nächsten Augenblick war er eingeschlafen. **

Was tue ich jetzt? überlegte Jakob. Schlafen kann ich nicht. Ob ich versuche, alleine einen Riesen zu finden? Leise stand er auf. Dann ging er über Stock und Stein und rief immer wieder: „Riese! Riese! Wo steckst du denn? Hier ist Jakob, der genau wissen will, wie groß du bist."
Weiter und weiter ging Jakob, bis er zu einer Wiese kam. Da stolperte er plötzlich über einen, der schlafend und lang ausgestreckt im hohen Gras lag. Der ist ja ganz schön groß, dachte Jakob. Vielleicht weiß er, wo ich einen echten Riesen finde.
Vorsichtig weckte er den Mann auf der Wiese. Der gähnte laut und meinte mit müder Stimme: „Man weckt keine schlafenden Riesen."
Erstaunt ging Jakob um den Mann herum. „Riesen sind auf alle Fälle über hundert Meter groß, das erzählen alle, mein Vater auch", sagte er. „Und du willst einer sein?"
„Ich will keiner sein", antwortete der große Mann ein wenig beleidigt. „Ich bin einer." Groß ist er wirklich, dachte Jakob, als der Mann aufstand und sich reckte. Ein ganzes Stück größer als mein Vater. „Aber Riesen habe ich mir noch viel, viel riesiger vorgestellt", sagte er.
„Ich bin eben ein kleiner Riese", erklärte der Mann. „Aber ich kann beweisen, daß ich trotzdem ein richtiger bin, auch wenn ich nicht so aussehe." Schnell zog er einen Ausweis aus der Tasche und hielt ihn Jakob vor die Nase, und der las: „Riese. Größe: Drei Meter. Augenfarbe: Blau. Name: Otto." „Siehst du, hier steht es schwarz auf weiß", triumphierte Otto, der kleine Riese. Dann stellte er sich auf die Zehenspitzen und sagte: „Und jetzt bin ich sogar drei Meter und zehn Zentimeter. Aber das ist mir zu anstrengend." Er sah an sich hinunter und fragte sich leise: „Ärgerst du dich, daß du nur einen winzigen Drei-Meter-Riesen gefunden hast?" Jakob schüttelte den Kopf. Otto meinte dazu: „Aber ein bißchen enttäuscht bist du doch. Das merke ich."

„Ein bißchen schon", gab Jakob zu. Der Mann kramte in seiner Jackentasche und murmelte: „Ich habe ein gutes Mittel gegen so eine kleine Enttäuschung, wie ich sie bin." Dann zog er eine große Tafel Schokolade aus der Tasche.

Die beiden saßen nebeneinander im weichen Gras. Sie knabberten Schokolade und erzählten sich, wie sie lebten und was sie den ganzen Tag taten. Otto sagte, daß er noch gar nicht alt sei. „Erst achtundzwanzig Jahre. Ich bin ein Kinderriese und noch längst nicht ausgewachsen."

Nachdem sie eine Zeitlang miteinander gesprochen und Schokolade geknabbert hatten, war Jakob überhaupt nicht mehr enttäuscht. Sicher hatte er sich den Riesen viel größer vorgestellt, aber auch viel unfreundlicher. Otto sah nett aus. Er lächelte sogar. Man brauchte überhaupt keine Angst vor ihm zu haben. Und er schenkte Jakob das letzte Stück Schokolade und freute sich darüber, wie es ihm schmeckte.

Ich glaube fast, der könnte mein Freund sein, dachte Jakob. Dann fragte er ihn: „Sag einmal, wie groß wirst du mal werden, wenn du richtig ausgewachsen bist?"

Otto wußte das nicht genau, weil es hier außer ihm keine Riesen gab. „Eigentlich wünsche ich mir, richtig groß zu werden. dann würde ich tolle Sachen machen", sagte er.

„Wirst du mich spazieren tragen, wenn du groß bist?" fragte Jakob. „Klar", antwortete der kleine Riese. „Dann kannst du auf mir herumklettern und von meinem Hut weit übers Land sehen. Wenn du müde bist, schläfst du in meiner riesigen Jackentasche. Und am Fluß brauchen wir keine Brücke. Ich mache einfach einen großen Schritt, und wir sind am anderen Ufer."

„Vielleicht siehst du den Fluß gar nicht und holst dir nasse Füße. Dein Kopf steckt doch bestimmt immer in den Wolken", sagte Jakob. Und dann fiel ihm ein: „Wenn ich einmal Angst vor jemandem habe, rufe ich dich. Wer einen starken Freund hat, wie du einer bist, braucht keine Angst zu haben."

„Ich wäre gern dein starker Freund", sagte Otto und legte sich ins Gras. „Sicher bin ich dann stark genug, um Bäume auszureißen." „Den Fußball kannst du bestimmt über tausend Meter weit schießen, wenn du erst richtig riesig bist", stellte sich Jakob vor. „Du mußt dann immer in meiner Mannschaft spielen. Und als Torwart setzt du dich einfach vor das Tor. Das sieht man dann gar nicht mehr. Aber versprich mir, daß du dich nicht aufs Tor setzt."

Otto versprach es ...

Plötzlich fiel Jakob ein: „Wenn du unheimlich groß wärst, wäre das vielleicht doch nicht so toll, dann würde eine Tafel Schokolade kaum für uns beide reichen. Du brauchst dann sicher fünfzig Tafeln für dich alleine. Und wenn du zu uns zum Mittagessen kommst, ißt du einen Zentner Bratkartoffeln, und ich kriege nichts mehr. Außerdem hätten alle Angst vor dir. Deine Schritte wären wie Erdbeben. Du müßtest sehr vorsichtig auftreten."

Einen Augenblick saßen sie ruhig in der Sonne, dann sagte Jakob: „Weißt du, bleib lieber das, was du zur Zeit bist. Ein kleiner, freundlicher Riese nämlich."

Otto wünschte sich trotzdem: „Schön wäre es, wenigstens einmal riesig groß zu sein. Am besten, ich wäre ein verstellbarer Aufklappriese, mal groß, mal klein."

Die beiden dachten sich noch einiges aus und erzählten sich viel. Dann fiel Jakob ein, daß er zu seinem Vater zurück mußte. Nachdem Otto noch versprochen hatte, daß er Jakob besuchen wolle, sagte er: „Jetzt mußt du mir auch was versprechen. Versprich mir bitte, daß du niemandem verrätst, wie groß ich wirklich bin. Das soll unser Geheimnis sein. Ich finde es nämlich gut, daß alle meinen, Riesen wären riesig. Und sicher gibt's riesige Riesen ... Jakob versprach, daß er niemandem erzählen werde, wie groß sein Freund ist. Dann verabschiedeten sie sich voneinander und gingen. Wenn Jakob sich umdrehte, sah er, daß der kleine Riese in der Ferne immer kleiner wurde.

Jakob rannte fast zu seinem Vater. Der lag am Wegrand in der Sonne und schlief noch immer. „Aufwachen!" rief Jakob. „Ich habe einen Riesen gesehen!" Er verriet wirklich nicht, wie groß der war. Das hatte er versprochen. Er sagte nur: „Riesig ist er, wie die eben so sind."

Auf dem Nachhauseweg ärgerte sich sein Vater ein wenig darüber, daß er das alles verschlafen hatte. Und er versprach: „Wir gehen bald wieder Riesen suchen." Jakob nickte. In Gedanken war er bei Otto. Eigentlich wußte er noch immer nicht genau, wie groß die Riesen wirklich sind. Er kannte ja nur den einen. Und der hatte ihm darüber nichts erzählt. Nur eines wußte Jakob ganz genau: richtig klein können Riesen eigentlich nicht sein.

Titelgeschichte aus dem gleichnamigen Buch von A. Bröger/H. Aichinger, G. Bitter Verlag, Recklinghausen 1978

Geflunkerte Geschichten, die sich Kinder aus Oberholzklau erzählen:

Der längste Mensch sitzt mit seinem Po auf der Erde. Dabei schaut er mit seinem Kopf über die Wolken und kann so sehen, was dort alles in der Luft herumfliegt.

- *Das breiteste Haus ist so breit, daß es erst dort aufhört, wo die Straße zu Ende ist.*
- *Ein Riesendrache hat mit 5 Jahren Zahnausfall bekommen. Mit seinen Milchzähnen wurden die Bordsteine von Siegen gebaut.*
- *Der kleinste Floh war so klein, daß seine Eltern ihn selbst nicht bemerkten, als er sich in ihr Fell setzte.*
- *Der stärkste Vater kann gleichzeitig Fußball, Kopfball und Tennis spielen.*
- *Die dünnste Mutter ist so dünn, daß sie durch geschlossene Türen gehen kann.*
- *Das kräftigste Kind ist so stark, daß es alles, was nicht fest ist, anheben kann.*
- *Der kleinste Hund, den ich sah, schaute aus dem Knopfloch seines Herrn.*
- *Das geschickteste Pferd sprang mit Rucksack über einen riesigen Strohstapel.*
- *Der kürzeste Schnellzug war so kurz, daß ich als einziger Fahrgast darin Platz hatte.*
- *Der kleinste Riese, dem ich gestern begegnete, hatte als Zahnstocher einen Skistock bei sich.*
- *Dilldappen sind durch den Wald geflitzt und haben dort Ostereier versteckt.*
- *Der fleißigste Zwerg hat in der Nacht zweitausendzweihundertzweiundzwanzig Steine geklopft. Dreitausenddreihundertdreiunddreißig Katzenaugen haben ihm dabei zugeschaut.*
- *Der schmalste Turm im Westerwald ist so schmal, daß man seine Stufen nur mit den dicken Zehen betreten kann.*
- *Von der tiefsten Höhle unter der Erde muß man eine Woche lang klettern, laufen und springen, um wieder ans Tageslicht zu kommen.*
- *Nachts winken sich die Zwerge mit ihren Laternen zu. Manche Menschen meinen, das seien Sterne.*
- *Mancher Gartenzwerg versteckt sich besonders gern hinter einem Butterberg.*
- *Die langsamste Schnecke war von Sommer bis Winter unterwegs – von einem Gartenbeet in das andere daneben.*
- *Ein Zittauer Riese schälte auf dem Felsen sitzend die dickste Zwiebel. Da mußten die Menschen im Tal soviel weinen, daß sie mit ihren Tränen ein Schwimmbad füllten.*
- *Drei Dresdener Trolle wickelten weiße Wolle, damit sie dreißig wilde Westen weben konnten.*

Welche Flunkergeschichten sich wohl Kinder aus Hämmern, aus Singen und anderen Orten erzählen?

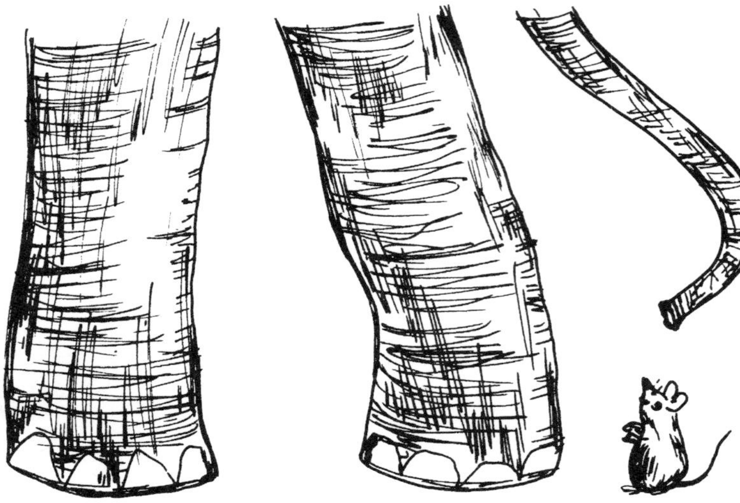

In unserem Häuschen
sind schrecklich viele Mäuschen,
sie zippeln und zappeln,
sie trippeln und trappeln,
sie stehlen und naschen –
und will man sie haschen,
husch, sind sie alle weg!

Das Mäuslein und der Elefant

Eines schönen Tages ging das Mäuslein spazieren.
Da begegnete ihm der Elefant.
„Hallo", sagte das Mäuslein, „wo willst du hin?"
„Das weiß ich selbst nicht", brummte der Elefant,
„Ich laufe nur so ein bißchen für mich dahin."
„Wenn du magst, kannst du mit mir gehen", schlug das Mäuslein vor.
„Ich besuche meine Großmutter."
„Ja, gern", sagte der Elefant und war froh, daß er mitgehen durfte.

Sie kamen an einen tiefen Bach.
„Hier geht es nicht weiter", sagte der Elefant.
„Natürlich geht es weiter!" rief das Mäuslein, „wir bauen eine Brücke."
„Das ist ein guter Gedanke", meinte der Elefant.
Sie fanden einen langen Baumstamm. „Du faßt in der Mitte an und ich hier am Ende", sagte das Mäuslein.
Der Elefant hob den schweren Baumstamm hoch und das Mäuslein half ihm.
So bauten sie eine Brücke über den Bach und konnten weitergehen.
„Hahahaha", lachte das Mäuslein, „wir zwei, wir sind tüchtig, was?"

Als sie weitergingen, kamen sie an einen steilen Berg.
Da stand ein großer Lastwagen.
„Weshalb fahrt ihr nicht weiter?" fragte das Mäuslein den Mann in dem Lastwagen.
„Es geht nicht", antwortete der Mann, „der Weg ist zu steil für mein Auto. Ich weiß wirklich nicht, was ich machen soll."
„Wenn es mehr nicht ist!" rief das Mäuslein. „Wir schieben dich hinauf."
„Komm!" sagte es zu dem Elefanten, „schieb du in der Mitte. Ich helfe dir."
Da schob der Elefant in der Mitte und das Mäuslein am linken Hinterrad.
„Vielen Dank!" rief der Mann, als sie oben angekommen waren. „Das war sehr nett von euch."
„Jaha", lachte das Mäuslein, „wir zwei, wir sind stark, was?"

Marielis Hoberg

Der Elefant, grau wie ein Stein,
hat Zähne, ganz aus Elfenbein.
Wie ein Gebirg geht er herum.
Zehn Männer werfen ihn nicht um.

Text: Josef Guggenmoos
Melodie: Wilhelm Schlechtriem

Irene Scharwächter-M.

Spielmöglichkeiten:
Ein Kind spielt den Elefanten, der seine Zähne zeigend herumgeht. Zehn „Männer" schieben ihn an. Vor jeder weiteren Strophe werden die Personen und/oder die Anzahl gewechselt.
Z.B. Zwei Frauen werfen ihn nicht um.
Fünf Mäuse werfen ihn nicht um.
Zehn Kinder werfen ihn dann um.
Das Lied ist mit älteren Kindern auch als Kanon zu 4 Stimmen zu singen.

Text aus:
Was denkt die Maus am Donnerstag, Verlag G. Bitter, Recklinghausen 1967

Die kluge Maus

*Volkslied aus der Schweiz**

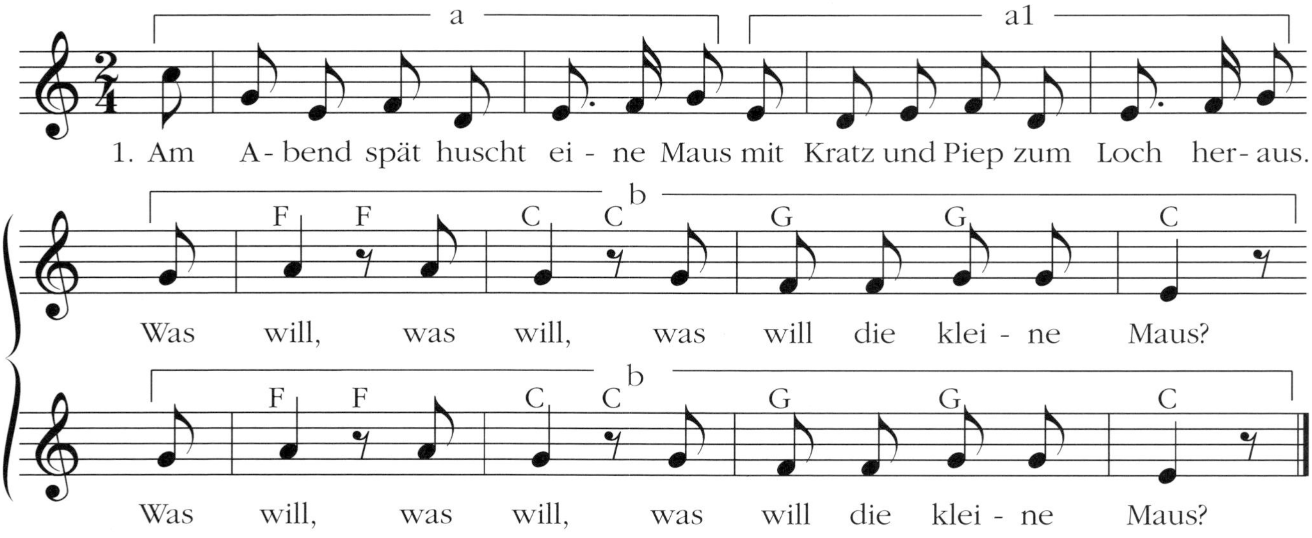

2. Ich such ein kleines Käsestück,
   das ließ ich gestern hier zurück.
   Wo ist, wo ist
   mein kleines Käsestück?

3. Ich glaub, das hat der Kater Mohr,
   der mit dem spitzen Muschelohr.
   Vielleicht, vielleicht
   gibt er mir's bald zurück.

4. Ach, lieber Kater, gib es mir,
   bin ewig dankbar dir dafür.
   gib her, gib her
   mein kleines Käsestück.

5. Ja, gerne, komm nur her zu mir,
   komm her, dann überreich ich's dir.
   Komm her, komm her,
   du zuckersüße Maus!

6. Du alter Mohr, ich kenne dich,
   erst schmeichelst du, dann frißt du mich!
   Piep, piep, piep, piep,
   piep, piep, du fängst mich nicht!

deutscher Text: Margarete Jehn, aus „48 Kinderlieder aus aller Welt" Verlag Eres Edition, 2804 Lilienthal/Bremen

Das Lied ist insbesondere für Kinder im Kindergartenalter und im ersten und zweiten Schuljahr geeignet. An den Anfang unserer Praxisvorschläge möchte ich eine der zahlreichen Äußerungen von Erzieherinnen stellen, die die Materialien erprobt haben.

„Dieses Lied gehört seit Wochen zu den Lieblingsliedern meiner Gruppe. Die Kinder sind vor allem von der Handpuppe begeistert. Deshalb singen sie spontan mit; das habe ich so noch nicht erlebt (meistens mußte ich sie auffordern). Die Drei- und Vierjährigen blieben nicht sitzen. Sie streichelten und küßten die

Maus. Eine kleine Türkin, die kaum deutsch sprechen kann, fragt jeden Morgen nach 'ihrer' Maus; die Maus ist ihr Tröster im schwierigen Kindergartenanfang ... Auch beim Freispiel hörten wir, wie Kinder von sich aus anfingen, das Lied zu singen. Es ist eines der wenigen, das die Kinder mit vollem Text können."

Woran mag es liegen, daß dieses Lied für die Kinder dieser Gruppe so bedeutsam geworden ist? Die Gründe dürften in zwei Faktoren zu finden sein, nämlich einmal in der Art und Weise, wie das Lied vermittelt wurde (also in Methode und Engagement der Erzieherin) und zum anderen im Inhalt und Melodieverlauf (also der Struktur des Liedes). Beide Faktoren wollen wir beschreiben, damit Sie, geehrter Leser, die Voraussetzungen gewinnen können, um das Lied ähnlich „erfolgreich" mit Kindern zu gestalten.

Die Struktur des Liedes

Der ***Text*** erzählt von einer pfiffigen Maus. Am Abend verläßt sie ihr Loch, um ein kleines Käsestück zu suchen, das sie gestern „hier" zurückließ. Da sie es nicht findet, vermutet sie, der Kater habe es an sich genommen. Der will es ihr gern zurückgeben, wenn die „zuckersüße Maus" nur nahe genug zu ihm kommt. Die kleine Maus durchschaut seine Schmeichelei und Hinterlist: „Piep, piep, du fängst mich nicht!" – Der Liedtext erzählt also eine Szene, die menschlich ist. Das, was das Sprichwort „Mit Speck fängt man Mäuse" als menschliche Erfahrung in knapper Form aussagt, heißt hier: „Mit Käse versucht man, Mäuse zu fangen". Wir haben es mit einem der zahlreichen Lieder für Kinder zu tun, die in einer Tier-Fabel etwas Allgemeinmenschliches mitteilen. – Aufgrund der Textanalyse folgern wir: Kinder können durch dieses Lied menschliche Verhaltensweisen kennenlernen, nacherleben, „verarbeiten". Dazu ist das Gespräch im Kreis geeignet – noch besser das Spiel mit verteilten Rollen. Die wörtliche Rede empfiehlt eine Gestaltung des Liedes im Rollenspiel.

Die ***Melodie*** ist deutlich in zwei Abschnitte gegliedert (siehe Notenbild). Teil A besteht aus zwei einander sehr ähnlichen Motiven (a und a'). Das heißt: Wer a im Ohr hat, kann auch a' singen. Deshalb ist der Melodieabschnitt A „gefällig". Im Melodieteil B singt man auf denselben Text zweimal das Motiv b. Deshalb kann – schon bei der Liedvermittlung – der Erwachsene vorsingen und die Kinder singen nach. Diese Möglichkeit werden wir berücksichtigen.

Vorschläge zur Liedvermittlung und -gestaltung

(1) in den meisten Kindergruppen wird es klug sein, nicht sogleich mit dem Lied zu beginnen, sondern es in einen thematischen Rahmen zu stellen. Die Beschäftigung mit dem Thema Maus vor Einführung des Liedes soll dem einzelnen Kind Gelegenheit verschaffen, seine – realen wie auch phantastischen – Vorstellungen auszuspielen. Einige Beispiele:

- Basteln und Freispiel mit Mäuse-
  Fingerpuppen aus grauem starkem Papier.

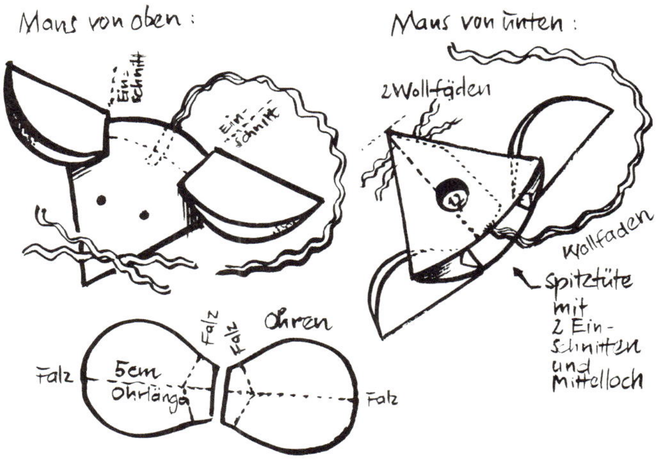

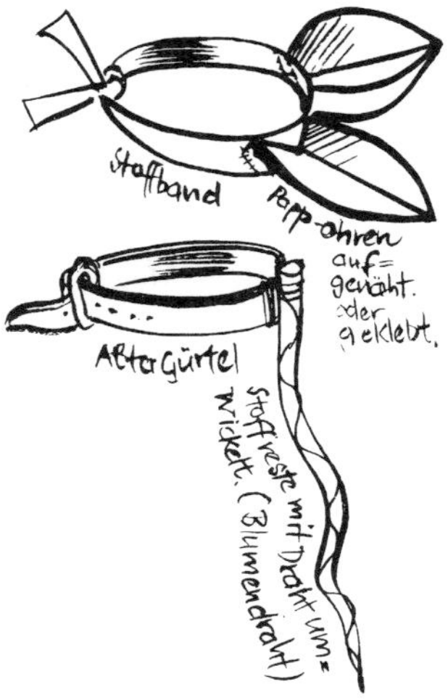

Papier wird als Halbkreis ausgeschnitten und wie aus der Zeichnung ersichtlich, zusammengeklebt zu einem spitzen Schnäuzchen. Ohren ausschneiden und ankleben; Augen anmalen. Schnurrbart und Schwanz aus dicker weißgrauer Wolle. Auf der Rückseite ein Loch anbringen, in das das Kind seinen Finger steckt.

„Jedes Kind zeigt den anderen seine Maus. Die Kinder spielen einzeln oder auch zu zweien, was Mäuse tun (z.B. in ein Loch schlüpfen, vor anderen fliehen, zu fressen suchen). Zuletzt wurden die Fingerpuppen an die Wand geheftet. Die Kinder können sie bei Bedarf abnehmen und damit spielen."

- *„Wir haben unsere **Hände** als Mäuse gebraucht („seht, was Hände alles können"). Manche Kinder erzählen dabei nicht nur von Mäusen, sondern auch von sich selbst."*
- *„Jedes Kind meiner Gruppe spielte mit seinem **Körper** eine Maus. Dazu bastelten wir für jeden Mauseohren und einen Schwanz. Mit Schminke wurde die Nase angemalt. Außerdem bekam, wer will, einen Schnurrbart."*

Man wird beobachten, daß viele Kinder – wenn sie sich erst ganz ins Spiel gegeben haben – auch persönliche Erfahrungen und Nöte ausdrücken. Das kann sich auch mit der späteren Liedgeschichte verbinden, – siehe die kleine Türkin im obigen Bericht. Die Vorstellung von einer Maus scheint dazu besonders geeignet zu sein (weil sie klein und schwach ist wie manches Kind?). Beachten Sie auch die Praxisvorschläge zum Lied „Was träumen wohl die Mäuschen" im MUSIKPRAXIS-Heft 7. Es wäre ein geeigneter Anschlußstoff.

(2) Das Lied wird dargeboten.
Dazu bieten sich unterschiedliche Wege an.

Möglichkeit I (a):
Der Handlungsablauf der ersten Hälfte jeder Strophe (Teil A) wird mit eigenen Worten, jedoch nahe am Originaltext entlang, ***erzählt***. Die zweite Hälfte (Melodieteil B) ***singt*** der E vor, und die Kinder wiederholen das Motiv b (siehe unter „Struktur des Liedes"). In den meisten Erprobungsgruppen wurde dieser Weg gewählt. einige Begründungen:

„Diese Methode unterscheidet sich von vorhergehenden Liedeinführungen, weil die Geschichte sowohl gesprochen wie gesungen wird." – „Für meine Kinder war diese Möglichkeit eine neue Art der Liedeinführung; deshalb wohl waren sie mit Begeisterung dabei." – „Durch diese Methode können die Kinder schon beim Vorstellen des Liedes einbezogen werden."

Möglichkeit I (b):
Einen einmaligen Eindruck vermitteln wir, wenn der E zum Erzählen eine ***Mäuse-Handpuppe*** zur Hilfe nimmt. Dann erzählt die Maus ihre Geschichte selbst. Der folgende Vorschlag möge eine Anregung sein, jedoch nicht als wörtliche Vorlage benutzt werden.

Der E hat die Mäuse-Handpuppe (im folgenden Maus genannt) unter einem Tuch auf dem Schoß versteckt. Die Maus guckt ein wenig hervor: „Piep, piep, wo bin ich hier?" – Reaktion der Kinder. – Die Maus kommt ein wenig mehr hervor: „Ja, was wollte ich hier? (singt mehrmals) Was will, was will, was will die kleine Maus?" Die Kinder singen nach und nach mit. – Maus: „Habt ihr ein Käsestück gefunden? Ich suche nämlich ein kleines Käsestück, das ließ ich gestern hier zurück. (singt) Wo ist ... mein kleines Käsestück?" Kinder wiederholen singend. – Die Maus ist jetzt ganz unter dem Tuch hervorgekommen: „Ich vermute, der Kater Mohr hat das Käsestück an sich genommen. Vielleicht gibt er es mir bald zurück." ... usw.

Auf diese Weise wird das Lied für Kinder zum unverwechselbaren Eindruck, worauf der Bericht am Anfang dieses Artikels aufmerksam macht. Die Schreiberin hatte das Lied mit Hilfe der Handpuppe vermittelt. Die Herstellung einer guten Handpuppe erfordert ein wenig Geduld und Geschick. Die Mühen zahlen sich aus, zumal die Handpuppe in thematischen Parallelsituationen gebraucht werden kann. Eine Arbeitsanleitung einschließlich Schnittmuster wurde von Sr. Martina Schemming, Fachschule für Sozialpädagogik in Coesfeld, erstellt. Interessenten aus Deutschland können sie anfordern bei Prof. Große-Jäger, Postfach 8640, 4800 Bielefeld. Bitte 1,00 DM Porto in Briefmarken beilegen! Interessenten aus Österreich und Südtirol wenden sich an Herrn Johannes Holzmeister, Fidula-Verlag, Postfach 54, A-5033 Salzburg.

Möglichkeit II:
Der E erzählt zuerst die Geschichte mit eigenen Worten und singt danach das Lied ganz vor. Diesen Weg wird man wählen, wenn man annimmt, daß Kinder die Handlung nicht verstehen, wenn man sie sogleich ***singend*** erzählt. In vielen Fällen hat es sich jedoch erwiesen, daß die meisten (auch die jüngeren) Kinder fähig sind, eine ***gesungene*** Erzählung aufzunehmen. Entscheidend ist die Klarheit des Vortrags und eine gleichzeitige Verdeutlichung des Inhalts durch Gesten, Mimik, Bewegung. Dieses Lied bietet die seltene Möglichkeit, den Liedinhalt mittels einer Handpuppe zu verbildlichen und zu personifizieren. Deshalb wird der Weg I (b) vor allem empfohlen.

(3) Gespräch über den Liedinhalt
Dabei werden auch unbekannte Wörter erläutert, z.B. Mohr, Muschelohr, schmeicheln. Den Kindern wird Gelegenheit gegeben, zur Geschichte Stellung zu nehmen.

„Die Maus hatte alle Sympathien der Kinder. Sie fanden es sehr pfiffig und toll, daß sie nicht auf den Kater hereingefallen ist." – „Manche Kinder hatten Freude an den Redewendungen „mit Kratz und Piep zum Loch heraus", „Kater ... mit dem spitzen Muschelohr", „du zuckersüße Maus", „du alter Mohr, ich kenne dich!"

„Für die meisten Kinder war das Lied nicht zu Ende. Sie überlegten, wie die Maus wohl an den Käse kommen könne: „Meine Maus ist zum Kater hingeschlichen und hat sich den Käse zwischen den Pfoten weggeholt. Da hat der Kater noch geschlafen." „Meine Maus ist ganz schnell hingelaufen und hat sich den Käse geholt. Der Kater Mohr hat sie fast am Schwanz erwischt." (Die Kinder beziehen sich auf die Fingerpuppen in ihrer Hand.)

Die Äußerungen der Kinder bauten wir in den Schluß des Liedes ein: „Ein Kind erzählte seine Lösung, alle sangen nach Verabredung den Teil B."

(4) Zwei Kinder
spielen mit ***Handpuppen*** oder ***Fingerpuppen*** oder als ***Tischtheater*** oder hinter einem ausgebauten ***Fernsehkasten*** oder als ***Schattenspiel*** die Geschichte im Dialog. Die übrigen fallen mit dem Liedteil B ein. Die spielenden Kinder brauchen hin und wieder Hilfe, wenn sie den Textfaden verloren haben.

(5) Das Lied wird mit verteilten Rollen gesungen:
1. Strophe = alle / 2., 3., 4. Strophe = Maus / 5. Strophe = Kater / 6. Strophe = Maus.
Am Anfang singen mehrere Kinder als Maus bzw. Kater. Wenn sie sich oft im Rollenspiel freigespielt haben, singen manche Kinder die Strophen auch allein.

Liedbegleitung:

Melodieteil A

auf Stabspielen,

Melodieteil B mit der Gitarre; Akkordbezeichnungen siehe Notenbild oben. Wenn keine Gitarre vorhanden, unbegleitet singen.

Liedvermittlung aus: H. Große-Jäger, Musikpraxis Heft 25, Fidula Verlag Boppard · Salzburg

Wie aus der Wurzel „Wurzli" wurde oder „Wurzli" mit seinen Freunden ...

gG In einem Korb werden Wurzelstücke mitgebracht. Wie wär's, sie schon mit den Kindern in einem Waldstück zu suchen? Sollte dies nicht möglich sein, lassen sich gewiß andere Materialien dafür entdecken.
Um die „Wurzelschauspielgesellschaft" entstehen zu lassen und fließend in eine Spielform zu bringen, fördert es von Beginn an eine gemeinsame Sache, wenn spielerische und gestalterische aktionen zusammentreffen.
Die „nackten" Wurzeln, Verästelungen und Rinden sollen die Kinder anregen, selbst zu überlegen, was ein Gesicht werden könnte ...

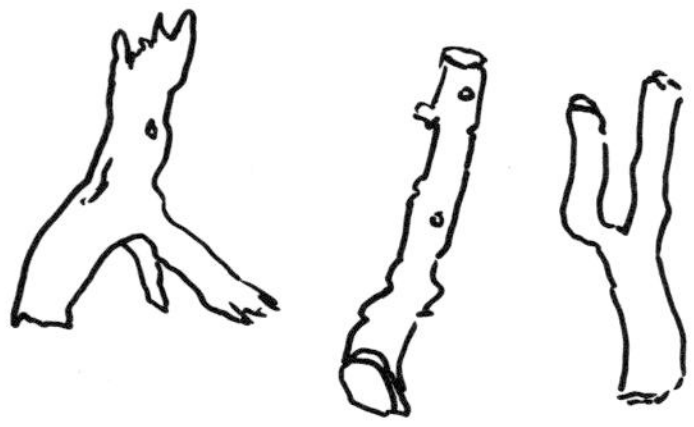

gG Nun geht die Gruppe auf die Suche! Gemeinsam suchen und finden die Kinder nacheinander verschiedene Verstecke (Schachteln oder Kisten im Gebäude verteilt/oder draußen unter Buschwerk, in Mauerecken ...).
Ein Zwergenlampenkärtchen ist als Hilfe in der Nähe des Verstecks sichtbar angebracht.
Die Kinder schauen sich die Schätze an, mit denen sie ihre Wurzelzwerge anziehen und fertigstellen können.
Sie entdecken z.B. daß sie aus den Stoffresten eine Zipfelmütze, einen Schal, eine Jacke, ein Handtuch machen können.
Die Kinder probieren aus, passen an und befestigen die Teile an Ort und Stelle, evtl. auch auf dem Boden. Ein „Werkzeugkasten" mit Scheren, Klebstoff und Kordeln sollte dabeisein. Originelle Ideen wahrgenommener Ausdrucksformen werden aufgegriffen. Die Kinder ergänzen selbst, was dem „Wurzli" zum Aussehen und Tun noch fehlt. So werden die Figuren in der Gruppe mehr und mehr vervollständigt. – Vielleicht „sprechen sie sich schon an", bewegen sich im Spiel

EPG An einer improvisierten Bühne kann es weitergehen ... auch an den folgenden Tagen.

Riesenhaus – Gemeinschaftsarbeit

Aus Zeitschriften, Katalogen oder Zeitungen schneiden die Kinder große Bausteine zurecht. Sie kleben sie zu einem Riesenhaus auf die Tapetenbahn. Fenster, Türen, Dach usw. werden durch andersartige Formen oder ausgesuchte Farbseiten besonders hervorgehoben. Das Riesenhaus kann an der Wand befestigt werden. Nach und nach lassen sich mehrere Riesenhäuser zu einer Straßenreihe/einer Stadt zusammensetzen.

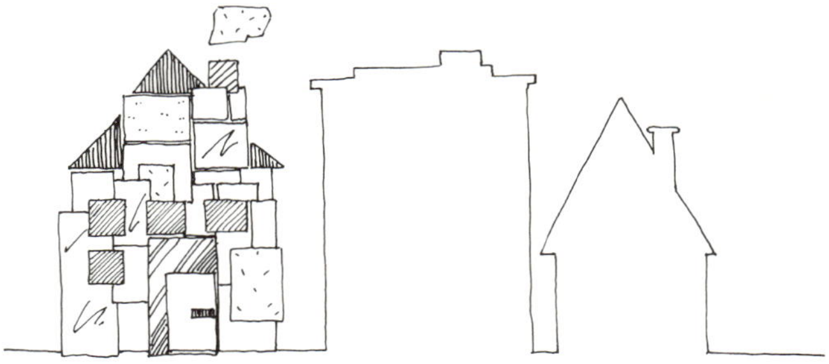

Riesige Figur aus Hexentreppen

Gesamtlänge ca. 1 m. Die Maße lassen sich entsprechend vergrößern oder verkleinern.

Für die Beine
4 Streifen à 160 cm lang, 4 cm breit

Für die Arme
4 Streifen à 120 cm lang, 4 cm breit

Für den Körper
2 Streifen à 100 cm lang, 10 cm breit

Für Hals und Kopf
2 Streifen à 60 cm lang, 4 cm breit

Je zwei Papierstreifen (Tapete, Schrankpapier o.ä.) im rechten Winkel aufeinander legen. Jeweils den unteren über den oberen Streifen falten, bis beide Streifen aufgefaltet sind.
Die einzelnen Körperteile zusammenkleben. Dabei Arme übereck befestigen.
Aufhängefaden durch den Körper stechen, damit sich die Figur nicht zu sehr aushängt.
Wenn die Figur etwas wippen soll, oben ein Gummiband befestigen.
Hut und weitere Utensilien frei gestalten.

Halbmasken-Riesengesichter

Masken aus Karton in doppelter Kopfhöhe zuschneiden. Die Erzieherin schneidet Augenschlitze ein. Bekleben oder Bemalen nach Ideen der Kinder! Gummi oder Bänder befestigen.

Sitzt auf der Nase!

Ein Riesenfuß für den Gruppenraum

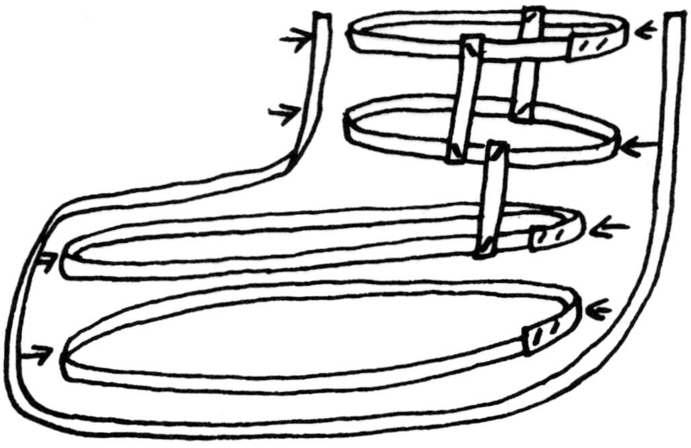

Kartonstreifen werden von der Erzieherin mit einem Hefter zusammengeknipst, bis ein „Fußgerüst" entstanden ist. Soviele Verstrebungen anbringen wie nötig!
Etwa handgroße Zeitungspapierstücke mit Tapetenkleister bestreichen und aufsetzen. Nach kurzem Antrocknen können die Kinder weitere Schichten von Papierstücken aufkleben.
Wenn der Fuß nach einigen Tagen gut getrocknet ist, kann er von den Kindern bemalt werden. (Abtön- oder Deckfarbe)

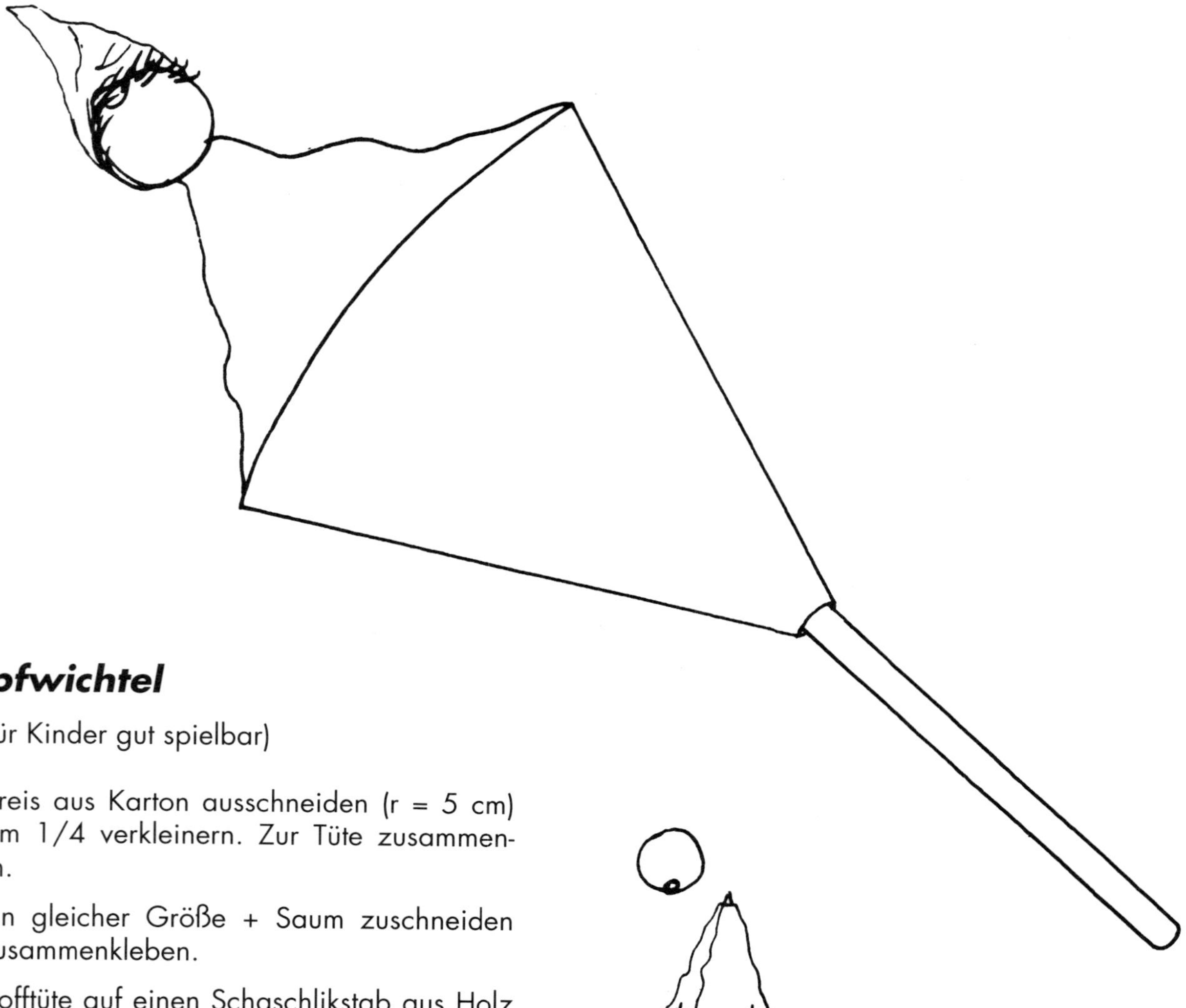

Schlupfwichtel

(Größe für Kinder gut spielbar)

a) Halbkreis aus Karton ausschneiden (r = 5 cm) und um 1/4 verkleinern. Zur Tüte zusammenkleben.

b) Stoff in gleicher Größe + Saum zuschneiden und zusammenkleben.

c) Die Stofftüte auf einen Schaschlikstab aus Holz spießen, etwas Klebstoff auftropfen und die Spitze in eine Holzperle oder Wattekugel stecken.

d) Die Kartontüte mit kleinem Loch versehen und Stab von oben hineinstecken. Den Stoff innen an der Kartonkante festkleben.
Den Wichtel weiter ausgestalten!

Luftballonwichtel, die Stufen herabhüpfen können

Die Füße werden nacheinander auf eine Pappe gestellt und mit einem Stift umzeichnet. Damit sich die Fersen überschneiden, kann alles aus einem Stück hergestellt werden.
Ein Loch wird in die Papp-Fersenmitte gepiekst. Durch dieses Loch wird das verknotete Ende des aufgeblasenen Luftballons gesteckt.
Der Wichtel bekommt Gesicht und Mütze nach eigenen Ideen.
Beim Fest der Zwerge kann ein Spiel mit ihnen gemacht werden.

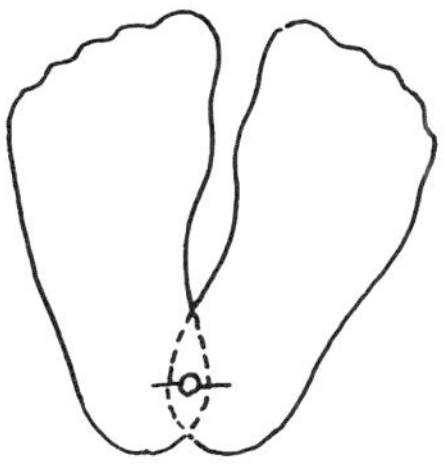

Purzelmännchen

Aus Stoffresten oder Filz wird eine einfache Anzugform doppelt zugeschnitten. Sie wird, bis auf den Halsausschnitt, zusammengeklebt. Eine Kartonrolle, 3-5 cm hoch, wird dort befestigt. Bevor der Kopf mit Mütze, Hut oder Haaren verschlossen wird, kommt noch eine Glaskugel hinein. Durch die Gewichtsverlagerung der Kugel im Kopf purzelt das Männchen über jede schräge Fläche.
Phantasievoll ausgestalten!

Gipskleidungsriese

Ein „Riese" kann auch aus eingegipster alter Erwachsenenkleidung hergestellt werden. Z.B. wird ein altes Oberhemd in frisch angerührte Gipsmasse getaucht, gut eingetunkt und sofort über einen aufblasbaren Bügel gehängt oder mit zerknüllter Zeitung ausgestopft.

Kugelzwerge

Tischtennisbälle werden zu 2/3 (von Erwachsenen) durchgesägt, eine Glaskugel mit einem Stück doppelseitigem Teppichklebeband im Tennisball befestigt. Die Öffnung nun mit Klebeband überkleben und eine Zipfelmütze aus Stoff, Filz oder Papier darübersetzen, wenn die Köpfe im Gleichgewicht liegen. Das Gesicht kann von Kindern aufgeklebt oder gemalt werden. Die kullernden Köpfe kommen immer wieder in die Ausgangsstellung zurück. Die Kugelzwerge eignen sich als kleine Geschenke für die Kinder.

Wir gestalten unsere eigenen Gartenzwerge

aus Ytong

Steine sind in Baumärkten zu besorgen. Es können auch Reststeine von Baustellen benutzt werden.
Große Blöcke können diagonal abgeteilt (durchgesägt) werden und mit der Spitze nach oben den Kindern dargeboten werden.
Mit alten Löffeln und Messern, sonst nicht mehr brauchbaren stumpf gewordenen Sägen und Schraubenziehern versuchen die Kinder, durch Kratzen, Schaben, Ritzen, Sägen, die Oberfläche zu gestalten und die Form zu verändern.
Der weiche Kunststein kann auch mit Farbe bemalt werden. Wenn Sie Wasserfarbe benutzen, sollten Sie die Zwerge nicht im Regen stehen lassen. Die Zwergenversammlung gut sichtbar aufstellen!

aus Tonerde

Tonerde ist, meist abgepackt, in Ziegeleien, Töpfereien oder bei Firmen für Tonwarenbedarf zu erhalten.

Jedes Kind formt frei mit seinen Händen den weichgeklopften Tonklumpen, gibt ihm einen zwergenähnlichen Grobumriß und zieht z.B. die Mütze nach oben heraus. Es formt Arme und Beine (für Stabilität sorgen; evtl. Hilfe) und gibt dem eigenen Zwerg individuelle Ausprägungen. Mit leicht angefeuchteten Händen glattstreichen. Bei den kompakten Formen ist es günstig, an der dicksten Stelle den Körper mit eine Drahtschlinge etwas auszuhöhlen und wenn sichtbar, die Öffnung wieder zu verschließen. Nach mind. einwöchiger Trockenzeit kann ein Schrühbrand gewagt werden (Hinweise der Firmen für Brennöfen beachten).
Die rohen Ziegeltonfiguren können (außer zu Frostzeiten) das ganze Jahr draußen stehen.

Geburtstagskalender

Gruppen, die sich als Wichtel, Pumuckel oder mit anderen Namen benannt haben, könnten ihren Geburtstagskalender passend gestalten.
Aus den selbstgemalten Bildern (Größen, wenn notwendig, etwas beeinflussen) werden die Gesichter ausgeschnitten und mit eigenen Photos hinterklebt.

Im Zusammensein mit Kindern ergibt sich oft ein Anlaß, das Thema „sich klein fühlen unter Größeren" direkt zum Thema zu machen. Die Erzieherin sollte auf Begebenheiten und Äußerungen in der Kindergruppe achten und diese zum Anlaß nehmen, Verständnis füreinander zu entwickeln und gemeinsame Aktivitäten anzuregen.
Beispiele lassen sich vielfach darin finden, wenn Größere Kleinere nicht mitspielen lassen, weil diese „noch zu klein" sind; wenn die Bilder von jüngeren Kindern als nicht gekonnt verlacht werden; wenn jüngere Kinder die Spielregeln der älteren nicht einhalten können, sich noch nicht so motorisch geschickt verhalten können; wenn besonders zarte, kleine Kinder von anderen zu liebevoll umsorgt und unselbständig gehalten werden.

Das bewußte Erleben der eigenen Altersentwicklung ist eine wichtige Grundlage für das Akzeptieren jüngerer Kinder.

- Wir stellen unsere eigene Entwicklung anschaulich dar, z.B. anhand von Photos und von Kleidung, die früher einmal paßte, indem wir unsere Körpergröße feststellen und festhalten (Metermaß), indem wir Handabdrücke anfertigen und dies ein Jahr später wiederholen. (Wichtig ist es, die Eltern einzubeziehen, da sie am besten dem Kind seine Entwicklungsschritte bestätigen können.)
- Wir berichten von dem, was wir wissen über: „Früher, als ich klein war ..." , dabei wird uns bewußt: „Jetzt bin ich größer".
- Wir erzählen, wie es uns mit kleineren (größeren) Geschwistern ergeht.
- Wir sprechen darüber, wie verschieden Kinder in unserer Gruppe sind. Anlaß: Alter bei einem Kindergeburtstag.
- Wir überlegen und lassen uns zeigen: „Was die Neuen schon können!"
- Wir lernen in Kennenlernspielen die Neuen kennen und bekommen einzeln Aufgaben, mit denen wir ihnen etwas in der Gruppe zeigen können.
- Wir vergleichen die eigene Größe mit anderen. Zwei Kinder stellen sich Rücken an Rücken und schauen im Spiegel, ob ein Kopf den anderen überragt. Wir tauschen die Partner.
- Jedes Kind findet etwas, was größer und etwas was kleiner ist, als es selbst. (Auch Katze, Haus, Geschwister ...) Mit wem möchte sich das einzelne Kind vergleichen? Wer ist ihm Vorbild?
- In gemischten Kleingruppen werden Aktivitäten eingeleitet
- in Rollenspielen gibt es neben anderen Rollen solche mit weniger Sprachanteilen (Tiere, Babies) und vielen Bewegungsmöglichkeiten.
- beim Bau von Landschaften im Sand / mit vielseitigem Material im Raum wird das Mittun angeregt.

Klein und Groß turnen miteinander

Anregung für einen Eltern-Kind-Nachmittag

Jedes Kind hat einen Erwachsenen mitgebracht, damit paarweise gearbeitet werden kann. Es sollten mindestens 6 Paare mittun. Die Obergrenze richtet sich nach der Größe des zur Verfügung stehenden Turnraums.

Die Erzieherin vereinbart zu Beginn mit den kleinen und großen Teilnehmern ein Stop-Zeichen zum Beenden einer jeden Übung. Die Dauer einer jeden Übung richtet sich nach dem Ermessen der Erzieherin.

1. Wir beginnen damit, daß die Teilnehmer auf Zehenspitzen mit hochgehaltenen Händen durch den Raum gehen; sie machen sich ganz groß.
   Als nächstes gehen alle in die Hocke, machen einen runden Rücken und gehen so ganz klein durch den Raum. In einer nächsten Übungsphase können beide Übungen (Giraffe-Watschelente) gemischt werden.

2. Die Paare (Erwachsener + Kind) stellen sich hintereinander auf und bilden Torbogen.
   Die letzten gehen unter den Torbogen hindurch, danach die vorletzten usw., bis das 1. Paar wieder vorn steht.
   Der Bewegungsablauf kann wiederholt werden; evtl. bekanntes Lied im Marschrhythmus dazu singen oder Musik einsetzen.

3.1 Die Erwachsenen setzen sich jetzt in einen großen Kreis mit dem Rücken nach innen und grätschen die Beine. Zwischen den gegrätschten Beinen zweier Erwachsener kann bei wenigen Teilnehmern (a) ein Zwischenraum gelassen werden. Ansonsten rücken die Erwachsenen nahe zusammen (b). Die Kinder hüpfen über die Beine.

3.1

3.2

3.2 Jetzt bilden die Kinder einen Kreis und die Erwachsenen hüpfen im Schlußsprung über die gegrätschten Beine.

4. Nun bilden die Erwachsenen wieder einen Kreis; sie legen sich auf den Bauch mit dem Kopf nach innen. Die Kinder springen oder klettern über größere Hindernisse, nämlich die Körper der „Großen".

5. Die Erwachsenen knien sich hin und stützen die Hände vorn auf (Bankstellung), damit die Kinder unter ihnen durchkriechen können. (Wenn der Tunnel größer sein soll, die Beine strecken!)

5.

6.

6. Die Kinder werden jetzt abwechselnd klein und groß. Statt unter *jedem* Erwachsenen durchzukriechen, kriechen sie unter dem einen hindurch und überklettern den nächsten usf. (Auf Ellenbogen heruntergehen, wenn das Hindernis zu groß ist!)

7. Die Kinder setzen sich jetzt als Reiter auf die Rücken der Erwachsenen. Die „Pferde" setzen sich in Bewegung und tragen ihren „Reiter" durch den Raum.

8. Die Paare bleiben an dem Platz, an dem sie bei dem Stop-Zeichen angelangt sind. Die Erwachsenen legen sich auf den Rücken und winkeln die Beine an. Das Kind lehnt sich mit dem Bauch gegen die Unterschenkel und faßt die Hände des Erwachsenen.

8a

Jetzt heben die Erwachsenen die Beine hoch bis in die Waagerechte. Die Kinder „fliegen" 5 – 6 mal hoch, indem die Erwachsenen ihre Beine heben und senken.

8b

9. Jetzt dürfen die Kinder einmal anders fliegen! (Wenn genügend Platz ist!) Die Erwachsenen fassen die rechte Hand und das rechte Fußgelenk des Kindes und drehen sich um sich selbst. (Flugzeug)

10. Die Paare bleiben zusammen. Es stellen sich die Kinder mit dem Gesicht zu den Erwachsenen auf deren Füße. Große und Kleine gehen so zusammen vorwärts, rückwärts und seitwärts. (Riesen- und Zwergenschritte ausprobieren!)

Auf ein Zeichen der Erzieherin gehen die Paare so zum Umkleiden.
Die Übungen sind auch geeignet für Kindergartengruppen mit größeren und kleineren Kindern. Herausgenommen werden dann die Übungen 8 und 9.
Dieses Spielprogramm sollte flexibel abgeändert werden, wenn Ideen genannt werden oder sich in Bewegungsabläufen zeigen.

Das Buch „Als ich klein war, war ich groß und stark" von Ulf Nilsson, ist 1992 als deutschsprachige Ausgabe im Oetinger Verlag Hamburg erschienen. Ein kleiner übermütiger und selbstbewußter Kerl erzählt die verrücktesten Geschichten. Seine Welt ist skurril (schon die Eltern) und er gestaltet mit, läßt sich durch nichts einschüchtern. Ob er allein ein Haus baut an einem einzigen Tag – oder einen riesigen schwarzen Hund zähmt, oder eine Geburtstagsgesellschaft bewirtet, es gelingt ihm und es macht Spaß, sich diese Situationen vorzustellen. Nur seine neugeborene Schwester ist ebenso stark ...
Auch andere kleine Kinder können sich damit stärken lassen! Es ist geeignet als Vorlesebuch für die Vorschulkinder. (Anstatt „Hello everybody" dürfen die Zuhörer auch anders angesprochen werden.)

Das Buch „Peter ist der allerkleinste Riese" ist von Wolf Harrant und Angelika Kaufmann 1986 im Verlag Jungbrunnen, Wien, erschienen.
Es ist ein mutmachendes Buch! Geschrieben aus der Sicht eines kleinen gehbehinderten Jungen, der sich in seiner sozialen Umwelt behauptet. Aus der behütenden Familie tut er Schritte in seine Umgebung, die er besser gehen kann, wenn er seine Phantasie hinzunimmt. „Ich bin ein Riese. Man sieht es nur nicht gleich, weil ich so klein bin." Mit seinen Zaubersprüchen, auch mit der Unterstützung seines Freundes, überwindet er sein Anderssein – bis auf ein bißchen.

Nach draußen gehen, einkaufen gehen, kleine Aufträge erfüllen, ...
bedeutet für Kinder immer wieder neu eine Bestätigung des eigenen Könnens. Erschwerend kann ihnen hierbei vieles begegnen, was sie entmutigt.
Im Gedicht von Christian ist eine solch bedrängende Situation gezeigt. Aber auch dem „Großen" ergeht es nicht viel besser.

Christian

Der liebe, kleine Christian
steht leider in der Straßenbahn
zwischen Bäuchen eingezwängt,
und wenn jemand vorwärts drängt,
kann er nicht mal gehen;
denn ein großer, schwerer Mann,
der sich auch nicht rühren kann,
steht ihm auf den Zehen.

Hans Manz

Gedicht aus
H. J. Gelberg, Die Stadt der Kinder
Georg Bitter Verlag, Recklinghausen 1969

Zur Bildbetrachtung kann zunächst dieser Bildausschnitt verwendet werden, um die Perspektive des Jungen zu verdeutlichen.

Schwarzfahre
ist ungesun
Die Stadtwerke

Text und Melodie:
Wolfgang Longhardt

Baustein 2.1

Das Lied drängt zur Bewegungsgestaltung. Sicher hat man im Gruppenraum einige Tische zum Darunterkriechen. Vielleicht läßt sich auch eine Wäscheleine oder ein Garderobenständer beschaffen, an dem eine große lange Männerhose hängen kann, sowie andere Erwachsenenkleidungsstücke. Der Kehrvers eignet sich für Bewegungen im großen Spielkreis: Promenieren auf der Kreislinie (evtl. mit Klatschrhythmus). Für den Strophenteil 1 erfinden die Kinder Bewegungsformen auf dem Boden (hocken und kriechen unter dem Tisch oder um den Garderobenständer; während man langsam sich erhebt, sich streckt und schließlich – um ganz groß zu sein – auf den Zehenspitzen steht). Nach der Kreisform des Kehrverses führt auch die zweite Strophe wieder von Bewegungen am Boden zu von den Kindern gestalteten pantomimischen Formen des Reitens und Bus-Steuerns. Dann folgt nochmals die Kreisform des Kehrverses.

Baustein 2.2

Man kann in zwei Kreisen spielen. Bald fragt der Außenkreis den Innenkreis, bald umgekehrt: „Ich frage viele Leute ...". Man schreitet in beiden Kreisen in verschiedene Richtungen. Mit ausgestrecktem Zeigefinger sucht man einen, den man fragen könnte.
Am Kehrversende bleibt man vor ihm stehen. Der aber weiß keine Antwort und zuckt mit den Achseln. Mit vertauschten Rollen zwischen Innen- und Außenkreis kann der Kehrvers nun wiederholt werden, wobei erneut darauf zu achten ist, daß die Kreise in entgegengesetzten Richtungen laufen oder hüpfen.
Die Strophenteile eignen sich auch zu einer Darstellung durch wenige Kinder in der Kreismitte. Während sie den Inhalt des Liedes nachspielen, sitzen oder hocken alle anderen drumherum, um dann Ton für Ton sich zu erheben und langsam größer zu werden bis zum Auf-den-Zehenspitzenstehen.

Baustein 2.3

In den Spiel- und Tanzpausen können neue Begleitungsformen, z.B. auf elementaren Musikinstrumenten, erprobt werden, und nach Spontanäußerungen der Kinder wird es auch wieder zu kleinen Gesprächen über die Thematik der Vorfreude auf das Größerwerden kommen.

Wolfgang Longhardt aus dem Beiheft zur Katechetischen Spielmappe für 4-7jährige „Wenn ich groß bin!"
Christophorus Verlag Freiburg 1975 Spiel- und Lerneinheit 2

1. Spiele am Tisch

1.1 Puppensuchen und Verstecken

gG

Größen vergleichen und sortieren, dabei die Farben beachten

Puppen auseinandernehmen und zusammenfügen; sich gegenseitig rufen

Alter:
3jährige Kinder; wenige Kinder

Material:
Matrijoschka Steckpüppchen (oder mindestens 4 mit Gesichtern bemalte, verschieden große ineinander passende Schachteln), ein Tuch

Spielverlauf:
- Die Kinder stellen die verschiedenen Puppen nebeneinander auf und beschreiben ihr Aussehen, die Farben der Kleidung.
- Anziehen, was zusammengehört:
  Jedes Kind darf sich zu den vermischt liegenden Puppenteilen auf dem Tisch das passende Ober- oder Unterteil aussuchen. Die Puppen gehen zu zweit über den Tisch spazieren.
- Die Erzieherin hat die (zusammengesetzte) größte Puppe und ruft: „.. (Namen eines Kindes) komm heraus!" Das gerufene Kind darf die nächstkleinere Puppe herausnehmen und das nächste Kind rufen. So wird eine Puppe nach der anderen herbeigeholt und kann in umgekehrter Reihenfolge wieder versteckt werden. „... versteck dich schnell!"

Spielidee entlehnt aus dem Buch „Didaktische Spiele" M. Arndt Klett Verlag

1.2 Riesen und Zwerge besuchen sich

gG
G

Würfelspiel in einer kleinen Gruppe spielen

Spielregel verstehen und einhalten

Wechsel von rechten und linken Fußspuren erkennen

Sich über ‚zu Besuch gehen' unterhalten

Alter:
ab 4 Jahre; 2-6 Kinder

Material:
Spielfeld mit Fußspuren (Kopiervorlage vergrößern), Würfel, verschiedene Spielfiguren (z.B. Korken)

Spielverlauf:
Die Kinder wählen, ob sie als Riesen oder Zwerge gehen wollen und beginnen bei ihrem Haus.
Die Spielfiguren werden nach abwechselndem Würfeln gesetzt. Treffen 2 Figuren auf einem Fußstapfen zusammen, geht der 1. Spieler in sein Haus zurück, um neu zu beginnen.
Ziel ist es, zuerst im Haus des anderen (Riese – Zwerg) anzukommen.

Mit älteren Kindern:
evtl. neue Spielregel ausdenken!
Auch: Spielfeld in größerer Form selbst herstellen

Spielfiguren selbst herstellen:
Formen aus bunten Katalogseiten ausschneiden, auf Bleistiftspitze drehen und zusammenkleben!

oder: kleine Pfeifenputzerfiguren drehen!

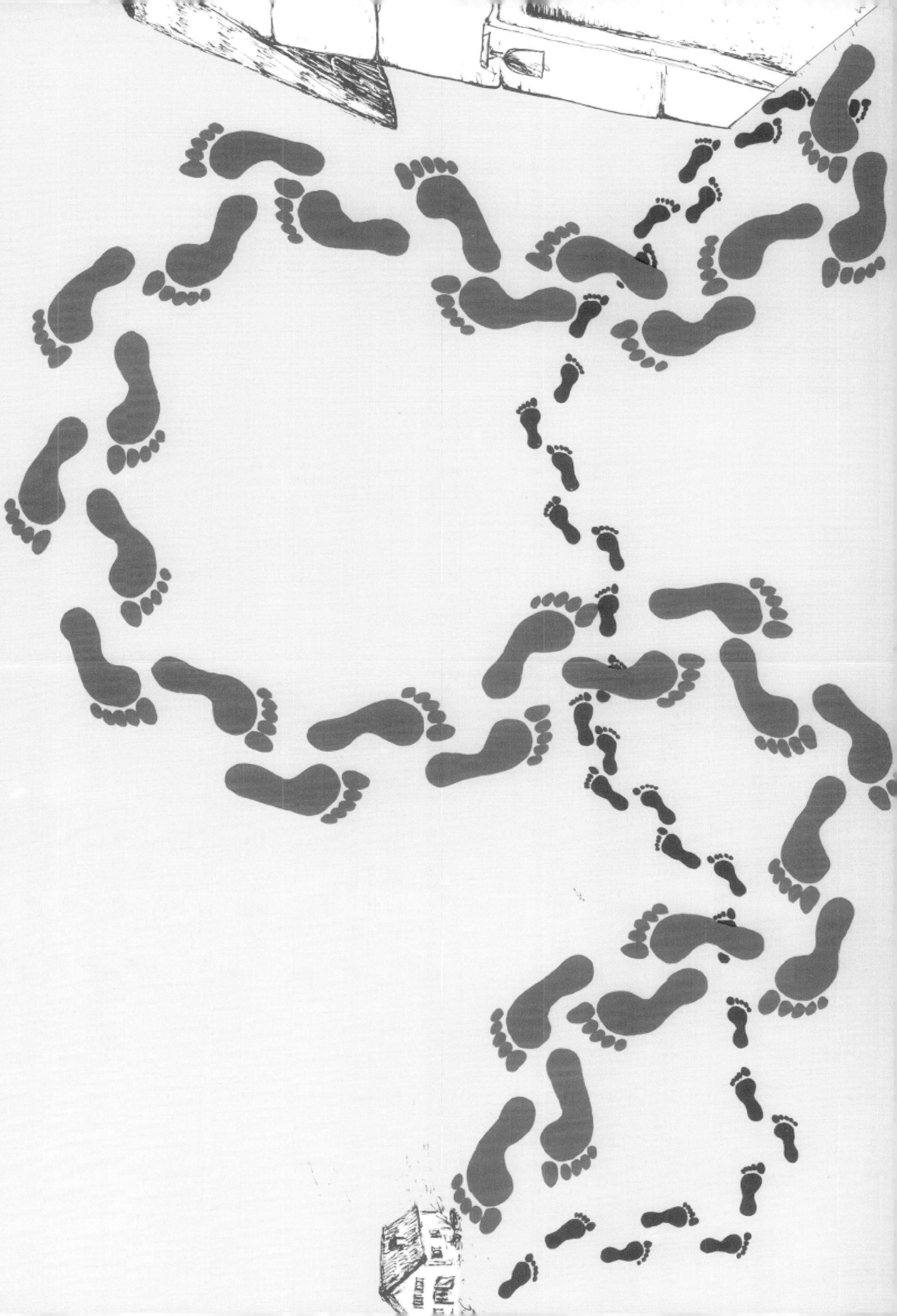

2. Spiele und Aktionen mit selbstgemalten Bildern

2.1 Zusammensetzbild – Puzzle

gG

lustige Ideen entwickeln, nach eigenen Vorstellungen malen etwas für die Gruppe herstellen

es ertragen können, daß das Bild zerteilt wird, sich am Zusammensetzen erfreuen

Alter:
ab 5 Jahre; einige Kinder

Material:
Kartonstücke in vorhandenen Größen, dazu passende Plastikhülle, Wachsmalstifte, Filzstifte oder andere Stifte, die nicht verwischen.

Spielverlauf:
Jedes Kind malt ein Bild nach eigenen Ideen. Mögliche Bildanlässe, die besprochen werden:
„Ein Riese kommt zu Besuch."
„Ich sitze mit einem Riesen im Garten."
„Zwerge verstecken sich hinter ... unter ... Sie sind fast nicht mehr zu sehen."
Die Bilder werden (wie vorher besprochen!) in kleine Teile verschiedener Form zerschnitten.
Sie werden als Puzzle in der Gruppe benutzt und in Plastikhüllen aufbewahrt.
Sie werden als Geschenk gebraucht.

2.2 Riesenmixmax

gG

gemeinsam überlegen und sich einigen

Größen einteilen, Größenverhältnisse erfassen Einzelteile ausgestalten

Alter:
ab 5 Jahre; je 3 Kinder

Material:
Karton oder Pappe, Größe mind. DIN A2, Stifte oder Wasserfarben

Verlauf:
Mit jeder Kleingruppe wird überlegt, was besonders riesig an dem Riesen sein soll (lange Beine, großer Bauch ...), welche Eigenschaften er haben soll (freundlich, lachend, schimpfend ...) und welche Kleider er trägt. Jedes Kind übernimmt 1/3 Teil des Riesen, wobei überlegt wird, wie die Teile aneinanderpassen.

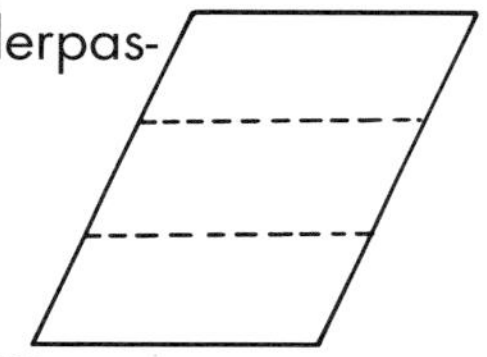

Platz einteilen, sich einigen und einander beraten

Ein Kind nach dem anderen kann nun seinen Teil des Riesen malen, während die beiden anderen helfen dürfen, wenn das malende Kind das möchte.
Das fertige Bild wird von der Erzieherin in die 3 oder in 5 Teile (Kopf nicht teilen) zerschnitten.

gG
EP

Weiterspiel:
als Zusammenlegbild. Sind mehrere Riesen entstanden, können die Teile auch gemischt und bunt zusammengesetzt werden. Auch als Spiel auf dem Boden geeignet!

2.3 Zwergenschau – Dias bemalen

gG

Ideen für das Aussehen der erdachten Gestalt entwickeln

sich eine Größenvorstellung machen

innerhalb des winzigen Rahmens bleiben

die kleinen Zwerge im großen Bild wiedererkennen

eigene und Bilder der anderen phantasievoll ausdeuten, dabei Verständnis für unterschiedliche Ergebnisse zeigen

überlegen, wie der andere es gemalt hat

eine Teilaufgabe aus dem Zusammenhang übernehmen

zur Bildbetrachtung erzählen

Alter:
ab 4 Jahre; mehrere Kinder

Material:
entweder glaslose Diarahmen, Buntstifte oder Filzstifte, festes Pergamentpapier (Architektenpapier) in Rahmengröße zugeschnitten und mit „Fenster" versehen, **oder** Diarahmen mit Glas, Folienstifte
Diaprojektor

Ablauf:
Jedes Kind denkt sich aus, wie sein Zwerg aussehen soll und gemeinsam wird überlegt, welche Besonderheiten er haben könnte. Die Zwerge werden jetzt in die „Fenster" gezeichnet. (Anm.: Die Bilder auf Pergamentpapier müssen nun in die Rahmen gelegt werden, was die Kinder nicht allein können!) Die Dias werden an die Wand projiziert und gemeinsam betrachtet und beschrieben.

Variation:
Es können auch Bilder aus einer besprochenen Geschichte ins Gedächtnis gerufen werden. Die Kinder einigen sich, wer welche Szene, welches Bild darstellen möchte. Bei der Betrachtung der Dias kann dann die Erzieherin mit Hilfe der Kinder die Geschichte wiederholen und sie so neu veranschaulichen.

2.4 Großes Selbstbild malen: „Ein großes Bild von mir"

EP

eigene Größe erfahren

von anderen Hilfe bekommen und diesen behilflich sein

sich selbst beobachten

positive Merkmale der Darstellungen hervorheben

Alter:
ab 3 Jahre; alle Kinder (nacheinander)

Material:
große Bogen, Makulaturpapier oder Packpapier, Malstifte, evtl. Schere. Jedes Kind legt sich auf den Rücken und bekommt seinen Umriß von anderen nachgezeichnet. Dann gestaltet jedes Kind den Körper nach eigenen Vorstellungen aus. Die Kinder dürfen auch zwischendurch in den Waschraum gehen, um sich im Spiegel anzusehen. Wer möchte, kann seine Lieblingspuppe oder sein Lieblingstier mit aufzeichnen. Die Bilder werden aufgehängt, und die Kinder stellen Vermutungen an, wen welches Bild darstellen könnte.

2.5 Bild weitermalen

gG

das begonnene Bild ergänzen und vervollständigen

das Größenverhältnis bestimmen

eigene Vorstellungen wiedergeben und davon erzählen können

Alter:
ab 4 Jahre; einzelne Kinder

Material:
Zeichenpapier, Malmaterial
Die Kinder bekommen je einen Bogen Papier, auf dem schon ein Bildteil gezeichnet oder eine Fotokopie oder ein Foto aufgeklebt wurde. Die Kinder malen nach ihren Vorstellungen weiter und vervollständigen das Bild. Ein geeignetes Beispiel dafür ist mit dem Motiv des Plakates „Der Kleine vor dem Großen" S. 31 gegeben. Hier malen die Kinder den „Großen" vollständig. Es entstehen dabei wahrscheinlich recht unterschiedliche Bilder. Die Kinder können der Gruppe ihr Bild vorstellen und eine Geschichte von dem Großen und dem Kleinen dazu erzählen.

3. „Phantastische" Gespräche im Kreis

3.1 Ich denk' mir was!

gG
Vorstellungen von Erwachsen-Sein bewußtmachen und aussprechen
Wünsche, evtl. auch ärgerliche oder traurige Gefühle äußern können
originelle Ideen entwikkeln, das „Wort" weitergeben

Alter:
ab 5 Jahre; 6 bis 12 Kinder.

Ohne Material

Gesprächsanlaß:
Wie wäre es, wenn du plötzlich erwachsen wärst? Was würdest du am liebsten tun? (Was würdest du zuerst tun?)
oder: Was würdest du tun, wenn du deine ältere Schwester/ dein älterer Bruder wärst?
Die Kinder können erzählen; wenn sie wollen, auch etwas vormachen.

Variante:
Ball dabei zuwerfen

3.2 Ich möchte werden ...

gG
Erstrebenswertes herausfinden
Vorstellungen von und Erfahrungen mit Berufen vergleichen

Angaben siehe 3.1
Gesprächsanlässe: Welchen Beruf möchtest du einmal haben? Wie stellst du dir die Arbeit vor? Was gefällt dir daran? Was mußt du dann gut können?

Anregungen zu obigen Gesprächen: Mit Kindern reden, Berichte des Paritätischen Bildungswerkes Nr. 28

3.3 Was wäre, wenn ich auf einmal schrumpfen würde?

gG
sich selbst im Bezug zur erdachten Situation als groß erleben
ungewöhnliche Sichtweise durchdenken

Alter:
ab 5 Jahre; bis 15 Kinder

Material:
Eine Fingerpuppe wird gezeigt und an die Sprecher weitergereicht.

Gesprächsanlaß:
Ich wäre plötzlich so klein, daß ich auf einem Legostein sitzen könnte ...

originelle Ideen haben
aufeinander hören

Kinder, denen etwas dazu einfällt, erzählen die Geschichte weiter. Die Erzieherin ergänzt und beendet die gemeinsam erfundene Geschichte.
(z.B. Spielzeugumgebung im Zimmer beschreiben, die Suche der Eltern beschreiben, beschreiben, was ich alles auf einem Spaziergang riesig groß sehen würde.)

3.4 Zwergenmahlzeiten ausdenken

gGg

kleine Gerichte zusammenstellen

Lieblingsgerichte nennen

unübliche Zusammenstellungen finden

fehlende Dinge durch vorgestellte ersetzen

Alter:
ab 3 Jahre; alle Kinder

Material:
Hocker oder kleiner Tisch in der Kreismitte, Tischdecke, evtl. Becher, Teller, Löffel. Die Kinder denken sich aus, was es bei den Zwergen morgens, mittags, abends zu essen gibt. Wer will, kann sein Gericht den anderen zum Probieren geben, das nötige Geschirr reichen.

4. Von mir

4.1 Was ich schon kann

gG
gGg

eine Bekräftigung für eigenes Können erlangen

zur Eigeninitiative ermuntert werden

freundlicher Umgang untereinander

Alter:
ab 3 Jahre; Altersgruppen; alle Kinder

ohne Material

Die Kinder zählen eigene Fertigkeiten und Fähigkeiten auf, z.B. aus dem täglichen Leben: Reißverschluß zumachen, Schuhe binden, Kakao eingießen, allein einkaufen; aus dem Spielbereich: bauen, Puzzle legen; aus dem Wissensbereich: eigene Anschrift nennen, Lied singen, andere Namen kennen.
Nach der Äußerung eines Kindes können jeweils die anderen angeregt werden; hinzuzufügen, was sie noch beobachtet haben.

4.2 Riesenschattenwerfen

gG

Im abgedunkelten Raum wird mit einem Scheinwerfer oder Diaprojektor ein Lichtkegel an die Wand geworfen, in dem die Kinder durch Davortreten Schattenfiguren in Lebensgröße bis zur „Riesengröße" entstehen lassen. Ein kleines Kind kann sehr groß werden, wenn es nah genug vor die Lichtquelle tritt.

4.3 Wechselspiel

gGg

einmal im Mittelpunkt stehen und diese Rolle weitergeben

Zwischen Tal und Berg
klettert ein Zwerg.
Wo will er hin?
Auf deinen Platz...

Platzwechselspiel während die Gruppe auf dem Teppich oder im Stuhlkreis sitzt.

5. Spiele im Kreis

5.1 Ich bin in den Brunnen gefallen

gGg

Das bekannte Spiel wird mit erdachten Tätigkeiten gespielt, die besonders die Eigenschaft groß/klein, leicht/schwer, geschickt/grob ... herausstellen.
Z.B.: Wer am besten eine ganz dünne Nadel einfädeln kann! Wer am besten einen kleinen Blumenstrauß pflücken kann! Wer am besten klitzekleine Schneebälle formen kann!

5.2 Ich zeige Euch das Gegenteil

gGg

Gegensätze finden, diese darstellen, oder passende Gegenstände dazu suchen

Alter:
ab 3 Jahre; alle Kinder

Material:
Gegenstände aus dem Raum

Spielverlauf:
Den Kindern wird anhand des Beispiels Zwerg/Riese erklärt, was das Gegenteil von etwas ist. Die Kinder sollen nun auch gegensätzliche Eigenschaften finden, die sie an Gegenständen demonstrieren (großer/kleiner Baustein; volle/leere Kanne; auch mit unterschiedlichen Gegenständen wie Watteball/Holzkugel – leicht/schwer).

Variation:
Ein Kind holt einen Gegenstand. Ein zweites Kind zeigt den Gegensatz an einem anderen Teil oder benennt ihn.

5.3 Würfelspiel mit riesigen und winzigen Aufgaben

gGg

Freude am Würfelspiel haben

Gespanntsein auf die Aufgabe

gestellte Aufgabe vor der Gruppe sorgfältig erfüllen, dabei eigene Ideen entwickeln

als Zuschauer das Bemühen und die Leistung des anderen Kindes anerkennen

Alter:
ab 3 Jahre (wenn die Erzieherin nötige Abwandlungen während des Spiels vornimmt); alle Kinder

Material:
großer Zahlen- oder Farbwürfel, Karten (folgende Seite kopieren!)

Spielverlauf:
Die Kinder sitzen im Kreis auf dem Boden (bei kleinerer Gruppe auch am Tisch). Ein großer Zahlen- oder Farbwürfel geht herum. Das Kind mit dem kleinsten Knopf an seiner Kleidung darf mit dem Würfel beginnen. Wer eine 1 (bzw. rot) gewürfelt hat, darf eine Karte ziehen, die die Erzieherin dann vorliest.
Ist die angegebene Aufgabe erfüllt, geht der Würfel weiter herum.

Bemerkung:
Die Erzieherin kann beim Vorlesen die Aufgabenstellung, wenn nötig, behutsam variieren und für das Leistungsvermögen des Kindes umformulieren. Empfehlenswert wäre, eigene Aufgabenstellungen für die Gruppe auf zusätzliche Karten zu schreiben. Das Spiel kann jederzeit von der Spielregel her unterbrochen werden.

Gehe eine große Runde durch den Raum!

Strecke dich hoch hinauf und zeichne
diese Länge an der Tafel an!

Finde den längsten Schal heraus!

Suche dir ein Kind aus,
mit dem du zusammen
ein Stück auf drei Beinen gehst!

Hole den größten Baustein herbei!

Hole den größten Löffel aus der Küche!

Mache uns Riesenschritte vor!

Sage deinem Nachbarn
ein langes Wort ins Ohr! (weitersagen)

Du darfst einen großen
Schuh anprobieren!

Suche die drei längsten
Kinder unserer Gruppe heraus!

Fasse einmal ganz viele
Kinder an der Hand!

Du kannst der Kopf einer
Riesenschlange sein.
Die anderen Kinder
bilden den Schlangenleib!

Hole einen kleinen Löffel
voll Wasser ganz vorsichtig herbei!

Nenne zwei kleine Tiere, die fliegen können!

Sage uns zwei kleine Tiere,
die unter der Erde leben!

Zeige, wie klein
du dich machen kannst!

Was siehst du, wenn du
durch's Schlüsselloch
der Gruppentür schaust?

Wer hat die winzigste
Haarspange im Haar?

Suche eine ganz kleine Perle
oder einen Muggelstein!

Krieche unter einem Stuhl hindurch!

Hole die kleinste Puppe zu uns her!

Decke den Tisch mit Puppengeschirr
für eine Puppenfamilie!

Zeige auf einem Bild hier im Raum
etwas ganz Kleines!

Wieviel Platz brauchst du,
wenn du auf Zehenspitzen stehst?

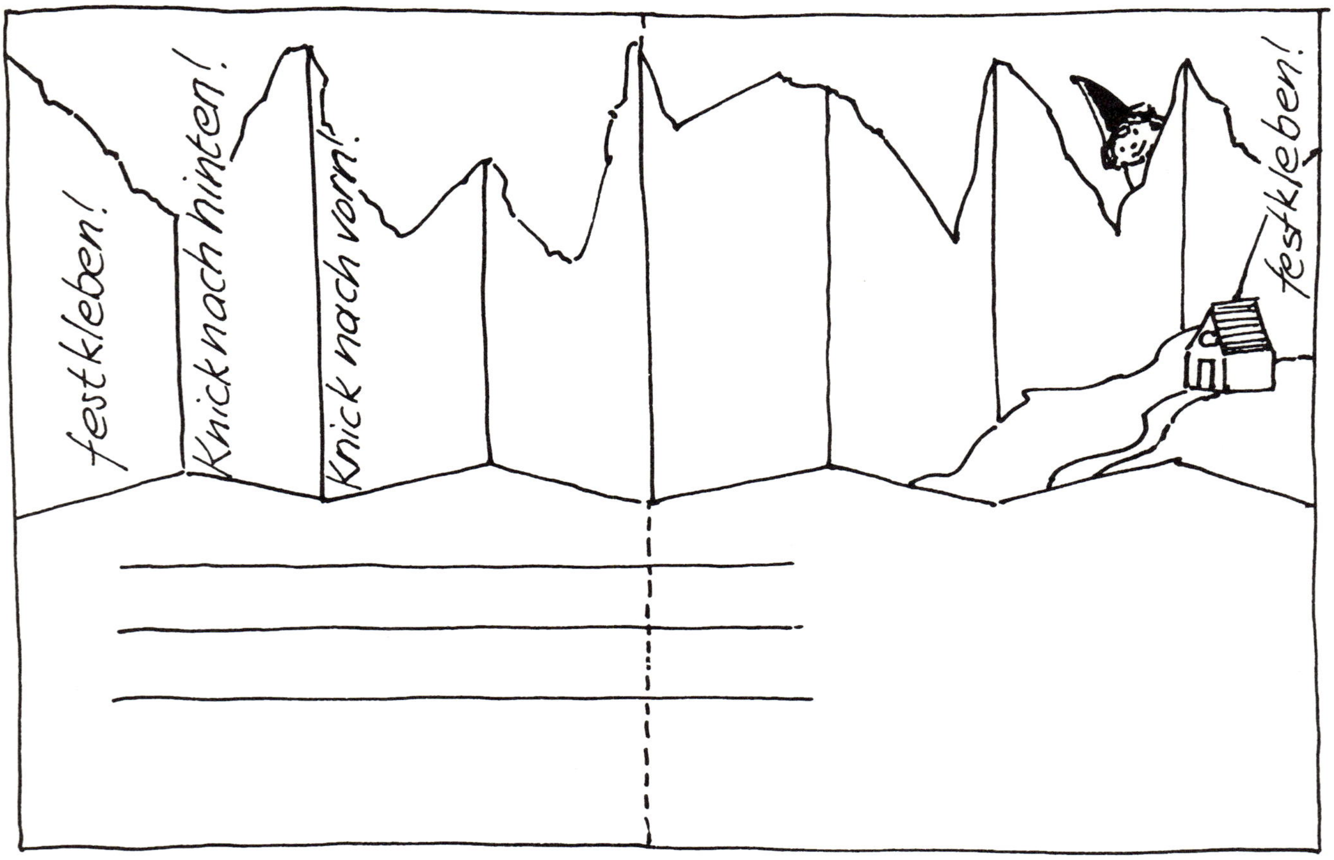

Einladungskarte ins Zwergenland

Der Papierstreifen für die plastisch hervortretenden Berge wird etwa 1/2 mal länger als die Karte ausgeschnitten, im Zick-Zack gefaltet und an der oberen Kante zurechtgeschnitten. Die Streifen werden von den Kindern mit Buntstiften bemalt und evtl. durch Ankleben kleiner Papierzwerge weitergestaltet. Die abgeknickten Seiten werden auf der Faltkarte (mit Einladungstext) festgeklebt.

Als Ende der thematischen Einheit oder als Karnevalsfest

1. Vorbereitende Tätigkeiten und Raumgestaltung

Kostüme:
Die Eltern werden gebeten, ihre Kinder in Zwergenkostümen in den Kindergarten zu schicken! Vorschläge für die Zusammenstellung der Kleidung:

- Leggins, Strumpfhosen oder Pumphosen; Pantoffeln oder hohe Schuhe
- kleine Umhänge aus Stoff, Filz- oder Krepp-Papier; Ponchos
- altes T-Shirt eines Erwachsenen am Hals einkrausen und als Kittel benutzen (evtl. bedruckt oder bemalt)
- als Kopfbedeckungen Mützen, bes. Zipfelmützen, Hütchen, geknotete Tücher

Material für Verkleidung zu Riesen
- Halbmasken, die lang nach oben ragen (mit Kindern vorbereitet)
- Kartons mit Löchern versehen, o.a. Materialien, die dicker aussehen lassen.

**Ausgestaltung des Raumes,
in dem auch die Zwergenmahlzeit stattfindet:**

Tür verkleinern
Ein Eingang zum Gruppenraum wird ganz mit Papier/Wellpappe zugeklebt. Es wird eine Türöffnung eingeschnitten, durch die nur Zwerge aufrecht hineingehen können. Es kann auch ein Gymnastikreifen aufgehängt werden, durch den der Einstieg möglich ist.

„Decke herunterholen"
Bunte Bettlaken, Stoff- oder Papierbahnen in 2/3 Raumhöhe auf Leinen hängen und an Haken oder geeigneten Gegenständen befestigen.

„Höhlen bauen"
Aus großen Kartons oder umgestellten Tischen und Decken kleine Häuser herstellen, in die Zwergenfamilien einziehen können.

„Zwergenwerkstatt einrichten"
Für die eifrig tätigen Zwerge sollte Werkzeug/Steckspielmaterial bereitliegen; Bank oder Regal zum Sortieren.

„Schätze" besorgen
Jede Höhle hat auch Schatzkästchen und Schätze, z.B. Steine, Knöpfe, Murmeln, Schmuck, Wurzeln, Zapfen von Nadelhölzern.

**Ausgestaltung des Raumes,
in dem bewegte Spiele stattfinden können (Flur oder Halle):**
Der Raum sollte freigeräumt sein, um Platz zu schaffen für Großgruppenspiele und einen Gegensatz zur kleingegliederten Höhlenlandschaft in der Gruppe bilden.
An den Wänden Bilder von Riesen, Riesenhäusern oder große Figuren aus Wellpappe oder Hexentreppen befestigen. Eine ausgestopfte Figur aus Erwachsenenkleidung am Eingang aufstellen.

Vorbereitung der Zwergenmahlzeit:

Tischdecken
Tische vorbereiten und mit kleinen Tellern, kleinen Bechern, kleinen Löffeln decken. Als Platzdeckchen eingeschnittene Blätter aus Faltpapier o.ä., Schalen mit Moos aufstellen, in die kleine Blüten oder Figuren eingesteckt werden.Mahlzeit

Mahlzeit
Müslibuffet anrichten (Rosinen, Nüsse, Flocken, versch. Körner, Milch, Joghurt in Schalen zur Selbstbedienung)
oder Pudding mit Beerensaft
Krapfen/Mutzen oder Plätzchen
oder kleine Rührteigkuchen
oder Knäckebrot mit Beerenmarmelade

Zwergentrank (Kinderbowle)
1/2 l Apfel- oder Traubensaft
1/2 l „roten" Tee oder Mineralwasser
Saft einer Zitrone
etwas gem. Zimt
Honig oder Rohzucker nach Geschmack

Bereitstellung von Spielmaterial:

Auswahl für Wettspiele
– 2 Paar Stelzen oder Laufdosen
– 2 Paar große Schuhe
– 2 Werkzeugkästen für Kinder (Wichtel reparieren ...)
– 2 Decken mit „Rüssel", 2 Bälle (An jeder Decke ist ein abgeschnittener Ärmel oder Strumpf befestigt.)
(Der Elefant wird von je 2 Kindern gespielt, von denen das 1. Kind durch den Rüssel greifen muß, um einen kleinen Ball aufzuheben und ihn zur Gruppe zu bringen.)

Materialien für Gruppenspielaktionen
Schwungtuch
Es wird von vielen in der Runde gefaßt und auf und ab bewegt, mit Variationen auf Zuruf.
Einige Zwerge dürfen sich in die Mitte daruntersetzen.
Platzwechsel, weiterlaufen und viele eigene Spielideen möglich!

Riesenluftballons
Einige aufgeblasene Ballons werden von starken Riesen hereingebracht und können auf dem Schwungtuch oder einer Folie durch Wellenbewegungen hin- und herbewegt werden.
Die Ballons können auch über den Köpfen der Gruppe weitergetippt werden / zur Musik!

Riesenschlange (Krabbelschlauch)
aus 8-10 m Baumwolltrikostoff zusammengenäht oder Kriechtunnel aus dem Handel.
(Es können mehrere Kinder hineinkriechen. Die Öffnung der Schlange evtl. festhalten, denn der Stoff rutscht auf sehr glattem Boden leicht weg!) – dabei Musik

2. Anregungen zum Festablauf:

- Kinder in ihren Kostümen begrüßen! Sie dürfen durch den Zwergeneingang in den Raum gehen. Dort finden sie sich in Zwergenfamilien zusammen, denken sich Namen aus und richten sich in ihren Häusern oder Höhlen ein.
- Es könnte ein Spiel mit gegenseitigen Besuchen angeregt werden.
- Oder es findet eine Zwergenversammlung statt, bei der eine Zwergengeschichte erzählt oder ein Handpuppenspiel aufgeführt wird.
- Durch Glockenschlag oder Werkzeuggeklapper werden die Zwerge zur Zwergenmahlzeit gerufen.
- Nach der Zwergenmahlzeit helfen die Zwerge beim Aufräumen.
- Im größeren Raum könnten nun der Gruppe bekannte, passende Singkreisspiele gespielt werden.
- Es könnte eines der genannten Materialspiele angeboten werden. Hierfür gibt es keine feste Gruppenform. Die Dauer dieser Spielmöglichkeit ist besonders vom Verhalten und der Spielfreude der Gruppe abhängig.
- Wettspiele mit oben angegebenen Materialien werden je nach Alter der Gruppe variiert; wichtig ist, daß jedes Kind mindestens einmal mittun kann.
- Alle Zwerge können sich nun zu Riesen verwandeln. Die Kinder setzen ihre angefertigten Masken auf oder steigen in die Kartons, um besonders lang oder dick zu erscheinen.
- Die Riesen können sich kurz vorstellen und anschließend eine Polonaise aufführen.

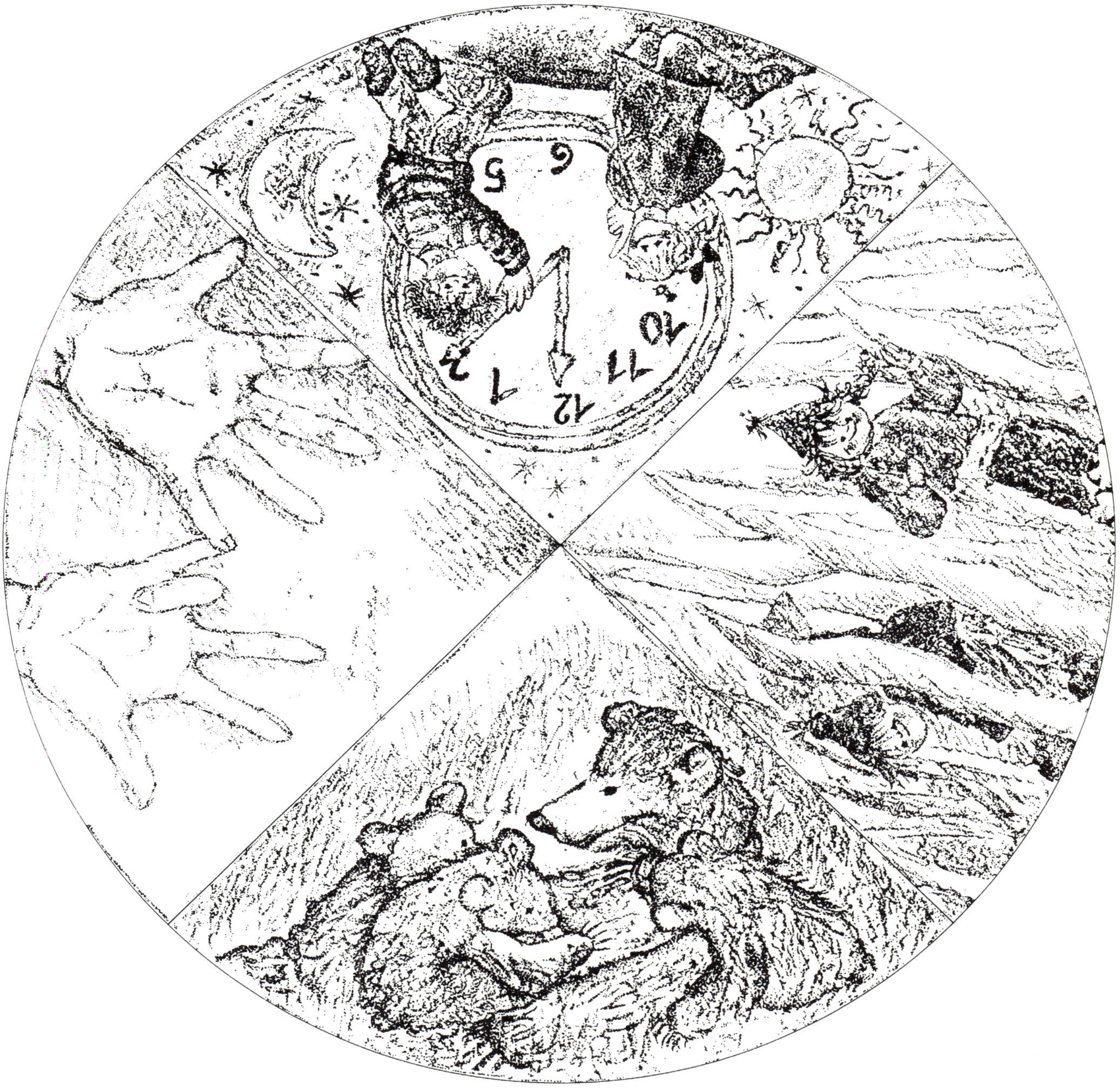

I. Scharwächter-M.

Erfahrungsfeld der Kinder

Stofftiere, und im besonderen Teddybären, gehören zu den ersten Geschenken, die Kinder erhalten. Sie werden im Kinderzimmer oder in der Spielecke gesammelt, werden mit ins Bett genommen, hinterhergezogen, sind Begleiter, Gesprächspartner, Beschützer und Puppenersatz. Sie nehmen für die Kinder starke und schwache Positionen ein, die diese ihnen zuweisen.

Kinder, die zuviel Spielmaterial besitzen, entwickeln vielleicht eine Vorliebe für ein bestimmtes Tier, mit dem sie starke Erlebnisse verbinden. Sein Aussehen könnte dabei etwas in ihnen angerührt haben, oder seine Weichheit und Form machte es zu einem bevorzugten Schmusetier. Nun ist es immer für das Kind da, es läßt sich benutzen, ungestraft kann das Kind sich auch an ihm auslassen. Das Spieltier kann so zu einem selbstgewählten Begleiter des Kindes werden, das seine Phantasie anregt und große Räume des kindlichen Fühlens und Verstehens mit ausfüllt.

Den Kindern fallen Tiere oft in Form von Abbildungen auf, als Zeichnungen und Photos auf Bilderbüchern, Spielen, Aufklebern, Postern, Plakaten und Wappenschildern.
In Filmen und Fernsehsendungen stehen Tiere im Mittelpunkt oder in ergänzenden Rollen.

Kinder erleben Tiere in ihrer direkten Umgebung als Kleintiere und als Haustiere. Wenn in der eigenen Familie kein Tier gehalten wird, so besteht doch oft der Wunsch danach. Sie erleben Tiere als Erweiterung ihrer Welt. Durch ein Tier finden sie auch eher eine größere Beachtung durch andere Kinder.
Die Pflege eines Tieres kann zur ernstgenommenen Aufgabe, aber auch zur Last werden.
Tiere regen Kinder zur emotionalen Stellungnahme an. Auch an Erwachsenen können Kinder dies erleben, evtl. in einer Spannbreite von übertriebener Tierliebe bis zur Tierquälerei.

Besondere Eigenschaften der Tiere können diese für Kinder besonders anziehend machen; z.B. das Kraftvolle des Bären.

Wildtiere kennen Kinder nur aus Berichten, Erzählungen und Abbildungen. Ein direktes Kennenlernen ist fast nur durch Zoo- oder Zirkusbesuche möglich. Nicht immer sind ihnen die Lebensbedingungen und die nötige Eigenwelt der Tiere bekannt.
Sie neigen dazu, Tiere zu vermenschlichen, weil sie mit ihnen vertraut sein möchten, und sind sich nicht bewußt, daß dies oft nicht dem Wesen des Tieres entspricht.

Dimension des Themas

Ausgehend vom Erfahrungsfeld des Kleinkindes steht hier zunächst der Bär als Spieltier im Vordergrund, der im Kind eine emotionale Bindung weckt und eine erste Zuwendung zu einer Sache ermöglicht, die für das Kind belebt ist. Der Gebrauch eines solchen Spieltieres stellt eine vorübergehende, aber wichtige Phase in der Entwicklung des Kindes dar.

Die Belebung des Teddys geschieht in seiner Phantasie – in seiner nicht geordneten Gedankenwelt. Vielfach füllt das Kind damit Lücken aus, die ihm aus Mangel an eigener Erfahrung entstanden sind. Seine Phantasien sind ihm ein Heilmittel, seine Spannungen zwischen realer Welt und innerer Welt zu überbrücken.[1] Deutlich wird dies an Beispielen, in denen Kinder Trennungen von Eltern oder Bezugspersonen kurzfristig ertragen und Ängste durch ein Spieltier als magischen Vermittler verringern können.

Der Teddy ist für das Kind ein Spielkamerad, den es herumtragen kann, der tröstet und ärgert, den es liebhaben und necken, aber auch piesacken und schlagen kann. Was dem Kind in seiner realen Welt geschieht, alles das kann auch dem Bären widerfahren. Da der Bär in selbstverständlicher Gemeinschaft mit dem Kleinkind als handelndes beseeltes Wesen steht, sollte diesem Spiel auch genügend Raum gegeben werden. Erst wenn diese Spielprozesse in der vom Kind entworfenen und magisch-spielerisch belebten Welt durchlebt wurden, kann und wird der abgewetzte Bär Gegenstand weitgehender Erinnerungen.

Wie häufig Bären als Spielgesellen heute auch bei etwas älteren Kindern verbreitet sind, zeigt eine Befragung von Grundschulkindern von M. Petendi[2]: In einer 4. Grundschulklasse gaben alle Mädchen und 65 % der Jungen an, einen Teddy zu besitzen. Die Beliebtheit als Spieltier war bei den Mädchen etwas höher als bei den Jungen. Wichtig ist den Kindern der Teddy besonders als Kuscheltier; bedingt durch sein Äußeres und sein Material; als Tier zum Liebhaben, das als guter Schlafkamerad und als Ersatz für ein Haustier da ist; als Freund und Tröster; besonders für Kinder, die allein oder traurig sind; und als Spielzeug, mit dem vielseitig und kreativ umzugehen ist.

Daß dem Kleinkind personale Bezüge wichtiger sind als Sachen, dem tragen auch Bilderbücher und Tiergeschichten Rechnung. Anthropomorphe Darstellungen in Parabeln, Fabeln und Geschichten sind für Kinder als eine besondere Erzählweise wichtig. An ihnen wird jedoch sofort deutlich, daß es sich nicht um das reale Tier der Natur handelt. Dem Kind können hier in beschriebenen Verhaltensformen der Tiere durch Identifikation und Verinnerlichung Normen und Werte der Erwachsenen nahegebracht werden. Abzulehnen ist dies bei Darstellungen, die sich in einem geschlossenen, nicht reflektierten ideologischen Rahmen bewegen und die keine Alternativen zulassen.[3]

Dem Verständnis- und Erlebnishorizont des Kleinkindes entsprechen viele Tiergeschichten, Gedichte und Liedertexte mit phantastischem, gleichnishaftem, scherzhaftem und unsinnigem Inhalt. Diese Texte sind mit ihren Verwandlungen, Mensch-Tier-Kombinationen, Sprachvermischungen usw. gut einsetzbar, wenn sie durch Originalität und Einfallsreichtum hervortreten. Besonders bildnerische Gestaltungen können menschliches Empfinden und Erleben besonders betonen und damit Gemütskräfte des Kindes ansprechen.

Abzulehnen sind allerdings stereotype Darstellungen, die zu Vorurteilen oder gänzlicher Vermenschlichung verleiten.

Tierbilderbücher und Tiergeschichten geben Auskunft über Sach- und Realitätsbezüge. Da bei Vorschulkindern grundlegende Einstellungen zum Tier gelegt werden, sollten Bücher, bevor sie an die Kinder herangebracht werden, kritisch geprüft werden.

Wichtige Gesichtspunkte sind dabei:
die Übereinstimmung vom Bild des Tieres und seiner tatsächlichen Umwelt;
die Richtigkeit des biologischen Verhaltensmusters (hier sollte nicht falsch gedeutet werden – z.B. waschende Waschbären);
die Beschreibung des „Redens" zwischen Mensch und Tier oder von Tieren untereinander;
die Achtung des Andersseins des Tieres und die Anerkennung seiner Bedürfnisse.

Hier besteht eine wichtige Aufgabe des Kindergartens, zu einer das Tier und seiner Andersartigkeit achtenden Haltung beizutragen.

Ansetzen sollte die Hinführung der Kinder zur Natur durch eine Förderung ihrer Neugier und ihres Bedürfnisses, mit Tieren in Kontakt zu kommen und sie zu pflegen. Die nahe Umgebung des Kindes bietet dazu viele Möglichkeiten.

Wildlebende Tiere üben eine besondere Faszination auf Kinder aus. Es ist deshalb nicht schwer, das Interesse der Kinder (besonders derer, die das letzte Jahr im Kindergarten verbringen) für seltener gewordene Tierarten zu wecken. Bären sind hierfür ein Beispiel. Bei einem Zoobesuch (falls in erreichbarer Nähe möglich) können die Kinder durch eigenes Beobachten, durch Berichten und Fotografieren, ihr Wissen erweitern und eigene Erlebnisse haben. Ihnen ist auch die Schutzwürdigkeit dieser Tiere zu verdeutlichen, deren Lebensraum immer mehr eingeschränkt wurde.

Eltern lassen sich vielleicht durch Informationen über die Welttierschutzorganisation anregen, sich für die bedrohte Natur einzusetzen.

1) vgl. B. Bettelheim, Kinder brauchen Märchen, Deutsche Verlagsanstalt Stuttgart
2) vgl. Zeitschrift „Spielmittel", Heft Nr. 5/1983, S. 41-43
3) vgl. Kinder- und Jugendliteratur, Kap. „Das Tierbuch" von G. Haas, S. 335-367, Reclam Stuttgart 1974

Modellziel

Fähigkeiten entwickeln,

- sich einem gegenständlichen Spielkameraden zuwenden zu können und dadurch eine Möglichkeit zu finden, inneres Erleben mitzuteilen und zu übertragen;
- über Spielmittel hinaus zum gemeinsamen Spiel mit anderen Kindern zu finden und angeknüpfte Verbindungen zu vertiefen;
- sich Freiräume zu schaffen;
- durch thematische Impulse in nachahmendem Spiel und in musikalisch-rhythmischen Übungen eigene Ausdrucksmöglichkeiten zu erweitern;
- in Märchen, Geschichten und Gedichten viele aufgeschriebene Erfahrungen und Phantasien, neue Begriffe und Symbole kennen- und schätzenzulernen;
- mit Tiergeschichten vertraut zu werden und darin enthaltene Widerspiegelungen menschlicher Regungen und Verhaltensweisen aufzunehmen; evtl. sich bestärken zu lassen für eigene Entscheidungen und Vorhaben;
- beispielhaft soziale Verhaltensweisen mitzuerleben und sie in eigenen Rollen zu erproben;
- die kreatürliche Welt durch das Überschreiten von Grenzen zwischen Menschen- und Tierwelt anzunehmen;
- zu staunen über das Tier; zu verweilen, zu beobachten, zu vergleichen; zu wünschen, mehr über Tiere und unsere natürliche Umgebung zu erfahren;
- Tiere als schützenswerte Lebewesen zu entdecken;
- im praktischen Umgang das Tier in seinem Anderssein zu erkennen, zu akzeptieren und zu respektieren.

Elternbrief

Liebe Eltern,

vielleicht schon sehr früh haben Sie Ihrem Kind ein Spielmittel in die Wiege gelegt, das es ergreifen und an sich drücken kann. Weiche Stofftiere oder Puppen sind so zu seinem ersten Spielgefährten geworden.

Diese Spielgefährten, an denen die Kinder häufig sehr hängen, die oft nur dabeisein sollen, sind ein Stück ihres „Zuhause". Sie können nun auch einmal mit in den Kindergarten gebracht und den anderen vorgestellt werden. Dabei ist es möglich, von eigenen Erlebnissen zu erzählen. Besonders die Jüngeren in der Gruppe können darin eine neue Gemeinsamkeit mit den anderen erleben.

Am Beispiel von Bären, die in die Kinderliteratur und Illustration in letzter Zeit verstärkt auf vergnügliche und unbeschwerte Weise Zugang gefunden haben, soll den Kindern eine Welt von Humor und kuscheliger Zärtlichkeit eröffnet werden, die Kinder auch zum Fabulieren anregt.

Weitere Geschichten und Bilder, die von Bären und anderen Tieren handeln, ermöglichen durch ihre Vermenschlichung (die offen und einsichtig sein muß!) ein Wiedererkennen eigener Verhaltensweisen und stärken Mut und Selbstvertrauen zu eigenen Unternehmungen.

Interesse und Freude kann durch solche Vermittlerfiguren auch für damit verbundene Inhalte geweckt werden, z.B. für Wissenswertes aus anderen Ländern und Begebenheiten des täglichen Lebens.

Bären, sehr kräftige wilde Tiere, haben jahrhundertelang unsere Wälder beherrscht, bevor sie von den Menschen immer weiter verdrängt wurden. Heute ist es eine Besonderheit, sie im Zoo beobachten zu können. Kinder können dort ihre Größe bestaunen und ihre Stärke, die nicht mehr genutzt werden kann. Auf kindgemäße Weise sollen die Kinder damit Interesse für das Tier gewinnen und auf Zusammenhänge der Lebensbedingungen von Mensch, Tier und Natur hingewiesen werden.

Dieses Interesse soll die Aufmerksamkeit für die uns umgebende Natur verstärken und hinführen zu der Absicht, sich für deren Erhaltung und Schutz einzusetzen – für eine Natur, in die wir alle mit eingeschlossen sind.

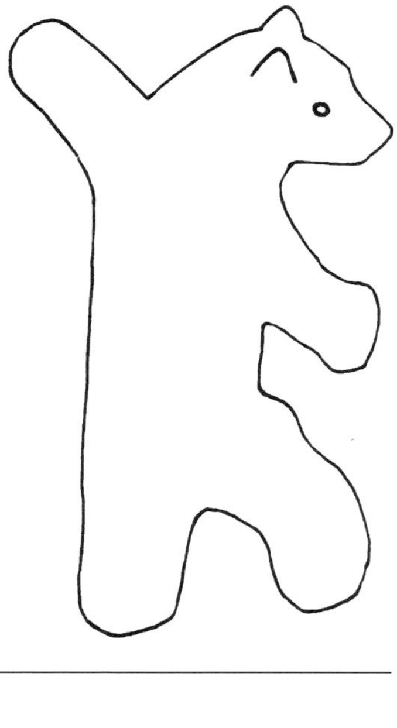

Mit freundlichen Grüßen

Über die Herkunft des Teddybären

Nach der Beliebtheit des Teddybären bei Kindern und Erwachsenen, aber nicht zuletzt nach dem Aussehen vieler oft genutzter und zerschlissener Vertreter zu urteilen, müßte es den Teddy schon sehr lange geben. Aber – so alt ist er noch nicht! Er hat erst vor kurzem die „90" überschritten.

Zwei verschiedene Geschichten berichten vom Zustandekommen seines Namens und damit dem Beginn seiner Verbreitung im Jahre 1902 und 1903:

- Die erste Version berichtet davon, daß der Präsident der Vereinigten Staaten, Theodore Roosevelt („Teddy" genannt), der eine recht offensive Politik betrieb, einmal auf einer Jagd sich weigerte zu schießen. Er lehnte es ab, ein für ihn herangetriebenes Bärenjunges zu erlegen. Dieser tierliebe Verzicht wurde in Amerika bekannt. Ein Schreibwarenhändler in Brooklyn (Morris Michton) hatte in seinem Schaufenster selbstangefertigte Plüschbären seiner Frau ausgestellt. Er bat den Präsidenten, diese Tiere „Teddy's Bears" benennen zu dürfen. Dies war im Jahre 1902. Ein Exemplar, der nun bald sich erweiternden Produktion von Teddy's Bears, ist heute noch im Smithsonian Museum in Washington ausgestellt.
- Nach der Firmenchronik der Firma Steiff in Giengen, ist der Teddy 1903 zu seinem Namen gekommen. Die von Steiff entwickelten Bärchen sollen auf der Leipziger Messe von einem amerikanischen Käufer entdeckt und in großer Menge importiert worden sein. Bei einem Fest wurden die Bären als Tischdekoration aufgebaut und begeisterten den Präsidenten.

  Seit dieser Zeit beleben Teddy's ganze Spielzeugindustrien – auch in vielen Abwandlungen des „Original Teddy".

* *vergl. Zeit-Magazin Nr. 15 vom 9.4.1982*
Genesis eines Weichtieres, Chr. Brück „Mit aller Liebe nicht umzubringen"

Besuch von Teddys und Spieltieren

Die meisten Kinder besitzen Spieltiere, denen sie verbunden sind. Diese sind an einem bestimmten Tag im Kindergarten zu Besuch eingeladen.
Damit ist ein Anknüpfungspunkt geschaffen, von diesen „Vertrauten" der Kinder zu sprechen und sie auch in den Mittelpunkt von Geschichten, Liedern und anderen Aktivitäten zu stellen.
Wenn die Kinder ihr Spieltier im Kreis bei sich haben, es zeigen können, dürfen sie auch von Erlebnissen zu Hause erzählen, bei denen ihnen diese Tiere Freund und Tröster waren.
Die Kinder, die ihre Spieltiere mit in den Kindergarten gebracht haben, könnten sich auch eine Spielhandlung ausdenken. Bei einer größeren Kindergruppe bietet sich an, den „Besuchern" den Kindergarten zu zeigen.

Einzelne Augenblicke dieser „Besichtigung" werden fotografiert und später in einer Fotoreihe zur Erinnerung aufgehängt.

- Dazu eignen sich Schnappschüsse von Kindern mit ihren Spieltieren.
- Teddys und Spieltiere werden alle in die Puppenecke gesetzt; sie werden auf Fahrzeuge gesetzt; sie „steigen" die Eingangstreppe herauf;

Der Teddybär

Ich hab einen Teddybär,
ja, den lieb ich gar zu sehr.

Die linke Hand bildet den Teddybären: Der etwas gekrümmte Zeigefinger und der kleine Finger werden aufgestellt, die übrigen drei Fingerkuppen berühren sich. (Abb.)

Wenn er morgens aufstehn muß,
geb ich schnell ihm einen Kuß,

Die drei zusammengelegten Finger bekommen einen Kuß.

streichle ihm sein weiches Fell,

Die rechte Hand streichelt zärtlich über den Handrücken der linken Hand.

drücke ihn ans Herz ganz schnell,

Die rechte Hand drückt die linke fest an den Körper.

nehm ihn mit, wohin ich geh,

Die rechte Hand umfaßt das linke Handgelenk und macht leichte Gehbewegungen.

zeig ihm alles, was ich seh,

Der rechte gestreckte Arm macht eine weite Zeigebewegung von links nach rechts.

spiel mit ihm von früh bis spät.

Die rechte Hand umfaßt wieder das linke Handgelenk und macht mit dem „Teddybären" Hüpf- und Drehbewegungen.

Wenn er dann zu Bette geht,
liegt die ganze Nacht er warm,
still und weich in meinem Arm.

Den linken Unterarm mit dem „Teddy" auf den rechten Unterarm auflegen und leichte Wiegebewegungen machen.

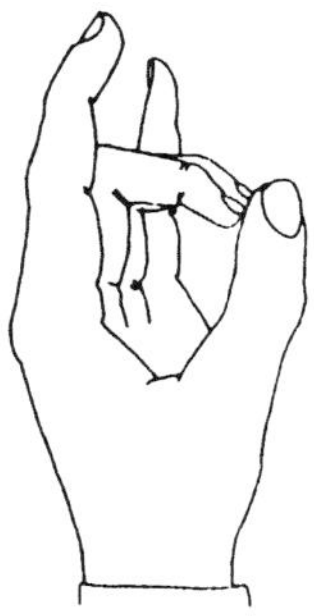

aus:
Elfriede Pausewang, Die Unzertrennlichen – Neue Fingerspiele 3, Don Bosco Verlag München 1991, 12. Aufl.

Photos

Norbert Merkens

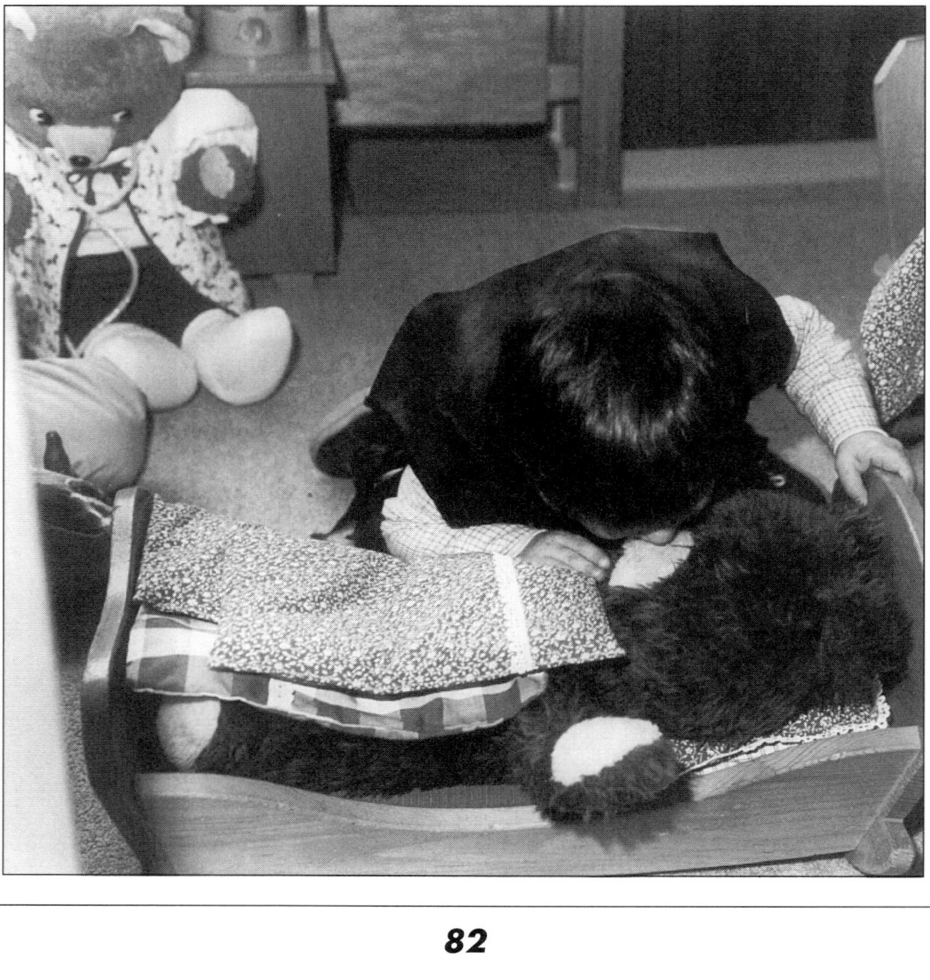

Photos

Norbert Merkens

Liedvermittlung

Sieben kleine Bären

Phase A: Kennenlernen des Kehrverses

1a) Jeder bewegt sich im Raum wie ein Bär. Nach und nach bildet sich als Grundmaß des Gehens heraus:

Die Gruppenbewegung kann durch Tamborinschlag unterstützt werden, und zwar in einem Tempo, das der Gruppe entspricht.

1b) Man bildet Bärenfamilien. Eine Bärenmutter tappt durch den Raum und sucht fünf Bärenkinder aus. Sie ziehen sich an einen bestimmten Platz im Raum zurück. Ein Bärenvater kommt hinzu: Jetzt sind es sieben Bären. Jede Bärenfamilie hat am Ende einen Stammplatz, eine Höhle.

2a) Die Silben „trippel-trappel", „trippel-trappel" werden mehrmals klangvoll gesprochen. Zunächst steht oder sitzt jeder dabei am Platz. Schließlich gehen alle im Grundmaß wie unter 1) und sprechen zugleich.
Es werden also zwei Bewegungen gekoppelt, nämlich:
– sprechen – und gehen

Mehrmalige Wiederholung dieser Übung, indem jede Bärenfamilie den anderen das gleichzeitige rhythmische Sprechen und Gehen vormacht.

2b) Das Grundmaß des Gehens wird auf Stabspiele übertragen. Dadurch entsteht dieser Ostinato (die anderen Klangstäbe entfernen!):

Alle Kinder oder einzelne Bärenfamilien gehen zum Ostinato und sprechen dazu „trippel-trappel" im gewohnten Rhythmus.

3) Während eine Familie von sieben Bären im Grundmaß durch den Raum geht, singt der Erzieher den Kehrvers:

Der Kehrvers wird so oft wiederholt, als Bärenfamilien vorhanden sind. Sollten Kinder durch die doppelte Aufmerksamkeit, die sich auf das rhythmische Gehen und die gleichzeitige Darbietung des Kehrverses konzentrieren muß, überfordert sein, so kann selbstverständlich der Kehrvers ohne begleitende Bewegung vorgesungen werden.

4) Alle singen den Kehrvers. Er bedeutet in melodischer Hinsicht auch für jüngere Kinder keine Schwierigkeit. Es ist jedoch zu beachten, daß das Wort „Wald" zunächst ausgespart und erst am Schluß gesungen wird. Die meisten Kinder neigen dazu, es schon am Ende der ersten Zeile zu singen. Machen Sie sie durch eine Geste an dieser Stelle aufmerksam! Die Aussparung des Wortes „Wald" soll zu einem lustigen Hindernis werden.

5) Vertiefende Übung des Kehrverses durch neuen Spielansatz; sieben Kinder gehen wie Bären; andere spielen ostinat auf Stabspielen; die übrigen singen mit. Der Ostinato dient auch als Vorspiel. Gestaltungsvorschlag (zugleich im Kindergarten und im 1. Schuljahr als Zählhilfe mit den Fingern):

Liedvermittlung

Sieben kleine Bären

Text: Josef Guggenmos
Melodie: Heinz Lemmermann

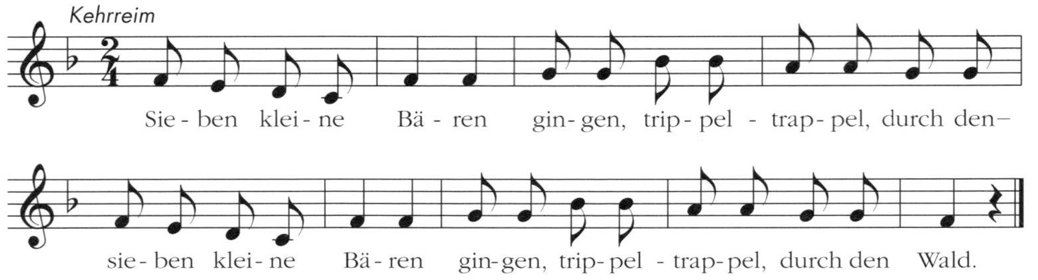

Sprechen: Und hielten sich brav bei den Vordertatzen. Da standen sieben kleine Katzen bei einer Pappel am Bach. Und sagten: „Ach! Wären wir drüben, miau!" ***Kehrreim singen!***

Sprechen: Da nahmen die sieben kleinen Bären die sieben kleinen Katzen auf ihren Rücken und sagten: „Wir sind stark, es wird uns schon glücken." Die Katzen machten die Augen zu vor Ängsten. Und der kleinsten war es am bängsten. ***Kehrreim singen!***

Sprechen: Als sie am anderen Ufer waren, sagten die sieben Kätzlein artig das Sätzlein: „Wir danken schön!" „Es ist gern geschehn!" erklärten die Bären und meinten auch: „Ja, wenn wir nicht wären!" ***Kehrreim singen!***

Wir beschreiben hier den Weg einer Liedvermittlung, der sich in der praktischen Erprobung bewährt hat. Das bedeutet jedoch nicht, daß in jeder Gruppe/Schulklasse alle beschriebenen Stufen in gleicher Weise und in gleicher Reihenfolge befolgt werden müssen. Der Vorschlag läßt Verkürzungen, Erweiterungen und Veränderungen des Weges zu. Sie sollten jedoch nicht zufällig, sondern durch die Situation und die Bedürfnisse der jeweiligen Gruppe begründet sein. – Der Vorschlag beruht auf folgenden didaktisch methodischen Vorüberlegungen:

- Der Text von Josef Guggenmos erzählt von sieben kleinen Bären, denen im Wald sieben kleine Katzen begegnen, welche nicht über einen Bach springen können. Da nehmen die Bären die Katzen auf ihren Rücken und tragen sie ans andere Ufer. Auf den freundlichen Dank antworten die Bären schmunzelnd selbstbewußt: „Ja, wenn wir nicht wären!" – Dieser Inhalt legt es nahe, bei der Liedeinführung und späteren Liedwiederholung die Geschichte zu spielen. Das erste wesentliche Merkmal der Vermittlung dieses Liedes wird also das darstellende Spiel der Geschichte von den Bären sein.
- Der formale Aufbau wird durch zwei Elemente bestimmt: Da ist der ungereimte Text, der in drei Abschnitten die Handlung erzählt. Ihm zugeordnet ist ein gesungener Kehrvers; dieser steht am Anfang und am Schluß der drei Erzählabschnitte. Diese Eigenart der Gliederung des Liedes bestimmt den Weg seiner Vermittlung. Wir werden zunächst in einer Vermittlungsphase A den Kehrvers kennenlernen, dann in der Phase B das ganze Lied vermitteln. Es ist nicht notwendig, beide Phasen an einem Tag durchzuführen. Im Kindergarten gibt es die Möglichkeit, die methodischen Schritte auf mehrere Tage zu verteilen, in der Grundschule lassen sich die Phasen A und B auf zwei Unterrichtsstunden verteilen. Eine zweite Eigenart dieser Vermittlung ist also die Möglichkeit, das Kennenlernen des Kehrverses methodisch und zeitlich von der Erarbeitung des ganzen Liedes zu trennen.
- Thema und Inhalt des Liedes geben zur Bewegung Anlaß. Dazu ist ein freier Raum notwendig; am günstigsten ist ein Gymnastikraum oder ein mit Teppichboden ausgelegter Gruppenraum im Kindergarten. Er soll so groß sein, daß jedes Kind sich ungezwungen bewegen kann. Für große Gruppen wird, wenn immer möglich, eine Aufgabenteilung – im Sinne der inneren Differenzierung – berücksichtigt. Als Materialien werden Tamburin und Stabspiele benötigt.
- Die Hinführung zum Thema „Bären" bleibt der jeweiligen Situation überlassen. Hier einige Beispiele, die in der Kindergartenpraxis Anlaß einer allgemeinen Hinführung zum Thema waren: Zirkus in unserer Stadt / nach einem Zoobesuch; ein Kind erzählt vom Bärengehege / Poster von einem Braunbären.

Liedvermittlung
Sieben kleine Bären

Phase B: Vermittlung des ganzen Liedes

6a) Der Erzieher erzählt die Geschichte mit eigenen Worten. Dabei übernimmt man die wörtliche Rede aus dem Originaltext, weil sie später (siehe 6b und 8) von mitspielenden Kindern gesprochen werden soll. Variation einer Kindergärtnerin: Sie ließ einen Stoffbären die Geschichte von den sieben Bären erzählen.

6b) Eine nicht notwendige Erweiterung: Die Handlung wird im Rollenspiel nachgespielt, wobei Kinder als Bären und Katzen verkleidet sind bzw. entsprechende Attribute tragen. Die „Bären" und „Katzen" gebrauchen möglichst die wörtliche Rede des Originaltextes, den der Erwachsene – wenn notwendig – zuflüstert.

7) Zusammenhängende Darbietung: Die Kinder singen den Kehrvers und seine Wiederholungen, der Erzieher spricht den Originaltext.

8) Das Lied wird mit verteilten Rollen gesungen und gespielt: Sieben Bären und sieben Katzen stellen es szenisch dar; die übrigen Kinder schauen zu und singen mit: einige spielen den Ostinato.

Spielfolge:

- Zum ***Kehrvers*** gehen sieben Bären durch den Raum und halten sich „brav bei den Vordertatzen". (Ostinato auch als Vorspiel)
- E.: Und hielten sich brav bei den Vordertatzen. Da standen sieben kleine Katzen bei einer Pappel am Bach. Und sagten:
  K.: „Ach! Wären wir drüben, miau!"
- ***Kehrvers:*** Die Bären bewegen sich auf die Katzen zu.
- E.: Da nahmen die sieben kleinen Bären die sieben kleinen Katzen auf ihren Rücken und sagten:
  K.: „Wir sind stark, es wird schon glücken!"
  E.: Die Katzen machten die Augen zu vor Ängsten. Und der kleinsten war es am bängsten.
- Die Katzen legen die Hände auf den Rücken (den Arm) der Bären und schließen die Augen.
- ***Kehrvers:*** Katzen und Bären gehen paarweise und vorsichtig durch den Raum zum anderen Ufer:
- E.: Als sie am anderen Ufer waren, sagten die sieben Kätzlein artig das Sätzlein:
  K.: „Wir danken schön!"
  K.: „Es ist gern geschehen!"
  E.: ... erklärten die Bären und meinten auch:
  K.: „Ja, wenn wir nicht wären!"

- ***Kehrvers:*** Alle gehen in Paaren durch den Raum oder auf ihre Anfangsplätze zurück.

9) Wiederholung des Liedsingens und -spiels wie unter 8) in den nächsten Tagen. Dadurch festigen sich Spielablauf und Text. Jüngere Kinder benötigen ein Vorsagen der Textanfänge.

Vorschlag zur Erweiterung (auf diese Weise kommen die Kinder vor jedem Liedspiel zur Ruhe): Die Bären schlafen in ihrer Höhle (Stille!), – erwachen, – räkeln sich, – gucken hinaus, – ein Bär macht den Vorschlag, durch den Wald zu gehen, um aus dem Bach zu trinken; – die Bären setzen sich in Bewegung = Ostinato setzt ein. Es folgt das Spiel wie unter 8).

aus: H. Große-Jäger (Hrsg.), Musikpraxis, Heft 1, Arbeitshilfen für Musik in Kindergarten und Grundschule, Verlag Fidula, Boppard/Rhein

Zu den Methoden der Liedvermittlung

Ausgangsfragen

Von woher nimmt man die Kriterien, nach denen die Art und Weise, der Verlauf einer Liedvermittlung geplant werden kann? Wer bestimmt, ob ein methodischer Weg, durch dessen Verlauf und an dessen Ende ein Lied zum geistigen Eigentum von Kindern und Schülern werden soll, richtig oder falsch, besser oder schlechter als andere Wege ist?

Auf diese zentralen Fragen zu den Methoden der Liedvermittlung kann man nicht antworten, indem man auf diese oder jene herkömmlichen Methoden verweist und sie in geeignete oder ungeeignete einteilt. Nicht einmal die Papageienmethode – bei der einer immer vorsingt und alle anderen in gleicher Weise nachsingen – ist ohne Ausnahme abzulehnen. Denn es gibt Lieder, bei denen sie nutzbringend sein kann – Auch jene Vorgehen, nach denen zuerst der Text und dann die Melodie getrennt gelernt werden bzw. umgekehrt, sind grundsätzlich sicher nicht empfehlenswert. Aber es kann Lernsituationen geben, in denen es sinnvoll ist, Text und Melodie zu trennen. Man kann also nicht sagen: Wenn Du ein Lied an Kinder weitergeben willst, dann gehe folgendermaßen vor...

Wer den Vorschlägen zur Vermittlung der beiden in diesem Heft genannten Lieder folgt und sie praktiziert, der wird bemerken, daß für jedes Lied ein eigener Weg des Kennenlernens möglich ist. Zwar haben beide Wege einiges gemeinsam. Zum Beispiel nehmen beide Vorschläge die Liedthemen zum Anlaß für ein Spiel, welches die auffallendsten Bewegungsarten der Tiere (Bären, Pferde) phantasievoll darstellen soll. Der methodisch-didaktische Stellenwert der Darstellung durch Spiel ist jedoch bei beiden Vorschlägen unterschiedlich. Beim Lied von den Bären dient es als Darbietung des Liedinhalts; beim Pferdelied ist es Vorwegnahme rhythmischer Eigentümlichkeiten und Einstimmung in die Darbietung des eigentlichen Liedes.

Es kommt auf die Absichten an

Aufs Ganze gesehen ist jeder der beiden Vorschläge durch nur ihm zugehörige methodische Schritte und durch eigene Formen des Verhaltens und des spielenden Lernens bestimmt. Mit anderen Worten: Die Liedvermittlungen richten sich nicht nach einem für alle Lieder gleichen und damit starren Schema. Denn von einer vorgefaßten Methode her läßt sich nicht sagen, welcher Weg der Weitergabe eines Liedes kindgemäß und sachgemäß ist. Es gibt keine ein für allemal gültige Methode der Liedvermittlung!

Entscheidend für die Beurteilung eines methodischen Weges sind vor allem zwei Vorgaben, nämlich (1) die Absichten (Ziele), die man mit dem Erlernen des Liedes verbindet, und (2) die Struktur des Liedes.

(1) Der Weg einer Liedvermittlung wird bestimmt von den Absichten, die man durch das Liedsingen verfolgt. Zunächst ist in negativer Abgrenzung zu sagen: Es geht nicht darum, Kindern in möglichst kurzer Zeit möglichst viele Lieder weiterzugeben. Das bloße Erlernen einer Zahl von Liedern kann nicht das Ziel sein, wenn man musikalische Förderung will. Entscheidend ist, daß durch die Art des Umgehens mit Liedern die Lust der Kinder an der singenden Äußerung geweckt und erhalten wird und daß sie auf dem Wege der Liedvermittlung musikalische Fähigkeiten gewinnen. Anders gesagt: Nicht das Absingenkönnen von Liedern bestimmt unsere Absichten, sondern die lustbetonte, schöpferische musikalische Äußerung durch das Lied. Wenn die Musikerziehung durch diese Grundtendenz gekennzeichnet ist, dann ist der Erwerb eines Liederschatzes die selbstverständliche Folge.

weitere Absichten das wichtigste Ziel

Unsere oberste Absicht ist es also, die Lust am Singen als musikalische Äußerung zu fördern. Wodurch kann das erreicht werden? Jedermann weiß, daß es Lernsituationen gibt, in denen nicht nur Kindern die Lust am Singen vergeht. Das ist immer dann der Fall,

- wenn den Lernenden kein emotionaler Zugang zum Lied eröffnet wird; (Beispiel: „Heute wollen wir ein neues Lied lernen", statt Einstieg von einem Erlebnis, einer Beobachtung, einem Bild, einer Geschichte aus)
- wenn der inhaltliche und musikalische Kern des Liedes nicht erschlossen wird; (Beispiel: Der Text wird lediglich aufgesagt, aber nicht kindgemäß interpretiert; die Melodie wird vorgesungen, ohne daß z.B. durch Gesten, Klatschen typische Melodiemerkmale verdeutlicht werden),
- wenn man den Sinn des Übens nicht einsehen kann; (positives Beispiel: Der Lehrer bestätigt das, was man schon kann und übt bzw. wiederholt nur das, was man noch nicht kann).

Das wichtigste Motiv jedoch für eine lustvolle Beteiligung von Kindern und damit für ihre emotionale Nähe zum Lied ist dann wirksam, wenn man Lieder spielt. Ein solches Spiel ist im Kindergarten und in der Schule nicht zweckfrei. Es ist ein lernendes Spiel, welches Üben nicht ausschließt. Die Lernabsichten sind in das Spiel verwoben. Das Geschehen sollte so sein, daß die Kinder den Eindruck haben: Wir singen und spielen ein Lied. Der Erzieher (Lehrer) aber zielt darüber hinaus jene Fähigkeiten und Verhaltensweisen an, die durch das gespielte Lied gewonnen werden sollen.

Bei einem begründeten musikpädagogischen Handeln verbinden sich also mit dem Ziel des lustbetonten Singens weitere Absichten. Sie lassen sich hier nicht konkretisieren, denn sie sind von der Lerngruppe, von den längerfristigen musikpädagogischen Planungen und – wie noch zu zeigen sein wird – von der Struktur des jeweiligen Liedes abhängig. Hier sei an einigen Beispielen verdeutlicht, inwiefern bestimmte musikpädagogische Absichten die Folge der methodischen Schritte beeinflussen.

Beispiele

(a) Beim Bärenlied soll man (siehe unter 2) gleichmäßig in ♩ = Bewegung gehen und dazu gleichzeitig „trippel-trappel" in ♪♪ = Bewegung sprechen. Das ist für Kinder ein Sprech- und Bewegungsspiel, durch welches ihr Gefühl für das Zueinander dieser rhythmischen Abläufe gefördert werden soll. Der Erwachsene wird ihnen helfen, das rhythmische Sprechen und Gehen als Einheit zu realisieren, ohne in dieser Lernphase das Verhältnis von ♩ und ♪♪ bewußt zu machen. Beim Spiel des Ostinato (siehe unter 5 und 8) läßt sich dann ablesen, wer fähig ist, die einfache rhythmische Figur ♩ ♩ durchzuhalten. Das ist auch der Grund, weshalb der Ostinato so einfach gehalten ist. Weil wir die genannten rhythmischen Fähigkeiten fördern wollen, deshalb ist die Reihenfolge der Schritte in Phase A gewählt.

(b) Dasselbe gilt für die Phase A beim Pferdelied. Aus der Sicht der Kinder soll es ein erfreuendes Nachahmen von Pferdebewegungen sein. Der Erwachsene wird neben der Förderung der Phantasie das hörende Unterscheiden und Darstellen dreier verschiedener Rhythmen anstreben, nämlich ♩ ♩ und ♪♩♪♪ und ♪. ♫. ♫ .

(c) Über die Silbenfolge „trippel-trappel" im Bärenlied kann man einfach hinwegsingen. In unserem Plan ist aber gefordert (siehe unter 2), daß man sie klangvoll spricht. Hier ist eine Gelegenheit zur Lockerung der Stimmwerkzeuge und zum Spiel mit Sprachklang gegeben. Stimmbildung ist in die Liedvermittlung integriert! – Dasselbe gilt für das klangvolle Sprechen der Strophen des Pferdeliedes, insbesondere für die Silbenfolge „Aj, aj, aj, aj, aj".

Zusammenfassung und Folgerungen ebenso bestimmend ist die Liedstruktur

Durch diese Beispiele möge deutlich werden, daß wir die beiden Liedvermittlungen deshalb so angelegt haben, weil unterwegs bestimmte musikalische Fähigkeiten gefördert werden sollen. Wäre das nicht der Fall, so könnte man viele der empfohlenen Schritte streichen und fiele damit in ein Nachsingen zurück, das kaum Zuwachs an musikalischem Verhalten bringen würde.

(2) Die Lernabsichten, die man mit einem Inhalt verfolgt, lassen sich nicht losgelöst von der Eigenart eben dieses Inhalts bestimmen. Deshalb wird die Art und Weise einer Liedvermittlung beeinflußt durch die Eigenart, die Struktur des jeweiligen Liedes. – Ein Lied ist eine Einheit von Text und Melodie. Beide Faktoren, Text und Melodie, haben wiederum je zwei Merkmale. Jeder Liedtext bekommt seine Eigenart einmal durch das Ereignis und den Sinn des Ereignisses, welche er mitteilt. In unseren Beispielen sind das die Geschichte von den Bären, die den sieben ängstlichen Katzen über den Bach helfen, und die Geschichte vom Pferd, das von der Weide geholt, sich satt fressen und ausreiten soll. Diese Geschichten (Ereignisse) könnte man in verschiedene sprachliche Formen fassen. In unseren Fällen hat Guggenmos den Wechsel von einem ungereimten Kehrvers und Prosa gewählt; das jugoslawische Volkslied jedoch ist in Strophen gegliedert, deren auffallendes Merkmal der Reim am Ende der Zeilen ist. Jeder Liedtext bekommt – wie wir sehen – zum anderen seine Eigenart durch eine bestimmte Sprachform. Ein Text wird also unverwechselbar durch seine Einheit von Gehalt und Gestalt. – Auch jede Melodie zeigt – wenn sie unbegleitet ist – zwei Faktoren, nämlich das Hoch-Tief-Verhältnis der Töne im melodischen Ablauf und dessen rhythmische Eigenart. Beide, melodischer und rhythmischer Verlauf der Melodie, sind von der Sprachform abhängig, weniger von ihrem Inhalt. Die melodische Gliederung muß der Strophen- und Zeilenform der Sprachgestalt entsprechen, z.B. durch Melodiebögen (Melodieperioden) und Motive. Der Rhythmusverlauf der Melodie muß Rücksicht nehmen auf den Sprachrhythmus. Dabei können – wie auch beim Auf und Ab der Melodie – assoziative Beziehungen zum Sprachinhalt (Ereignis) einfließen, wie z.B. der Rhythmus der Melodie des Pferdeliedes zeigt, in dem die Grundbewegung des Trabens spürbar wird. – Wenn der Lehrende die genannten vier sprachlichen und musikalischen Faktoren, die ein Lied ausmachen, für sich erkannt hat, bekommt er von hierher Vorgaben und Anstöße für die Methoden der Liedvermittlung.

Zusammenfassend läßt sich sagen: Jedes Lied rechtfertigt einen ihm eigenen Weg der Vermittlung. Zwar gibt es einige Gemeinsamkeiten, über die später noch nachzudenken sein wird. Auf Gemeinsamkeiten stößt man jedoch erst, wenn man die Individualität des einzelnen erkannt hat und ihr gerecht geworden ist. Bevor wir ein Lied an Kinder in einem an pädagogischen Absichten orientierten Prozeß weitergeben, ist darum jedesmal zu fragen: Welche Eigenheiten bestimmen die Struktur des Liedes: seinen Inhalt (das Ereignis und seinen Sinn), die Form des Textes, seinen Melodieverlauf, die rhythmische Eigenart der Melodie? Welche musikerzieherischen Absichten lassen sich mit Hilfe dieser Strukturmerkmale des Liedes in der konkreten Kinder- (Schüler-)gruppe verwirklichen? Wer diesen Fragen nachgeht, dem fallen viele Antworten zur Methode der Liedvermittlung in den Schoß.

(Die Liedbeispiele beziehen sich auf das Lied: Sieben kleine Bären und auf das hier nicht abgedruckte Lied: Komm mein Pferdchen ...)
aus: H. Große-Jäger (Hrsg.)
Musikpraxis, Heft 1, Arbeitshilfen für Musik in Kindergarten und Grundschule, Verlag Fidula, Boppard/Rhein

Lied vom kleinen Bär

Text und Melodie: Norbert Merkens

a) auf Stabspielen (Begleitung nicht für Kinder gedacht)

b) auf Klavier

(darf natürlich auch auf zwei Hände verteilt werden)

Lied vom bärenzwerg

Text und Melodie: Norbert Merkens

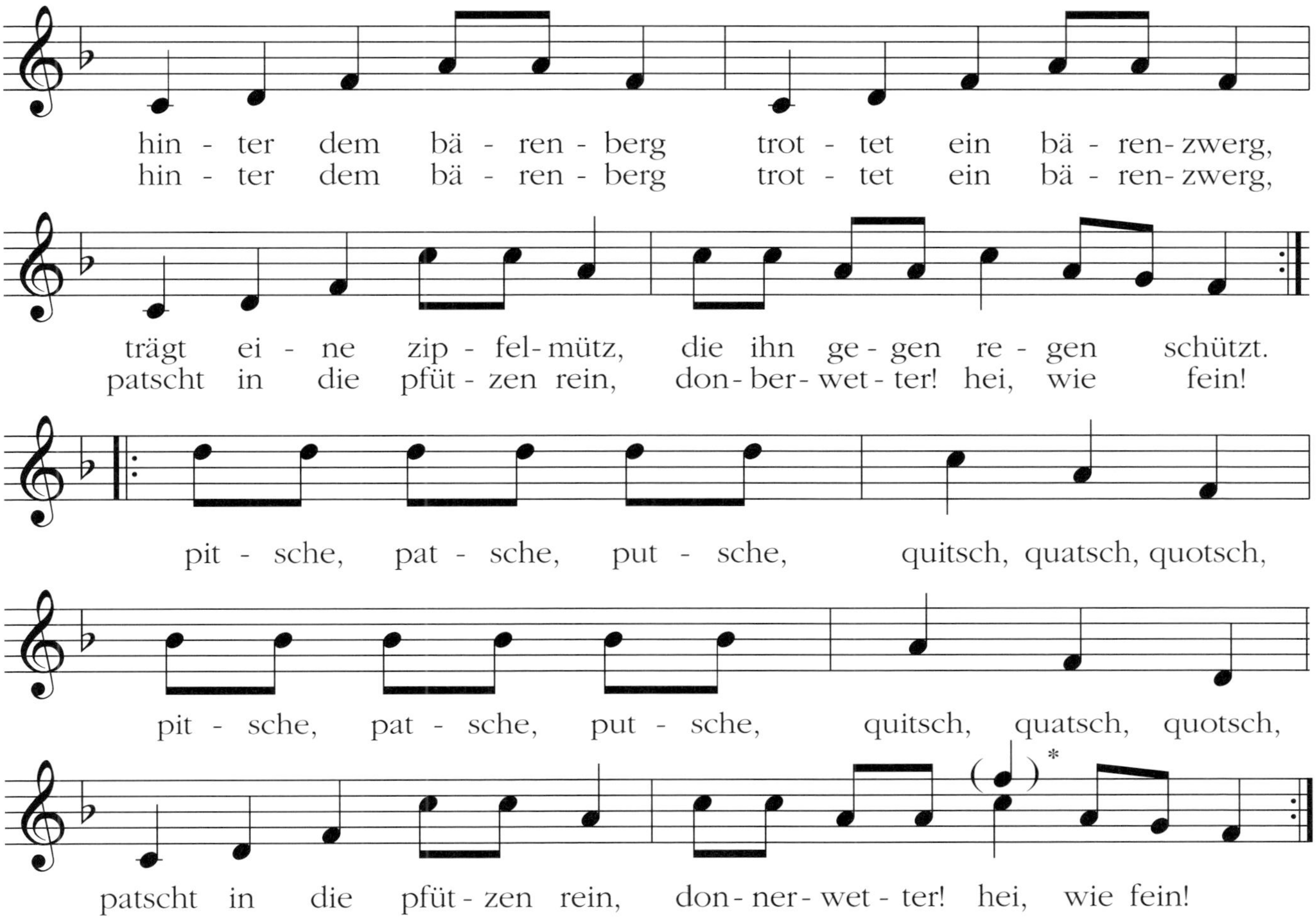

Mit der Faust über den Tisch spazieren und das Kind am Ärmel zupfen.

Hier ist ein Bär,
er stapft daher,
und fragt, – –
wo die … Ulrike wär!

Buckelkratzen

Bernd rief: „Bär,
kratz mich am Buckel,
mich beißt's!“
Als der Bär den Bernd
mit den Krallen
am Buckel kratzte,
rief Bernd gleich:
„Danke, danke, jetzt reicht's!“

Josef Guggenmos
Sonne, Mond und Luftballon, Beltz & Gelberg, Weinheim, 1984

Der Bär

Ein Bär tappt langsam durch den Wald, und weithin sein Gebrumm erschallt.	*Die linke geschlossene Faust, Daumen obenauf, klopft im Takt auf den Tisch und rückt bei jedem Schlag etwas weiter (Abb.).*
Fünf Männer kommen hier gegangen, sie wollen diesen Bären fangen.	*Rechte Hand hochhalten, Finger ausstrecken.*
Der erste spricht: „Ich fang ihn schnell. Wie schön ist doch sein Zottelfell!“	*Rechten Daumen zeigen.*
Der zweite spricht: „O Bruder, nein! Den Bär fang ich, der Bär ist mein!“	*Rechten Zeigefinger zeigen.*
Der dritte ist so groß und lang, er spricht: „Mir ist kein bißchen bang!	*Rechten Mittelfinger zeigen.*
Ihr werdet sehn, ich fang den Bär! Als ob das so ein Kunststück wär!“	
Der vierte geht voran und spricht, „Nein, Brüder, so gehts wirklich nicht!	*Rechten Ringfinger zeigen.*
Mein ist des Bären Zottelfell! Ich will ihn fangen auf der Stell!“	
Und hier der allerkleinste Mann fängt lustig jetzt zu lachen an:	*Rechten kleinen Finger zeigen.*
„Ich hab ein Töpfchen Honigseim. Gebt acht, ich bring den Bären heim!“	
Da dreht der Bär mit viel Gebrumm sich plötzlich nach den Männern um.	*Die linke, auf dem Tisch stehende Faust macht eine Drehung nach der rechten Hand.*
Sie schreien laut in großem Schreck, der Kleine wirft das Töpfchen weg.	*Rechte Finger weit auseinanderspreizen.*
Sie laufen schnell zum Wald hinaus, verstecken sich in ihrem Haus.	*Rechte Hand schnell auf den Rücken legen.*
Der Bär, der leckt das Töpfchen aus, und brummt und geht vergnügt nach Haus.	*Linke stehende Faust mehrmals umlegen, wobei der Daumen die Tischplatte berührt, dann mit Klopfen auf den Tisch die Faust langsam wegführen.*

aus: Elfriede Pausewang,
Die Unzertrennlichen, Neue Fingerspiele 1, Don Bosco Verlag München 1990, 40. Auflage

Geburtstagswünsche für ein Bärenkind

Ich wünsche dir, ich wünsche dir
für deinen Bärenbauch
einen riesengroßen Himbeerstrauch.
Und Blaubeeren 120 Pfund,
davon wird dein Bäuchlein kugelrund.
Und Gummibärchen – drei Tüten voll!
und 3 Gläser Honig – wär das nicht toll?

Zum Klettern fünf Buchen,
zum Naschen Erdbeerkuchen.
Zum Nachtisch ganz viel Klee,
zum Baden einen See.
Zum Toben nette Brüder,
zum Singen Bärenlieder
und ganz viele Hecken
zum Suchen und Verstecken.
Und Bärensonne viele Stunden
und kein Gekläff von wilden Hunden.
Vom Jäger keine Schüsse
und im Herbst viel Haselnüsse.
Eine Höhle, wenn der Eiswind braust
und dich an Ohr und Nacken zaust.
Und im Frühling dann immer genug zum Fressen!
So Bärchen – hab' ich auch nichts vergessen?

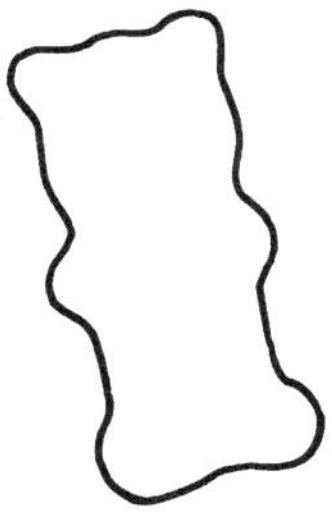

aus: B. Cratzius, Mein allerliebstes Bärenbuch, Loewe's Verlag, Bindlach

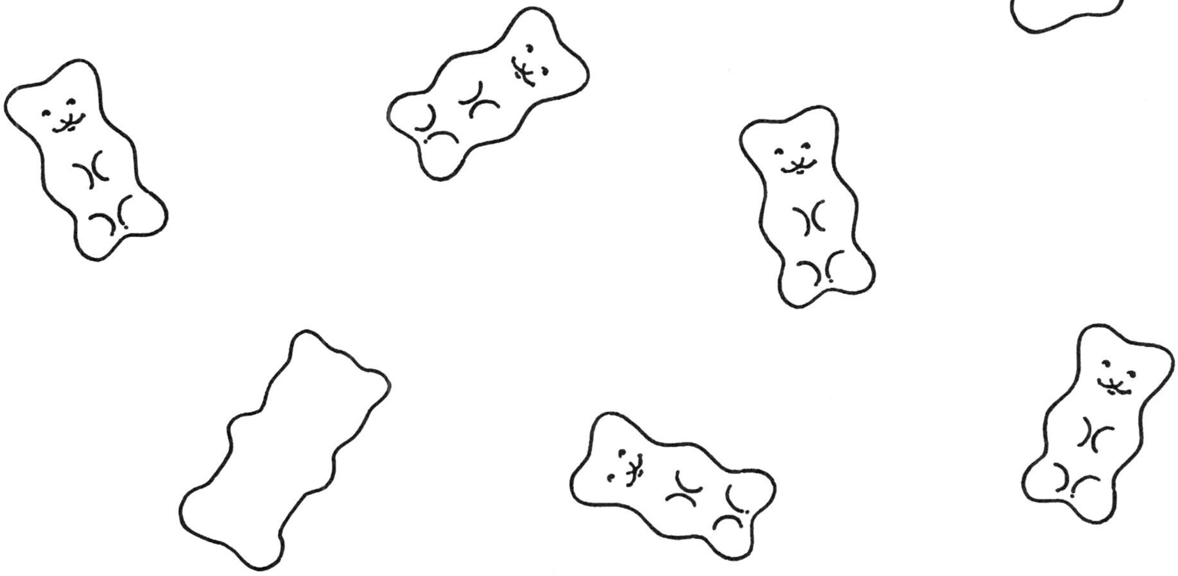

Bärenmutters Rezepte

Luitgard Merkens

Wie ihr sicher wißt, sind Bären richtige Naschkatzen. Am allerliebsten essen sie ja Honig, aber sie mögen auch gerne Haferflocken, Nüsse und Obst. Damit den kleinen Bären das Frühstück schmeckt, macht die Bärenmutter morgens

„Bärenmüsli"

Haferflocken,
Rosinen,
Nüsse,
Honig, Milch
oder Yoghurt,
Mandeln,
Sonnenblumenkerne,
frisches Obst

Nehmt euch einen tiefen Teller oder ein Schüsselchen und mischt darin 2 – 3 Eßlöffel Haferflocken, einen Löffel Rosinen und einen Löffel gehackte Nüsse. Darüber träufelt sich jeder nach Geschmack Honig und zum Schluß wird die Milch darüber gegossen.
Ihr könnt in euer Bärenmüsli auch Mandeln oder Sonnenblumenkerne mischen und frisches Obst, z.B. einen Apfel oder eine Apfelsine hineinschneiden.

Wenn es im Sommer heißt ist, macht die Bärenmutter zum Mittagessen eine

„Fruchtkaltschale"

300 g Beeren,
100 g Honig,
Vanille,
1 l Buttermilch,
Yoghurt oder Dickmilch,
8 Zwiebäcke

Die kleinen Bären gehen Brombeeren sammeln, z.B. Himbeeren oder Brombeeren.
Diese Beerenfrucht müßt ihr besonders vorsichtig waschen.
Dann streicht ihr sie durch ein Sieb in eine große Schüssel. In dieses Mus rührt ihr den Honig und würzt es mit Vanille. Nun gießt die Buttermilch dazu und verrührt alles gut.
In jeden Teller kommen zwei Zwiebäcke.
Mit einer großen Kelle schöpft ihr die Kaltschale darüber und fertig ist euer Mittagessen!

Zum Durstlöschen trinker die kleinen Bärenkinder gerne

„Milchmix"

200 g Obst,
Honig,
3/4 l Milch

Ihr auch? Sucht euch eine weiche Obstsorte aus, die ihr gerne mögt, z.B. Bananen oder Beeren.
Streicht sie durch ein Sieb, am besten in eine hohe Rührschüssel, gießt die Milch dazu und süßt nach Geschmack mit Honig.
An kühlen Abenden, wenn man lieber Warmes trinkt, süßt die Bärenmutter den Tee mit Honig. Und wenn Bärenkinder erkältet sind, weil sie zu lange im Wasser geplanscht haben, macht ihnen die Mutter ihren

„Bären-Spezialtrunk gegen Grippe"

1 l Kamilletee, Honig,
1 Zitrone,
1 Orange oder
Grapefruit

Sie kocht einen Kamilletee, preßt eine Zitrone und eine Orange aus, gießt den Saft in den Tee und gibt viel Honig dazu.

Bärenmutters Rezepte

Luitgard Merkens

Wenn Geburtstag gefeiert wird oder jemand zu Besuch kommt, gibt's

„Schokoladenfondue"

200 g Vollmilchschokolade, 50 g Honig, 100 g geriebene Mandeln, Obst

Die Schokolade muß vorsichtig in einem Topf geschmolzen werden, am besten in einem Wasserbad. (Der Topf mit der Schokolade wird in einen größeren, wassergefüllten gestellt. Das macht entweder die Bärenmutter oder ein großes Bärenkind.) Wenn die Schokolade geschmolzen ist, werden der Honig und die Mandeln hineingerührt. Die kleineren Bärenkinder bereiten in der Zwischenzeit das Obst vor. Es muß gewaschen werden. Die etwas größeren schneiden es klein, und die etwas kleineren verteilen es in viele Schälchen. Jeder, der mitißt, bekommt ein eigenes.
Auch der Tisch wird hübsch gedeckt – aber da habt ihr bestimmt eigene Ideen!
Wenn die Gäste da sind, kommt das Schokoladenfondue auf einem Rechaud auf den Tisch; jeder bekommt ein Schüsselchen mit dem Obst und eine Gabel. Mit der Gabel spießt man ein Obststückchen auf, tunkt es in die Schokolade und dann kann man es sich schmeckenlassen. Hmm, lecker!

Eßt ihr auch so gerne Kekse wie die Bärenkinder? Die Bärenmutter hat mir zwei leckere Rezepte verraten. Ganz einfach sind

„Bären-Knabberkekse"

150 g Margarine, 250 g Haferflocken, 100 g Honig, 2 Eier, 50 g Mehl, 1 Tl Backpulver

Zunächst muß die Margarine geschmolzen werden. Das macht die Bärenmutter meistens selbst. In die flüssige Margarine werden die Haferflocken eingerührt. In einem Rührtopf werden Eier und Honig miteinander verschlagen, Mehl und Backpulver miteinander vermischt und dann wird alles – die Eiermischung, das Mehl und die Haferflocken, miteinander verrührt.
Jetzt müßt ihr ein Backblech mit etwas Margarine einpinseln, damit ihr die Kekse nach dem Backen auch wieder herunter bekommt.
Nehmt euch einen kleinen Löffel und setzt damit kleine Teighäufchen auf das Blech.
Bei 180 Grad werden die Kekse etwa 20 Min. gebakken.

„Orangenkekse"

sind auch ganz einfach.

50 ml Orangensaft, etwas abgeriebene Orangen- oder Zitronenschale, 100 g Mehl, 100 g Kokosflocken, 50 g Öl, 100 g Honig, 1 Ei

Zuerst müßt ihr mit dem Schneebesen oder mit dem Mixer das Ei etwas schaumig schlagen. Dann rührt ihr den Honig, das Öl, Orangensaft und -schale darunter: Jetzt werden noch das Mehl und die Kokosflocken unter den Teig gerührt. Dann setzt wieder kleine Teighäufchen auf ein gefettetes Backblech und schiebt dieses für 15 Min. bei 180 Grad in den (vorgeheizten) Backofen.

Das Bärenspiel – Zählen

Das Bärenspiel ist ein einfaches Zählspiel, bei dem die Zahlenreihe vorwärts und rückwärts geübt wird. Außerdem werden die Begriffspaare weniger – mehr, große Menge – kleine Menge intuitiv erfahren.
Das eine Ende eines ca. 10 m langen Seils wird an einem freistehenden Baum im Hof (an der Turnstange im Turnsaal) festgebunden. Das Seil muß fest verknotet sein, es darf sich nicht mitdrehen, wenn man um den Baum (die Stange) geht, es muß sich aufwickeln.
Alle Kinder bilden einen weiten Kreis um den Baum. Das freie Ende des Seils wird gestrafft und von fünf Kindern (= Bären) festgehalten. Das erste Kind hält das Seil ganz außen, das nächste Kind faßt das Seil in mindestens 50 cm Abstand usw.

Beim Spiel gehen die fünf Kinder, die das Spiel beginnen, immer in der gleichen Richtung um den Baum und sprechen gemeinsam:

Fünf Bären gehen mit Gebrumm
immer um den Baum herum.
Fünf Bären gehen mit Gebrumm
immer …

Die Kinder gehen so lange um den Baum herum und sprechen den Vers dabei, bis es nicht mehr weitergehen kann, weil sich das Seil bis zum innen gehenden Kind um den Baum aufgewickelt hat.

Das innen gehende Kind ruft: Halt! Es geht nicht mehr!

Alle Bären bleiben stehen und sagen: Solln die Bären weiterdrehn,
muß einer von den Bären gehn!

Der fünfte, innen gehende Bär verläßt seinen Platz am Seil und stellt sich in die Kinderrunde. Die restlichen Bären trotten jetzt weiter um den Baum, alle sprechen:

Vier Bären gehen mit Gebrumm
immer um den Baum herum.
Vier Bären gehen …

Ist der nächste Bär am Baum angelangt (Halt! Es geht nicht mehr!), heißt es wieder:

Solln die Bären weiterdrehn,
muß einer von den Bären gehn!

Der vierte Bär verläßt seinen Platz am Seil und gesellt sich zu den umstehenden Kindern. Die Bären marschieren weiter:

Drei Bären gehen mit Gebrumm …

So geht es weiter, bis schließlich nur noch ein Bär übriggeblieben ist. (Bis das Spiel von allen Kindern begriffen wurde, sollte die Pädagogin immer den letzten, außen gehenden Bär spielen.) Der letzte Bär sagt jetzt:

Ein Bär, der fühlt sich so allein,
drum fällt ihm etwas Gutes ein:
Der eine Bär geht mit Gebrumm
andersherum, andersherum!

Der letzte Bär geht nun in die Gegenrichtung, dadurch wickelt sich das Seil wieder vom Stamm ab und bietet Platz für einen zweiten Bären.

Deshalb ruft der Bär im Weitergehen:

Jetzt ist Platz, jetzt kommt im Nu
noch ein **zweiter** Bär hinzu!

Ein Kind aus der Gruppe, das den zweiten Bären spielen möchte, geht zum Seil, hält es mit fest, geht mit dem anderen Bären weiter und alle sprechen wieder:

Zwei Bären gehen mit Gebrumm
immer um den Baum herum.
Zwei Bären …

Dann, nach ein, zwei Runden, wenn Platz für einen neuen Bären da ist:

Jetzt ist Platz, jetzt kommt im Nu
noch ein **dritter** Bär dazu.

Dann, gemeinsam: **Drei** Bären gehen …

So geht es weiter, bis wieder fünf Bären am Seil um den Baum trotten. Man kann das Spiel beenden, wenn das Seil wieder ganz abgewickelt ist. Theoretisch kann man das Spiel aber auch ohne Unterbrechung immer weiter spielen. Denn wenn die Bären immer weitergehen ohne die Richtung zu wechseln, wird das Seil ja nach seiner längsten Ausdehnung wieder automatisch aufgewickelt und damit verkürzt.
Natürlich können sich an dem Spiel auch mehr als fünf Kinder beteiligen (in der Ausgangssituation). Denkbar wäre es, daß man erst das Spiel mit vier oder fünf „Bären" beginnt und später, wenn die Kinder die Zahlenreihe von 5 bis 10 beherrschen, gleich mit sechs, sieben oder zehn Kindern anfängt.

aus: Knister/Paul Maar, Frühling, Spiele, Herbst und Lieder, Ravensburger Buchverlag Otto Maier GmbH

1. Spiele in der Natur

1.1 Bärenkind suchen

gG

Den Mut haben, sich kurze Zeit allein zu verstecken bzw. auf Suche zu gehen. Sich im Gelände zurechtfinden und dabei die abgesteckte Grenze beachten. Sich wieder zusammenfinden.

Alter:
ab 4 Jahre; bis zu 10 Kindern (mit 2 Erwachsenen).

Spielverlauf:
Ein Kind, als Bärenjunges ausgewählt, versteckt sich in einem vorher abgegrenzten Waldstück. Nach einer kurzen Weile, die die anderen abgewartet haben, gehen sie einzeln (oder zu zweit) los und suchen das Bärenkind. Haben sie es gefunden, so verraten sie es nicht, sondern legen oder hocken sich leise daneben. Das Spiel dauert so lange, bis alle Bärenkinder beieinander sind.

1.2 Der Bär hat etwas gefunden

gG
gGg

Auf Dinge der Natur aufmerksam werden. Einzelheiten wiedererkennen können.

Alter:
ab 3 Jahre; kleine Gruppe oder alle Kinder.

Material: Teddy oder Spieltier

Spielverlauf: Die Gruppe macht einen Spaziergang in die Natur. Der Bär wird mitgenommen.
Vorher wird den Kindern erklärt, daß der Bär gestern etwas gefunden hat, was er ihnen zeigen will. Dazu läßt die Erzieherin den Bären an einigen Stellen brummen, wenn er ein bestimmtes Blatt, einen Stein oder Beeren gefunden hat. Die Kinder raten, was der Bär gemeint hat und erhalten eine „brummende" Bestätigung.
Variation: Sie sollen Gleiches wiederentdecken. Sie können den Bären auch auf andere Dinge aufmerksam machen.

1.3 Eine „lebende" Laubhöhle bauen

gG

Die unerschöpflichen Spielmaterialien des Waldes kennenlernen und diese nutzen. Sich gegenseitig dabei helfen und am Werk mittun. Dabei keine Bäume beschädigen.

Alter:
5- und 6jährige, kleine Gruppe, 5 – 8 Kinder.

Material:
geeignete Stelle im Wald, z.B. Höhle, durch einen entwurzelten Baum entstanden; Buschwerk; Farnkraut; Kordeln.

Spielverlauf:
Wenn eine geeignete Stelle gefunden wurde, biegen wir lange bewegliche Zweige eines Strauches herab und binden sie in der Höhle halbrund zusammen. Die Seiten können mit gesammelten trockenen Ästen verstärkt werden.
Die Höhle eignet sich dann zum Spielen, für eine Rast und wiederholten Besuch – auch mit den anderen Kindern.

1.4 Landschaft aus Naturmaterial bauen

gG
EP

Freude haben am gemeinsamen Zusammenstellen der Materialien. „Bauwerke" der anderen achten. Weiterspielmöglichkeiten ausdenken.

Alter:
ab 3 Jahre

Material:
Eimer oder Korb zum Sammeln des Materials.

Spielverlauf: Eine Stelle des Spielplatzes wird für die kleine Landschaft ausgewählt. Erde, Sand, kleine Steine, Ästchen, Zapfen usw. werden gesammelt und später aufgetürmt, zugeordnet, befestigt und angepflanzt.
Zum freien Spiel können kleine Spieltiere zur Verfügung gestellt werden.
Variation im Raum: Auf einer Platte angelegt, kann die Landschaft auch als Tischtheater genutzt werden.

2. Fangspiele

2.1 Der Bär fängt uns

gG

Den Wechsel und die Spannung des Fangens und Gefangenwerdens erleben. Auf die anderen laufenden Kinder achten und sich orientieren können.

Alter:
ab 3 Jahre; alle Kinder

ohne Material

Spielverlauf:
Im Turnraum oder draußen steht ein Kind, das den Bären spielen möchte, etwa 3 m von den anderen entfernt. Die Erzieherin ruft dann: „Der Bär kommt. Lauft schnell zum ... (Fenster; Sandkasten etc.)!" Der Bär verfolgt diesmal die weglaufenden Kinder. Kinder, die er fangen konnte, werden ebenfalls Bären. Im Freien können auch Spielgeräte, Fähnchen etc. als Zielmarkierungen aufgestellt werden.

2.2 Bärenkette

gG

Gewandtheit im Laufen und Anschleichen erreichen. Die Kette nicht loslassen und die Schritte angleichen. Mit wechselnden Kindern Kontakt aufnehmen.

Alter:
ab (4) 5 Jahre; ab 10 Kinder

Material:
zur Abgrenzung einer Fläche: ca. 25 m x 25 m

Spielverlauf:
Eine Ecke der Fläche wird zur Bärenhöhle erklärt. Ein Kind, das sich bereit erklärt hat, spielt den Bären und tappt in die Höhle. Die anderen Kinder laufen im Spielfeld herum. Der „Bär" versucht nun, mit beiden Händen zugleich, ein Kind abzuschlagen. Gelingt ihm das, folgt ihm dieses Kind in die Höhle. Erneut gehen beide los (fassen sich dabei an!), um ein weiteres Kind zu fangen. Dieses reiht sich dann an die vorherigen „Bären" an. Jeweils die äußeren der Bärenkette dürfen abschlagen. Sind sechs Kinder in der Bärenkette, dürfen sie eine zweite Kette bilden.

3. Rate- und Merkspiele

3.1 Tiere erraten

gGg
gG

Eine Wahl treffen; Bewegungen darstellen und Leute nachahmen. Das Gemeinte herausfinden. Den anderen ermöglichen, selbst nachzudenken.

Alter:
ab 3 Jahre; alle Kinder

ohne Material

Spielverlauf:
Die Erzieherin berät ein Kind leise bei der Wahl eines Tieres, das es darstellen möchte. Sie gibt dabei Hinweise auf typische Bewegungen und Laute. Bei der Darstellung soll die Stimme erst zum Schluß eingesetzt werden, da sie leichter zu erraten sein könnte. Das Kind, welches zuerst richtig erraten hat, darf als nächstes an die Reihe kommen oder ein weiteres Kind benennen.

Variation Um einem zu schnellen Erraten vorzubeugen, können die Kinder der Erzieherin ihre Lösung ins Ohr flüstern.

gG

3.2 Ich weiß ein Tier, das hat ... (das kann, sieht aus wie...)

Alter:
ab 4 Jahre ähnlich wie 3.1 Die Beschreibung des Tieres wird in Worten ausgedrückt.

3.3 Tierbilder erkennen

gG

Einzelheiten erfassen und Schlüsse für das Gesamtbild ziehen

Alter:
ab 3 Jahre; kleine Gruppe

Material:
Tierfotos (oder Tierpuzzle), Blatt Papier

Spielverlauf:
Ein Foto, mit Papier zugedeckt, liegt auf dem Tisch. Das Blatt wird stückweise zur Seite geschoben. Die Kinder beschreiben, was sie sehen und erraten von den Ausschnitten her, um welches Tier/welche Tiere es sich handelt.

3.4 Tiere zuordnen

gG
EP

Die Spielreihenfolge erkennen und eigene Merkmalkombinationen finden.

Alter:
ab 5 Jahre; 2 – 6 Kinder

Material:
Tierlotto oder Memorykarten oder gesammelte Tierfotos

Spielverlauf:
Alle Karten werden gemischt und in gleicher Anzahl an die Mitspieler verteilt. Ein Kind legt eine seiner Karten in die Mitte. Karten, auf denen Tiere mit ähnlichen Merkmalen abgebildet sind, sollen dazugelegt werden. Zwei passende Merkmale werden jeweils ausgedacht und von der Erzieherin (später von einem Kind!) genannt, z.B.: zum Foto eines Elefanten werden erstens Tierfotos gelegt, die ebenfalls wildlebende Tiere zeigen, zweitens Fotos von Tieren hinzugefügt, die eine ledrige Haut haben. (Schnittmengen sind möglich!) Wer die meisten seiner Karten dazulegen konnte, darf beim neuen Spiel beginnen.

3.5 Der Bär antwortet

gG

Die Dicke des Bären darstellen. Einmal in der Gruppe besonders gefragt sein. Es üben, Fragen zu stellen, die eine Lösung herbeiführen.

Alter:
ab 4 Jahre; alle Kinder

Material:
Kittel oder große alte Pullover; Zeitungspapier

Spielverlauf:
Ein Kind, das bereit ist, den Bären darzustellen, läßt sich unter einem großen Pullover mit geknülltem Zeitungspapier zum dikken Brummbären ausstopfen. Der „Bär" denkt sich nacheinander drei verschiedene Dinge aus: z.B. was er heute einmal tun möchte; was er am liebsten essen würde; einen Gegenstand im Raum. Die anderen Kinder stellen dem Bären dazu Fragen. Er antwortet nur mit zustimmendem Brummen oder mit Kopfschütteln.

Kindergarten ...
Tagesstätte ...

Liebe Eltern,
wir wollen Ihnen keinen Bären aufbinden!

Wir laden ein zu einem bärenstarken Spiel, bei dem Eltern und Kinder mitmachen sollen.

Treffpunkt:

Zeit:

Da es ins Gelände geht, bitte feste Schuhe, evtl. Regenschutz mitbringen.

Geländespiel für Eltern und Kinder mit verschiedenen Stationen, an denen Aufgaben zu erfüllen sind.

Überlegungen zur Gruppenbildung:

- Von der Kenntnis der Kinder her werden die Erzieherinnen entscheiden, welche Kinder zusammengehen können. Sie könnten dann den Kindern je einer Gruppe Punkte in einer Farbe aufkleben oder ihnen ein anderes Orientierungsmerkmal bieten. Die Erwachsenen sollten gleichmäßig auf die Gruppen verteilt werden.
- Wenn die Gruppen nach dem Zufallsprinzip zusammengesetzt werden können, bieten sich verschiedene Möglichkeiten an:
  - Bärenschritte (Fußlängen) auszählen und wählen lassen
  - abzählen bis Gruppenanzahl (alle Einser, Zweier, Dreier... gehen zusammen)
  - Puzzleteile ziehen und zusammensetzen lassen (z.B. Bärenpuzzle aus je 5 Teilen herstellen).
  - Phantasiemerkmale ausrufen z.B. 5 Kinder mit blauen Hosen kommen zu ...

Die so gemischten Gruppen sollen während des Spieles zusammenbleiben.

Überlegungen zum Ablauf:

Um nicht zu drängen und den Spaß am Spiel zu fördern, sollte eine Gesamtzeit (z.B. 70 Min.) festgelegt werden. Wer schneller ist, gewinnt dadurch nicht.
Die Anzahl der Aufgaben kann vorhergesagt werden.
Bei großem Gelände ist eine Wegeskizze mögliche Hilfe.
Es ist sinnvoll, die Gruppen an verschiedenen Stationen beginnen zu lassen, um längere Wartezeiten zu vermeiden.
An den Stationen sind entweder Mithelfer, die die Aufgaben abnehmen oder die Gruppe findet je einen Zettel vor und löst danach die Aufgabe.

Mögliche „bärenstarke" Spielaufgaben:

Die Gruppen erfinden für sich einen Gruppennamen, den sie auf ein Fähnchen oder eine Pappe schreiben / malen und bei sich tragen.

- Die Gruppe sucht und findet unter einem Busch in der Nähe die nächste Wegangabe. (Hier kann geregelt werden, daß die Gruppen an verschiedenen Stationen beginnen.)
- Hier ist ein „Geschmackstest für Bären" (die ja Allesfresser sind) aufgebaut

z.B.	Erdbeermarmelade (mit Deckel)	denken an:
	Johannisbeermarmelade	Augenbinden
	Haselnüsse	Tisch und Stuhl
	Honig	Abdeckmöglichkeiten
	Früchte	Notizblätter
	Büchsenfisch	viele Löffel

- An dieser Station ist „Tannenzapfenweitwurf" geplant.
  Die Gruppe sucht die Zapfen selbst (oder Mitarbeiter hat Bälle bereitgestellt.)
- Im seitlichen Hochsprung sind Baumstämme zu überwinden!
  (Bänke, andere Hindernisse)
- Sollte das Spiel im Haus- oder Kindergartengelände stattfinden, so sind Lauf- und Kletterspiele mit vorhandenen Geräten möglich.
- „Ein Lauf auf weichen Pfoten"
  Ein Kind aus der Gruppe bekommt große Fausthandschuhe und große Pantoffeln. Es läuft damit auf allen Vieren zu einem Baum, den es mit der „Tatze" anschlägt, und wieder zurück.

„Lachsangeln"

Auf der Wiese ist ein Kinderplanschbecken aufgestellt.
Varianten zum „Trockenangeln":
Die Angelschnur ist mit Fleischerhaken versehen (aus Haushaltwarengeschäft)
Die Angelschnur ist mit kleinen Magneten versehen.
Die Fische haben angeheftete Büroklammern /Metallösen. Zum Angeln im gefüllten Wasserbecken ist an der Angel ein Spielzeugeimer befestigt.

- Die Gruppe denkt sich aus, wie sich alle gleichzeitig das Fell abklopfen können und führt das vor.
- Die Gruppe brummt gemeinsam ein Lied.

Luftballons aufpumpen

Dazu liegen Pumpen auf einer Bank. Durch wiederholtes Daraufsetzen können größere Kinder die Ballons aufpumpen. (Auch als Wettspiel!)

„Eisschollentanz" (Gemeinschaftsspiel)

Auf der Wiese oder in der Halle sind Inseln = Eisschollen markiert. Die Kinder der verschiedenen Gruppen sammeln sich auf je einer Eisscholle (als Eisbären). Die Erwachsenen haben eine eigene Scholle. Nun kommt starker Wind auf! (Passende Musik oder Windorchester bilden.)
Die aufgeblasenen Luftballons werden als Wolken in der Luft immer mit den Fingern tippend in der Höhe gehalten, ohne die Schollen zu verlassen. Wer übertritt, scheidet aus und verläßt auf allen Vieren die Gruppe.
Mit „Orkangetöse" der ausgeschiedenen Mitspieler beenden die letzten das Spiel.

- Gummibärenpreise winken für alle.

Es gibt sehr viele Puppen-, Bären- und Spielzeugmuseen in Deutschland. Es wäre zuviel, sie alle aufzuführen. Erkundigen Sie sich nach Einrichtungen in Ihrer Umgebung!
Das Deutsche Puppen-, Bären- und Spielzeugmuseum Loreley, Sonnengasse 8, D-5401 St. Goar am Rhein gab uns die freundliche Empfehlung für das Buch: „Puppen & Spielzeug Museumsführer", 208 S., 29,80 DM, bei Versand zzgl. Porto und Versandkosten, in dem alle Adressen zu finden sind.

Wuschelbär

Irina Korschunow/Reinhard Michl

32 Seiten mit farbigen Bildern.
Lam. Pappb. 22,– DM (Ab 3)

Wenn der braune Wuschelbär und Benjamin morgens ihren Kakao getrunken und ihr Honigbrot gegessen haben, bauen sie sich einen Hubschrauber und fliegen nach Afrika. Zum Löwenfangen. Hinterher liegen sie auf dem Teppich und denken sich Geschichten aus: Wuschelbär und Benjamin in der weiten Welt. Oder sie laufen zum Bach und lassen Papierschiffchen schwimmen. Benjamin ist Wuschelbärs bester Freund. Und Wuschelbär ist Benjamins bester Freund. Bis eines Tages ein kleiner weißer Bär auftaucht und ihre Freundschaft gehörig auf die Probe stellt …

Der kleine Bär

Margret Rettich/Rolf Rettich

28 Seiten mit farbigen Bildern.
Lam. Pappb. 16,80 DM. (Ab 3)
Internationaler Bilderbuchpreis, Ehrenliste

Kleine Bären sind nicht weniger neugierig als kleine Kinder. Sobald die Gelegenheit günstig ist, Mutter und Vater Bär zu entwischen, tapsen sie in die große weite Welt hinaus. Wenn dann nur nichts passiert! In der großen weiten Welt lauern nämlich viele Gefahren. Kleine Bären können vom Wind weggeweht oder von herabstürzenden Bäumen erschlagen werden. Sie können im Fluß ertrinken, verhungern, verdursten oder in den Abgrund stürzen. Und dann können sie natürlich auch noch hinfallen und sich weh tun.

Margret Rettich wurde mit dem Deutschen Jugendliteraturpreis ausgezeichnet.

Geschichte
Der Bärenberg

In dieser Geschichte stellt Max Bolliger drei Bären vor, die zunächst nicht zu unterscheiden sind. Sie gehen einen gemeinsamen Weg und freuen sich auf ihr Ziel, den Gipfel des Berges, den sie vor Augen haben. An einer Wegegabelung beginnen Zweifel und Unsicherheit, die jedoch von den Bären überwunden werden. Sie können sich nicht einigen und entscheiden sich für verschiedene Richtungen. Auf ihren weiteren Wegen haben sie Abenteuer zu bestehen und messen ihre Kräfte mit anderen Tieren, was ihre Bärenkräfte wachsen läßt. Nach bestandenen Gefahren erreichen nacheinander zwei Bären das Ziel. Es mindert ihre Wiedersehensfreude, daß der dritte Bär fehlt. Er hatte, unentschlossen und nicht mutig genug, den Weg nach oben nicht durchgehalten. Symbolisch wird hier ein Teil des Lebensweges eines jeden Menschen für die Kinder verständlich und nachvollziehbar dargestellt.

Die Kinder identifizieren sich mit den Bären. Sie erleben die dramatischen und bewegenden Ereignisse mit.

Sie sollen Mut bekommen, einen eigenen Weg zu gehen und anderen zu helfen, den richtigen Weg zu finden und vor Ungewißheiten nicht zurückzuschrecken.

- Die Geschichte eignet sich von ihrer Länge her und wegen der Interpretationsmöglichkeiten erst für die 5 – 6jährigen der Gruppe.
- Sie sollte in sinnhafter Aufgliederung mit nötigen Pausen vorgetragen und auch in den Wiederholungen gut betont werden.
- Die Kinder überlegen gemeinsam, welche Unsicherheiten und Ängste besonders den dritten Bären bewegen.
- Was bedeuten einzelne Worte, die den Kindern bekannt sind, z.B. Bärenkräfte – die den Kindern evtl. unbekannt sind, z.B. Geröllhalde.
- Beim Einsatz der Geschichte sollte die Erzieherin überlegen, wie ein gedanklicher und situationsorientierter Zusammenhang zum Gruppengeschehen herzustellen ist. Besonders zurückhaltende und nicht entscheidungsfreudige Kinder sollten durch Äußerungen zum Thema Zuspruch erhalten.
- Die Geschichte könnte im Rollenspiel nachvollzogen werden.
- Eine Gestaltung als Schattenspiel ist ebenfalls möglich: Die Landschaftskulisse (Berg, Wege ...) aus Transparentpapier wird auf einem Spielrahmen befestigt (siehe S. 29 [R]). Die fünf vorkommenden Tiere werden als Schattenspielfiguren (aus festem Karton) zur erneut vorgetragenen Geschichte von den Kindern geführt.

Für die Betrachtung des Bilderbuches:

- Die Geschichte erhält durch die farbige Illustration eine trotz der kämpferischen Momente heitere Grundstimmung. Die nur angedeutete Umgebung läßt eigenen Gedanken einen großen Spielraum.
  Das Bilderbuch sollte wiederholt angeschaut werden, da das Geschehen in den Bildern eine eigene Faszination ausübt.
- Das Bilderbuch ist auch geeignet, das Gespräch in einer Elterngruppe anzuregen, die sich Gedanken zum eigenen Führungsstil – zum Führen und Loslassen ihrer Kinder – macht.

Der Bärenberg

Am Fusse eines hohen Berges
standen drei kleine Bären.

Sehnsüchtig schauten sie
zum Gipfel empor,
der im Sonnenlicht strahlte.

„Wie schön muß es da oben sein!"
sagten die drei kleinen Bären zueinander.
„Wir wollen versuchen
hinaufzuklettern."

Also machten sie sich auf den Weg.
Unterwegs erzählten sie sich Geschichten,
sangen Bärenlieder
und träumten von der Aussicht,
die vom Gipfel des Berges auf sie wartete.

Als sie eine Zeit lang gegangen waren,
kamen sie zu einer Wegkreuzung.
Ein Pfad führte nach rechts,
der andere nach links.

„Das muß der richtige sein",
sagte der erste kleine Bär
und schaute nach links.
„Nein", sagte der zweite kleine Bär
und schaute nach rechts,
„dieser hier führt schneller zum Ziel."

Der dritte kleine Bär aber
konnte sich weder für den linken
noch für den rechten Weg entscheiden.
Einmal gab er dem ersten,
dann wieder dem zweiten kleinen Bären recht.

Sie fingen an zu streiten.
„Wir müssen uns trennen",
sagte der erste kleine Bär.
„Ja", sagte auch der zweite,
„es ist besser,
wenn jeder seinen eigenen Weg geht."

Sie verabschiedeten sich.
Der erste kleine Bär wanderte nach links,
der zweite kleine Bär wanderte nach rechts.

Der erste kleine Bär zog tüchtig aus.
Er war nicht mehr so vergnügt wie vorher,
doch er freute sich
über die Blumen und Bäume am Wegrand.

Der Bärenberg

„Warte auf mich!“
hörte er plötzlich jemanden rufen.
Es war der dritte kleine Bär,
der ihn einzuholen versuchte.
Aber es gelang ihm nicht,
weil er immer wieder stehen blieb
und rückwärts schaute.

Der Weg wurde steiler und steiler.
Der erste kleine Bär
wischte sich den Schweiß von der Stirn.
Er gab nicht auf,
und der Gipfel
rückte mit jedem Schritt näher.
Der Weg führte ihn
durch einen dunklen Wald,
über eine Geröllhalde
und auf einen Steg
über einen Abgrund.

Auf der anderen Seite des Abgrundes
versperrte ihm ein Wolf den Weg.
Er fletschte mit den Zähnen
und fragte:
„Was willst du hier?“
„Ich will auf den Gipfel!“
antwortete der erste kleine Bär.
„Auf den Gipfel!“
höhnte der Wolf.
„Nur wenn du stärker bist als ich!“

Der erste kleine Bär
fürchtete sich vor dem Wolf.
Aber er dachte:
Ich bin nahe am Ziel.
Eher will ich mich dem Wolf stellen,
als wieder umkehren.
Also sagte er zum Wolf:
„Laß uns zusammen kämpfen“

Je länger der erste kleine Bär
mit dem Wolf kämpfte,
umso mehr spürte er in sich
seine Bärenkräfte wachsen.
Und er gab nicht nach,
bis der Wolf auf dem Rücken lag.
„Du hast mich besiegt“, sagte der Wolf
und gab dem ersten kleinen Bär
den Weg zum Gipfel frei.

Der Bärenberg

Der dritte kleine Bär
hatte den Wolf von weitem erblickt.
Er kehrte um
und lief so schnell er konnte
zur Wegkreuzung zurück.

Auch der zweite kleine Bär
zog tüchtig aus.
Er war nicht mehr so vergnügt wie vorher,
doch er freute sich
über die Blumen und Bäume am Wegrand.

„Warte auf mich!"
hörte er plötzlich jemanden rufen.
Es war der dritte kleine Bär,
der ihn einzuholen versuchte.
Aber es gelang ihm nicht,
weil er immer wieder stehen blieb
und rückwärts schaute.

Der Weg wurde steiler und steiler.
Der zweite kleine Bär
wischte sich den Schweiß von der Stirn.
Er gab nicht auf,
und der Gipfel
rückte mit jedem Schritt näher.

Der Weg führte ihn
durch einen dunklen Wald,
über eine Geröllhalde
und auf einen Steg
über einen Abgrund.

Auf der anderen Seite des Abgrundes
versperrte ihm ein Tiger den Weg.
Er fletschte mit den Zähnen
und fragte:
„Was willst du hier?"
„Ich will auf den Gipfel!"
antwortete der zweite kleine Bär.
„Auf den Gipfel!"
höhnte der Tiger.
„Nur wenn du stärker bist als ich!"

Der Bärenberg

Der zweite kleine Bär
fürchtete sich vor dem Tiger.
Aber er dachte:
Ich bin nahe am Ziel.
Eher will ich mich dem Tiger stellen,
als wieder umkehren.
Also sagte er zum Tiger:
„Laß uns zusammen kämpfen“

Je länger der zweite kleine Bär
mit dem Tiger kämpfte,
umso mehr spürte er in sich
seine Bärenkräfte wachsen.
Und er gab nicht nach,
bis der Tiger auf dem Rücken lag.
„Du hast mich besiegt“, sagte der Tiger
und gab dem zweiten kleinen Bär
den Weg zum Gipfel frei.

Der dritte kleine Bär
hatte den Tiger von weitem erblickt.
Er kehrte um
und lief so schnell er konnte
nach Hause zurück.
Darum wußte er auch nicht,
daß der erste und der zweite kleine Bär
den Wolf und den Tiger besiegt hatten,
und daß der linke und der rechte Weg
auf dem Gipfel zusammenführten.

Der erste und zweite kleine Bär
waren glücklich einander wiederzusehen.
Sie umarmten sich,
und dann staunten sie über die Aussicht,
die schöner und weiter war,
als sie es sich erträumt hatten.

„Wie schade, daß der dritte kleine Bär
nicht bei uns ist“,
sagten sie.
„Aber wir wollen ihm davon erzählen.
Wir müssen ihm helfen
seinen eigenen Weg zu gehen
und sich weder vor Wölfen
noch Tigern zu fürchten.“

aus: M. Bolliger, J. Wilkon,
Der Bärenberg, bohem press, Zürich 1982

Eine Umsetzung in ein Schattenspiel kann erfolgen, wenn die Kinder schon mit der Bilderbuchhandlung vertraut gemacht wurden.
Dazu ist eine mit weißem Stoff bespannte Schattenwand notwendig, die gut befestigt werden sollte. Die als Kulisse dienende Berglandschaft kann von den Kindern mit Papier ausgestaltet werden. Bären, Wolf und Tiger sollten in geeignetem Größenverhältnis aus schwarzem Fotokarton angefertigt werden. Die Figuren können von den Kindern zur vorgelesenen Geschichte geführt werden.

Verklanglichung: Besuch im Bärenhaus

Norbert Merkens

Die Geschichte „Besuch im Bärenhaus" erzählt eine Reihe von Begebenheiten, die sich zum Verklanglichen anbieten, vor allem die Szenen, in denen Geräusche und Bewegungen beschrieben werden. Wie eine Szene in Klang umgesetzt werden soll, ist Ansichtssache. So sollte auch der folgende Vorschlag, der Ergebnisse mehrerer Erarbeitungen zusammenfaßt, nicht „wörtlich" genommen werden. Das eigentliche Anliegen solcher Beispiele ist nicht das fertige Ergebnis, sondern die Ermutigung, selbst ausprobierend und erfindend mit Musik beschäftigt zu sein. Manche der folgenden Vorschläge können getrost weggelassen werden, müssen es vielleicht sogar. Wählen Sie das aus, was nach Ihrer Meinung machbar ist, oder noch besser, ändern Sie dieses und jenes so um, daß es machbar wird!

In der Beschreibung verwendete Abkürzungen:

S – Sopran
A – Alt
G – Glockenspiel
M – Metallofon
X – Xylofon
B – (hängende) Becken
C – Cymbeln
FC – Fingercymbeln (Cinellen)
R – Rassel, Schüttelrohr
T – Triangel
P – Pauke
HT – Handtrommel
HBT – Holzblocktrommel
KS – Klangstäbe (Claves)
Gu – Guiros („Gurke"), ein gurkenförmiges Instrument mit Rillen zur Erzeugung von Schrappgeräuschen

Die Geschichte wird eingeleitet mit einer Melodie (auf dem AG oder SM), die das Mädchen symbolisiert.

AG (SM)

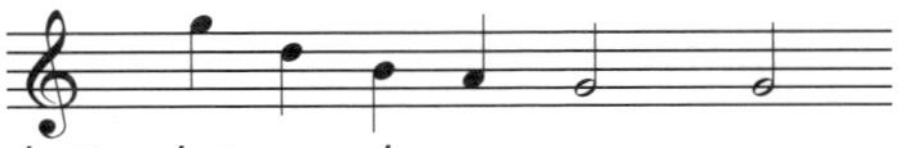

Es können als Begleitung dazutreten

Ein kleines ***Mädchen***

AM

T

ging von zu Hause fort, verlief sich im Wald und fing an, den ***Heimweg*** zu ***suchen.*** Weil es aber noch sehr klein war, konnte es den Weg nicht finden. Es kam an ein Häuschen. Die Tür stand offen, das Mädchen sah hinein:
Niemand war drin.

Geräusche des Waldes vermitteln den Eindruck des Alleinseins:

KS

B

(mit Stiel am Rand entlangstreichen)

R

Gu

(langsam und leise über die Rillen streifen)

Da ***ging*** das Mädchen ***in das kleine Haus.***

HT *mit Fingernägeln über das Fell streichen*

HBT *(Gummikopfschlägel)*

Das Haus gehörte drei Bären, aber das wußte das Mädchen nicht. Ein Bär war der ***Vaterbär,*** er hieß Michael. Er war sehr groß und hatte ein Zottelfell.

Der zweite Bär war die ***Bärenmutter.*** Sie war ein wenig kleiner und hieß Anastasia.
Der dritte Bär war ein ***Bärenjunge,*** und er hieß Klein-Mischa.
Die drei Bären gingen im Bärenwald ***spazieren.***

auf drei unterschiedlich gestimmten Fellinstrumenten (z.B. ***3 HT****) eine rhythmische Figur spielen:*

Text als Hilfe zum Einüben: „Brummbär Michael"

zunächst je einzeln, bei „spazieren" zusammen.

Verklanglichung: Besuch im Bärenhaus

Norbert Merkens

Im Häuschen gab es nur zwei Zimmer. Eins war die Wohnküche, das andere war das Schlafzimmer.

Das Mädchen ging in die Wohnküche und sah auf dem Tisch ***drei Teller*** mit Brühe. Der erste Teller war riesengroß und war für Michael. Der zweite Teller war etwas kleiner und war für Anastasia. Der dritte Teller war ein blaues Tellerchen und war für klein Mischa.

*3 echte (verschieden große) Teller, auf ringförmige Unterlagen gestellt (z.B. leere Tesarollen), mit Schlägel anschlagen, (statt Teller) auch **3 B** nahe der Schlaufe anschlagen)*

Neben jedem Teller lag ein ***Löffel:*** ein großer, ein mittlerer und ein kleiner. Das Mädchen nahm zuerst den großen Löffel und löffelte aus dem großen Teller. Dann nahm es den mittleren Löffel und löffelte aus dem mittleren Teller. Zuletzt nahm es den kleinen Löffel und ***löffelte*** das blaue Tellerchen ***leer,*** und die Klein-Mischa-Brühe schmeckte ihm am allerbesten.

SX *jeweils zwei benachbarte Töne mit Holzkopfschlägel auf drei verschiedenen Höhen anschlagen, z.B.*

SG *in kurzen Gleitklängen abwärts steigend:*

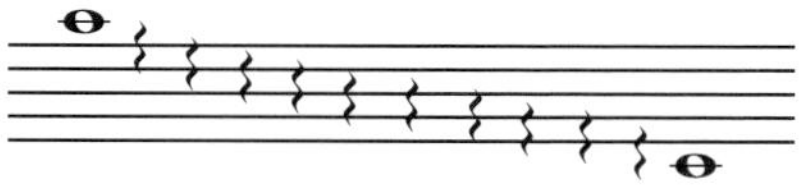

Am Tisch standen drei Stühle: ein großer, der war für Michael, ein etwas kleinerer, der war für Anastasia, und ein kleiner Stuhl mit einem blauen Kissen, der war für Klein-Mischa.

Das Mädchen wollte ***auf den großen Stuhl klettern,*** fiel aber herunter. Es ***kletterte auf den mittleren Stuhl,*** fühlte sich aber auf ihm nicht sicher und kletterte wieder herunter. Zuletzt ***kletterte*** das Mädchen ***auf den Mischa-Stuhl.*** Auf ihm saß es sich wunderbar.

AX *(Holzschlägel) langsam und zögernd 5 Töne aufwärts und im raschen Gleitklang abwärts;*
auf etwas höherem Ton beginnend 5 – 6 Töne zögernd aufwärts, ebenso abwärts;
– *etwa auf **c** beginnend, ganz hinauf.*

Das Mädchen fing an, auf dem Klein-Mischa-Stuhl zu ***schaukeln.***

oben auf 3 – 4 Tönen hin- und hergleiten

Der kleine Stuhl ***fiel um,*** ein Stuhlbein ***brach,*** und das Mädchen ***purzelte*** auf den Boden. Stand aber wieder auf, stellte den kleinen Stuhl mit den drei Beinen an den Tisch und ***ging*** ins andere Zimmer.

1 Schlag auf Fellinstru. (+ Schellentrommel)

Gu *kurzer Ratsch* 

AX 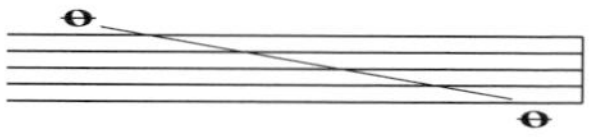  *(mit Schellen **T**)*

Dort standen ***drei Betten.*** Das erste, das große, war für Michael, den Bärenvater. Das zweite, mittlere, war für Anastasia, die Bärenmutter. Das dritte, kleine, war für Klein-Mischa. Das Mädchen legte sich ins große Bett und hatte zu viel Platz darin. Da legte es sich in das mittlere Bett, auch das war noch zu groß. Zuletzt legte sich das Mädchen in das Klein-Mischa-Bett, und in dem lag es sich so gut, daß das Mädchen sofort einschlief.

Mädchenmotiv

= **3 B** + **Gu** *(leiser Schlag auf Beckenrand*
oder **3P** + **Gu** *dazu sehr langsam gleiten auf* ***Gu)***

Die drei Bären kamen heim vom Waldspaziergang, hatten einen Bärenhunger und wollten zu Mittag essen.

Bärenmotiv

Verklanglichung: Besuch im Bärenhaus

Norbert Merkens

Der Bärenvater nahm seinen Teller, sah ihn siebenmal an und **brüllte fürchterlich:** „Wer hat von meinem Teller gelöffelt?“ Die Bärenmutter nahm ihren Teller, schaute ihn dreimal an und brüllte nicht ganz so fürchterlich: „Wer hat von meinem Teller gelöffelt?“

Und Mischa sah nur einmal auf seinen leeren Teller und **jammerte** mit einer Stimme, **dünner als ein Faden:** „Wer hat von meinem Tellerchen gelöffelt und alles aufgegessen?“

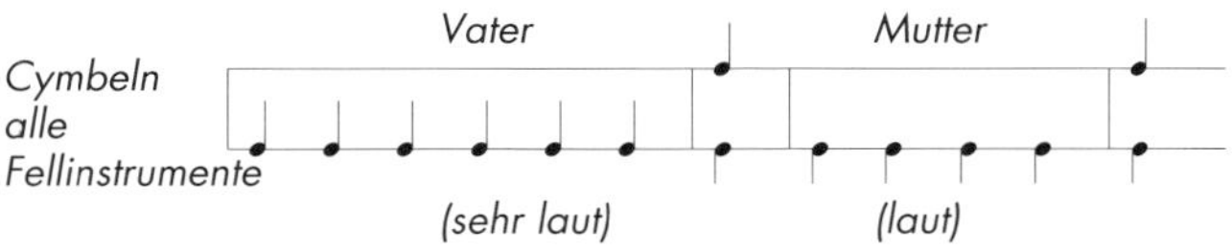

Text als Hilfe zum Einüben:
„Bä-ren-va-ter brüllt sehr laut“
„Bä-ren-mut-ter auch“

FC *wie hängende Becken halten und aneinanderschlagen)*
oder Tremolo auf **SG** 

Der **Bärenvater** sah seinen Stuhl genau an und **brüllte** laut: „Wer hat auf meinem Stuhl gesessen und ihn von seinem Platz gerückt?“

Die **Bärenmutter** sah ihren Stuhl an und **brüllte** nicht ganz so laut: „Wer hat auf meinem Stuhl gesessen und ihn von seinem Platz gerückt?“

Und Mischa sah sofort, daß sein Stühlchen nur noch drei Beine hatte, und schrie mit einer **Stimme, dünner als ein Faden:** „Wer hat auf meinem Stühlchen geschaukelt und es umgeworfen?“

Die drei Bären **gingen in das andere Zimmer.**

„Wer hat in meinem Bett gelegen und es zerwühlt?“ brüllte der Bärenvater schrecklich laut.

„Wer hat in meinem Bett gelegen und es zerwühlt?“ brüllte die Bärenmutter nicht ganz so schrecklich laut.

Und Klein-Mischa stellte einen Schemel an sein Bett, **kletterte hinauf,** sah das Mädchen in seinem Bett und **schrie,** so laut er konnte: „Da ist sie! Haltet sie! Da ist sie!“

SX 

Tremolo mit Teelöffel auf **SG** + **SM,** + **T**

Da **wurde das Mädchen wach,** sah die drei Bären, **lief ans Fenster,** und zum Glück war's offen. Der Bärenvater und die Bärenmutter standen wie angewurzelt da, so groß war die Überraschung. Das Mädchen aber sprang aus dem Fenster und **lief und lief,** bis es **zu Hause** war.

Tremolo auf **T**
AX *(mehrere Kinder)*

 *bis: „zu Hause war“*

 *alle Fellinstrumente*

Und die drei Bären **erwischten es nicht.**

1 Schlag auf großes **B,** *und in den Nachklang hinein das Mädchenmotiv.*

Geschichte aus:
H. Baumann, Drei Bären im Bärenhaus, Georg Bitter Verlag, Recklinghausen 1977

Bruder Bär und Schwester Bär

Das Buch von Hanna Muschg-Johansen eignet sich zum Vorlesen für einzelne Kinder oder kleine Gruppen, die auch intensiv die vergnüglichen und zum Teil geheimnisvollen Zeichnungen betrachten können.

Es werden darin Bruder und Schwester Bär vorgestellt, die bei ihrer Mutter in einer Höhle aufwachsen und diese noch nicht verlassen haben. Als die Bärin im Frühjahr auf Nahrungssuche geht, werden sie neugierig und unternehmen gemeinsam schließlich drei Erkundungsgänge, auf denen sie viel Spiel und Spaß erleben, aber auch Gefahren mit mehr oder weniger Erfolg bestehen.

Die Erzählweise bleibt immer ermunternd, und am Ende verlassen die Bären ganz selbstverständlich ihre Mutter, als sie auf eigenen Tatzen stehen können.

In der Erzählung ist die kindliche Denkweise auf die Bären übertragen, indem die Bären als handelnde Personen vorgestellt werden. Dies ermöglicht den Kindern eine Identifikation. Der Inhalt stellt ausschließlich die Lebensweise der Tiere dar. So wird in kindgemäßer Erzählweise eine Brücke geschlagen zu Sachinformationen über diese Tiere.

Hier ist der Beginn des Buches abgedruckt bis zu der Stelle, an der die Bärenkinder auf Entdeckungen gehen.

Weiterführungsmöglichkeiten:

- Erzählen von zu Hause, davon, was die Kinder dort gern spielen.
- Austausch über das Zusammenleben mit den Geschwistern.
- Ausdenken, welche Entdeckungen die Bären im Wald machen können; was sie alles lernen müssen.
- Die Aktivitäten der Bärenkinder in freien Rollenspielen umsetzen.

Seite 113 zeigt die Rückkehr der Bären und ihren Abschied von der Mutter. Besonders mit den älteren Kindern könnten die Gefühle angesprochen werden, die bei der Betrachtung des letzten Bildes entstehen.

Bruder Bär und Schwester Bär

Es waren einmal zwei Bären,
die waren noch klein,

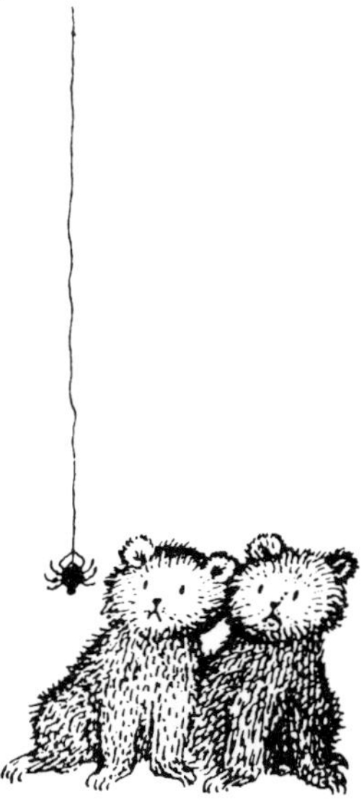

aber sie hatten schon einen dicken Pelz
wie große Bären.

Bruder Bär und Schwester Bär

Tag und Nacht lebten sie
in einer Höhle.
Meisten schliefen sie.
Und wenn sie nicht schliefen,
dann kletterten sie
auf ihrer Bärenmutter herum.
Am liebsten aber spielten sie Ringkampf.
Eine lange Zeit hatte Mutter Bär
so mit ihnen gelebt,
sie mit ihrem Bauch gewärmt
und mit ihrer Milch gefüttert.
Doch Mutter Bär
hatte nie etwas gegessen.
Die Zeit war jetzt vorbei.

Mutter Bär sagte: „Ich bin dünn geworden
nach all den Monaten.
Ich will hinaus in den Wald und essen.
Und ihr bleibt hier
und versteckt euch gut."

Mutter Bär ging zum Höhleneingang
und bog mit ihren starken Pfoten
die Zweige beiseite,
damit sie hinaus konnte.

„Was? Hinaus in den Wald?"
sagte Schwester Bär.
Der kleine Bär sagte: „Essen?
Das kann doch nicht wahr sein."
Er gab seiner Mutter einen Stoß,
daß sie über den Boden kugelte.
„Jetzt wohnen wir
schon so lange hier in der Höhle,
und die Mutter
hat noch nie etwas gegessen.

Was ist auf einmal los mit ihr?"

Bruder Bär und Schwester Bär

„Vielleicht hat sie Hunger“,
sagte Schwester Bär.
„Wozu?“ sagte der kleine Bär.
„Sie ist doch schon groß.“
„Du hast recht.
Sie muß nicht mehr wachsen“,
sagte Schwester Bär.
„Es ist komisch,
daß sie auf einmal Hunger hat.“
Und dann gab sie ihrem Bruder
einen Stoß in die Rippen,
daß er durch die Höhle flog.
„He“, brummte der kleine Bär
und sprang seiner Schwester

von hinten auf den Rücken.
Und schon war
ein wilder Bärenringkampf im Gange.
„Du“, sagte Schwester Bär,
als sie gerade ihren Bruder
gegen die Wand gerollt hatte,
„wir wollen mal sehen,
wohin die Mutter gegangen ist.“

Wie der Blitz
sind die kleinen Bären
über all die Äste und Zweige,
die im Höhleneingang lagen,
geklettert und gehüpft und gestolpert.

Dann sahen sie
den hellen grünen Wald.
„Ach du Schreck“,
sagten die kleinen Bären.
„Das soll wohl der Wald sein.“
Und dann sagten sie: „Ob es da
draußen wirklich was zu essen gibt?“
Das konnten sie sich nicht vorstellen,
weil sie noch nie etwas anderes
als die Milch von Mutter Bär
getrunken hatten.
„Wir wollen mal sehen,
was es draußen gibt“;
sagten die kleinen Bären.

„Oder nicht?“
„Oder doch?“

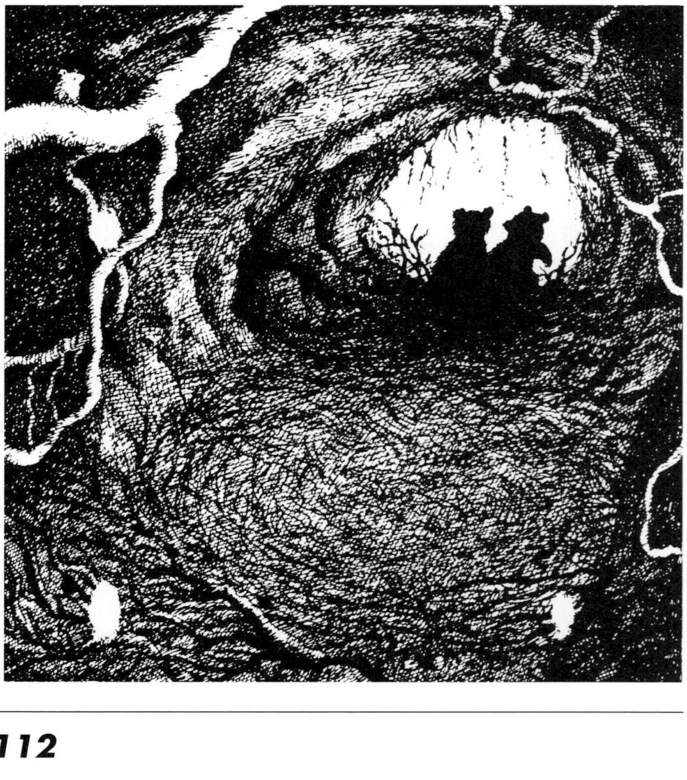

Bruder Bär und Schwester Bär

Nach kleinen Ausflügen und vielen Erlebnissen im Wald kommen Bruder Bär und Schwester Bär zu der Erkenntnis, daß sie groß und stark sind und alles können, was ein Bär können muß. Z.B. Fische fangen und wissen, wann es gefährlich ist. Noch einmal gehen sie zurück zu ihrer Mutter:

Sie gingen weiter,
bis sie bei der Waldlichtung
vor ihrer Höhle angekommen waren.
Dort stand die Mutter und scheuerte
ihren Rücken an einem Baum.
„Na", sagte die Bärin freundlich.
„Da sind wir", sagten die jungen Bären.
Und sie legten sich schlafen,
aber nicht in der Höhle wie früher,
als sie noch klein waren,
sondern unter einem umgestürzten Baum
in der Nähe.
Dort schliefen sie den ganzen Tag.
Erst am Abend standen sie wieder auf.

Schwester Bär sagte:
„Wir sind jetzt groß."
„Ja", sagte die Bärin.
Und Bruder Bär sagte:
„Ich will fortgehen und mir selber
ein Stück Wald suchen."
Schwester Bär sagte:
„Ich auch. Und ich weiß schon, wo."

„Das ist gut", sagte Mutter Bär.

Und dann gingen
die jungen Bären davon,
um sich ihren eigenen Platz zu suchen,
jeder ein großes Stück Wald
für sich allein.

aus: H. Muschg-Johansen, Bruder Bär und Schwester Bär, Benziger Edition im Arena Verlag, Würzburg 1991

Sachinformationen: Bären

Maria Alferding

Die Großbären, die hauptsächlich auf der nördlichen Erdhalbkugel zu finden waren und noch zu finden sind, haben auf die Völker dieser Gebiete einen tiefen Eindruck hinterlassen. Die vielen Namen, die man ihnen gegeben hat (Petz, Ephraim, Bamse, Nalle, Michael, Iwanowitsch), die Städte und Ortschaften, die nach ihnen benannt wurden (z.B. Bern), die Bären als Wappentiere (Berliner Wappen, Berner Wappen) und das häufige Vorkommen dieser Tiere in Sagen, Fabeln und Märchen, weisen auf seine große Volkstümlichkeit hin. Schon in der Altsteinzeit gab es, wie Funde zeigen, ausgedehnte Bärenkulte.

Die ***Großbären*** gehören zu den größten Säugetieren der Erde. Trotz ihres plump erscheinenden Körperbaus sind sie sehr beweglich und schnelle und geschickte Kletterer und Schwimmer. Ihre Kraft ist sprichwörtlich. Ein Bär kann eine Kuh mit einem Tatzenschlag töten oder ihr durch Umarmen die Rippen brechen. Die verschiedenen Gattungen innerhalb der Familie der Großbären unterscheiden sich nur durch kleine Abweichungen. Allen gemeinsam sind der schwere Körperbau, die plumpen Gliedmaßen, der winzige Schwanz und die kleinen Ohren.
Die Bären sind Allesfresser. Sie ernähren sich von Pflanzen, Wurzeln, Obst und Beeren, von Insekten, Schnecken, Würmern, und nur ausnahmsweise töten sie größere Tiere. Daß sie Honig lieben ist allgemein bekannt. Im Winter ziehen sich die Bären in ein mit Heu, Laub und Moos ausgepolstertes Versteck zurück und halten dort Winterruhe, d.h. sie verfallen bei unverändert bleibenden Körperfunktionen in eine Art Halbschlaf, den sie von Zeit zu Zeit unterbrechen. Sie ernähren sich in dieser Zeit von dem Fett, das sie während des Sommers im Körper gespeichert haben. In diesem Winterlager bringt die Bärin 2 oder 3 Junge zur Welt, die blind und mit einem Geburtsgewicht von ungefähr 500 g geboren werden. Sie werden 1½ Jahre von der Mutter gesäugt. In freier Natur erreichen die Bären ein Alter von 20-30 Jahren. Im allgemeinen ist der Bär kein Feind des Menschen. Er greift nur an, wenn er angeschossen wird oder in seinem Winterlager gestört wird. Sonst ergreift er meistens die Flucht vor dem Menschen.

Der ***europäische Braunbar*** kommt in Schweden, Finnland, Osteuropa, Nord- und Mittelasien vor.

Der ***Alaska- oder Kodiakbär*** (eine Unterart des Braunbären), der nach der vor Alaska liegenden Insel Kodaik benannt wurde, kann bis zu 3 m lang werden und ist das größte heute lebende Landraubtier der Erde.

Der ***Graubär oder Grizzly*** (eine Unterart des Braunbären) ist in Nordamerika, Alaska und Kanada zu Hause. Er ist größer und stärker als der Braunbär, während der nordamerikanische ***Schwarzbär,*** eine Art davon ist der ***Baribal*** (verbreitet von Kanada bis Mexiko), kleiner, aber dafür wesentlich beweglicher ist.

Der ***Eisbär,*** der auf den treibeisbedeckten Meeren der nördlichen Erdhalbkugel zu finden ist, ist der einzige fast ausschließlich fleischfressende Bär.

Sachinformationen: Bären

Maria Alferding

Der wohl bekannteste Vertreter der Familie der ***Kleinbären,*** die teils an Marder und teils an Bären erinnern, ist der ***Waschbär.***
Seine Heimat ist Nordamerika. Seit ungefähr 50 Jahren kommt er auch in unseren Wäldern vor. Da er meistens den Tag verschläft, bekommen wir ihn so gut wie nie zu Gesicht. Der Waschbär hat die Gewohnheit, seine Nahrung vor dem Fressen ins Wasser zu tauchen und zwischen den Vorderpfoten zu reiben. Die Menschen deuteten diese Bewegung als „Waschen", und danach haben die Waschbären auch ihren Namen erhalten.

Der ***Kleine Panda oder Katzenbär,*** früher zur Familie der Kleinbären gehörend, lebt im Gebirgsland vom Himalaya, zwischen Nepal und den Schneebergen. Er nimmt eine Mittelstellung zwischen Katze und Waschbär ein und hat ungefähr die Größe eines starken Hauskaters.

Der ***Große Panda oder Bambusbär,*** der zum Wappentier des Welttierschutzbundes geworden ist und in der Volksrepublik China als Nationalheiligtum gilt, ist wie kaum ein anderes Säugetier an eine bestimmte Pflanzengattung als Nahrung angepaßt, den Baumbus. Er lebt in den hohen Gebirgen Chinas, und erst in den letzten Jahren ist es Forschern gelungen, seine Lebensweise und seine Lebensgewohnheiten zu beobachten. Vieles ist noch unbekannt.
Der Große Panda, ein vom Aussterben bedrohtes Tier, das von der chinesischen Regierung unter völligen Naturschutz gestellt wurde, ist ein auf der ganzen Welt beliebtes Tier – vielleicht weil er wie ein freundliches Stofftier aussieht. Über die Krankheit und den Tod des Pandaweibchens im Berliner Zoo wurde im Februar sehr ausführlich in den Medien berichtet.

Informationen über die internationale Naturschutz-Organisation WWF (World Wildlilfe Fund) erhalten Sie von:
Umweltstiftung WWF-Deutschland,
Sophienstraße 44,
6000 Frankfurt am Main 90.

RETTET NATUR
WWF

Ausführliche Informationen über Groß- und Kleinbären können Sie nachlesen in Grzimeks Tierleben, Säugetiere 3, Seite 90 bis 143, Kindler Verlag, Zürich.

Braunbären (Kodiakbären) Junge am Wasser

Archivbild Zoo Wuppertal

Ein vorbereiteter Zoobesuch

Tiere, die nur noch selten vorkommen oder nicht mehr in unserer Umwelt leben können, lernen Kinder ausschließlich im Zoo oder Wildpark direkt kennen. Auch Bären kommen bei uns nicht mehr frei lebend vor. Manche Tierarten wären schon ausgestorben, wenn sie nicht in zoologischen Gärten gezüchtet würden.

Wenn ein Zoo in erreichbarer Nähe ist, besteht damit eine gute Möglichkeit, Tiere durch eigene Beobachtung zu erleben. In dieser Altersgruppe wäre es allerdings eine Überforderung, alle Tiere ansehen zu wollen. Eine Beschränkung auf einige Tiere, die besonders interessieren und deren Gehege an günstigen Stellen in der Anlage liegen (Plan vorher ansehen!), ist angebracht.

Zur Vorbereitung des Zoobesuches könnte mit den Kindern zusammengetragen werden, was sie über die Tiere oder eine bestimmte Tierart wissen möchten. Verstärkt werden kann das Interesse der Kinder auch dadurch, daß sie einmal an einem Gehege einem Angestellten des Zoos aufkommende Fragen stellen dürfen.

Fragen zu den Braunbären im Wuppertaler Zoo

Hier sind Fragen zusammengestellt, die von Wuppertaler Kindern gesammelt wurden. Dr. Schürer hat sie im Wuppertaler Zoo beantwortet.

Wieviele Braunbären gibt es hier im Zoo?	Hier sind 2 Bären, ein männlicher und ein weiblicher Bär. Es sind Kodiakbären, die größten Braunbären, die es gibt.
Wie alt können Bären denn werden?	Sie können über 30 bis zu 40 Jahre alt werden.
Wie heißen die Bären?	Die Bären haben keine Namen. Sie würden nicht darauf hören und sich nicht bei ihren Namen rufen lassen, da sie nicht zahm sind. Sie sind auch nur schwer voneinander zu unterscheiden.
Wo wohnen die Bären im Zoo?	Sie haben ihr Haus – das sind im Winter geheizte und mit Stroh ausgelegte Räume – und ihre große Freianlage. Dort draußen ist viel Platz für sie. Es gibt auch noch eine Wochenstube, das ist ein Raum, in dem die Bären den Winter über bleiben, wenn sie Junge bekommen.
Wieviele Junge bekommt eine Bärin?	Eine Bärin bekommt bis zu 4 Junge, meistens sind es 2 oder 3. Das Besondere bei den Bären ist, daß sie immer zur gleichen Zeit Junge haben und zwar zur Jahreswende. Im letzten Jahr gab es keine Jungen hier im Zoo.
Wie groß sind die Bärenbabies?	Ein kleiner Bär ist bei der Geburt etwa so groß wie ein Meerschweinchen.
Wie sorgt die Bärin für sie?	Die Bärin säugt ihre Jungen solange, bis sie so groß sind wie mittelgroße Hunde, z.B. Boxer. Sie bleibt bis zum Frühjahr mit ihren Jungen drinnen, bis diese dann laufen können. Sie selbst frißt in der ganzen Zeit nichts.
Was fressen Bären denn und wieviel fressen sie?	Bären sind Allesfresser – sie fressen Pflanzen und Tiere. Hier im Zoo werden sie mit Fleisch, Fisch, Obst, Gemüse und Brot gefüttert. Es ist unterschiedlich, wieviel die Bären fressen. Je nach Hunger eines Bären kann seine große Portion aus (2-3 Kilo) Fleisch, einem großen Brot und einigen Äpfeln und Mohrrüben bestehen. Im Herbst haben die Bären besonders viel Hunger. Sie fressen dann soviel, daß sie bis zum Winter rund sind und dann von ihrem Fett zehren können.
Was tun die Bären im Winter?	Sie verstecken sich in ihrer Erdhöhle und halten Winterruhe. Hier im Zoo haben sie keine Erdhöhle, sondern ihr Haus, in dem sie schlafen oder vor sich hin dösen. Sie kommen fast nie heraus. Alle 2 Jahre im Winter bekommt die Bärin Junge.

Ein vorbereiteter Zoobesuch

Was tun die Bären, wenn kein Winter ist, tagsüber und in der Nacht?	Bären schlafen sehr viel. Sie schlafen bestimmt die Hälfte des Tages. Sie haben keine festen Zeiten. Manchmal laufen sie auch nachts herum. Häufig graben sie im Boden, sie baden und beschäftigen sich auch miteinander.
Können Bärenkinder auch spielen?	Ja sicher! Sie spielen mit den alten Bären und auch die jungen Bären spielen miteinander. Dabei klettern sie schon einmal übereinander her und schubsen sich auch wieder herunter. Sie spielen mit Stöcken und auch mit dem Futter.
Hört man die Bären manchmal brummen?	Ja, sie können sehr laut brummen, wenn ihnen etwas nicht paßt. Zum Beispiel vertragen sie sich dann nicht miteinander. Es kommt auch vor, daß sie miteinander kämpfen. Sie stellen sich dann auch auf die Hinterbeine, ohrfeigen, beißen und kneifen sich.
Was können Bären lernen?	Die Bären lernen hier im Zoo sich zurechtzufinden. Sie wissen, wo ihr Haus ist, wann sie gefüttert werden. Sie wissen, wo sie hinausgehen können und dürfen den Tierpfleger nicht schlagen. Sie kennen ihre Tierpfleger.
Lernen Bären im Zoo Kunststücke?	Nein, die Bären sollen hier soweit wie möglich so leben, wie es für sie richtig ist. Wenn Menschen ihnen Kunststücke beibringen wollen, müssen sie sie erst sehr schlecht behandeln, um sie mit Gewalt zu zähmen, z.B. ihnen Nasenringe anlegen.
Es gibt doch Bärenführer, die Bären tanzen lassen?	Ich finde es ärgerlich, daß es so etwas wie Bärenführer heute noch gibt. Sie lassen sie tanzen, während sie sie an einem Nasenring führen. Auch Bären im Zirkus werden unschön behandelt.
Die Bären sehen von weitem so kuschelig aus. Sind sie denn gefährlich?	Die Bären sind nicht gezähmt und können daher gefährlich werden. Es darf niemand an sie herankommen.
Was hat ein Tierpfleger zu tun?	Der Tierpfleger bringt ihnen das Futter und macht auch die Ställe sauber. Er beobachtet auch, ob die Bären gesund sind.
Woran sieht, ob ein Bär krank ist?	Bei den Bären, wie auch bei anderen Tieren, kann er eine Krankheit daran erkennen, daß ein Tier nicht mehr frißt. Wenn ein Bär erkältet ist, sieht er es an Nase und Augen; auch an Husten oder Durchfall kann er eine Erkrankung erkennen. Aber die Bären sind sehr selten krank! Sie sind eben bärengesund.
Warum gibt es im Wald keine Bären mehr?	Sie sind schon vor vielen Jahren umgebracht worden. Jetzt ist es nicht mehr möglich, sie hier anzusiedeln. Es gibt zu viele Menschen, zu viele Autos und Straßen. Sie könnten nicht mehr ungestört leben. Wir Menschen haben Angst vor ihnen. Sie würden in unserem bewirtschafteten Wald, in dem es so viele Fichten gibt, verhungern.
Wie sieht ein Wald aus, in dem Bären leben können?	Bären können in Wäldern leben, in denen sie nicht gestört werden und in denen sie genügend zu fressen finden. Das ist heute nur in Berggegenden der Fall, in denen es noch Urwald gibt. Die nächsten freilebenden Bären gibt es in den italienischen Alpen, in den Karpaten und in den Pyrenäen (an der Grenze von Frankreich und Spanien).
Woher kommen diese Bären hier?	Diese Bären sind im Zoo von Rostock geboren. Sie stammen von Bären ab, die aus Alaska kamen, von der Insel Kodiak.

Der Eisbär

Der Eisbär weckt bei einem Zoobesuch durch seine Größe und sein Verhalten besonders das Interesse der Kinder. Deshalb soll er für die Erzieher/in genauer vorgestellt werden. Der folgende Informationstext wurde freundlicherweise von der Zooschule Wuppertal zur Verfügung gestellt.

Der Eisbär ist das Charaktertier des Lebensraumes Arktis. Allein durchstreift er die Eisregion rund um den Nordpol. Nur zur Paarungszeit finden sich Männchen und Weibchen kurz zusammen; Gruppen werden gewöhnlich nur von einem Weibchen und ihren letzten Jungtieren gebildet.

Bevorzugt leben Eisbären im Packeis. Dort suchen sie Stellen auf, wo es zu Rissen, Löchern oder Spalten im Eis kommt, die von Robben zum Atmen genutzt werden. Die südliche Grenze ihres Lebensraumes ist von der Jahreszeit abhängig. Während die Eisbären im Winter infolge der Vereisung sehr weit nach Süden ziehen, wandern sie im Sommer mit dem zurückgehenden Packeis nordwärts oder ziehen sich an die Küsten des Festlandes zurück.

Ausgewachsene männliche Eisbären erreichen eine Körperlänge von 200 – 300 cm bei einem Gewicht von bis zu 800 kg; die Bärinnen werden 160 – 250 cm lang und 300 – 400 kg schwer. Der dichte Pelz mit wasserundurchlässiger Unterwolle, das 3 – 4 cm starke Unterhautfettgewebe und die behaarten Unterseiten der Tatzen sind die körperlichen Voraussetzungen für das Überleben der Eisbären in einer uns wegen ihrer Kälte lebensfeindlich erscheinenden Umwelt.

Wie alle Bären, so sind auch die Eisbären Allesfresser. Der Hauptanteil ihrer Nahrung besteht allerdings aus Fleisch und Fett.

Im arktischen Winter, den nur die trächtigen Eisbären ständig in Höhlen verbringen, ernähren sie sich zu 90 % von Robben. Diese werden mit verschiedenen Jagdmethoden an ihren Atemlöchern überrascht und gefangen. Selten erbeuten die Eisbären Fische, Rentiere oder Moschusochsen.

Im Sommer hat der Eisbär mehr Abwechslung auf seinem Speiseplan. Da große Teile der arktischen Eisfläche auftauen, zieht sich der Eisbär an die Küsten zurück. Hier lassen sich die Robben nicht mehr so leicht erbeuten, und er nimmt jetzt auch Gras, Beeren, Tang, Moose und Flechten auf.

Ein Eisbär braucht zwischen 6 und 10 kg Futter täglich, doch kann er auch viel größere Mengen zu sich nehmen, was ihm hilft, Hungerperioden in seinem nahrungsarmen Lebensraum zu überstehen.

Im März/April duldet die Eisbärin die Gesellschaft eines Männchens, dessen mehrwöchiges Werben zur Paarung führt. Der Embryo entwickelt sich aber nur bis zu einem bestimmten Stadium und verbleibt dann einige Monate in einem Zustand, der Keimruhe genannt wird.

Wenn im Oktober/November das Meer zufriert, sucht das trächtige Weibchen eine bereits vorhandene Höhle auf oder gräbt sich, meist in einer Schneewehe am Fuße eines Hanges, eine neue Höhle. Mit einer Grundfläche von 2 m x 1,5 m und einer Höhe von 1 m ist diese Höhle recht klein. Die Eisbärin verläßt ihre Höhle nun nicht mehr, hält aber keinen Winterschlaf, sondern nur eine Winterruhe, in der der Stoffwechsel herabgesetzt und das Verhalten träger ist.

Nach einer Tragzeit von 195 – 262 Tagen werden zwischen November und Januar 1 – 3 (meist 2) nackte Jungtiere geboren. Sie wiegen nur 400 – 700 g und sind völlig hilflos. Die Augen öffnen sich erst nach etwa einem Monat. Die sehr nahrhafte Milch der Eisbärin (31 % Fett; 10 % Eiweiß) läßt die Jungen aber schnell heranwachsen. Im März/April verläßt die Eisbärin mit ihren jetzt schon 10 – 15 kg schweren Jungtieren die Überwinterungshöhle. Zu dieser Jahreszeit werden Zehntausende von Robben geboren, die der stark abgemagerten Bärin, die durch Geburt und Aufzucht etwa die Hälfte ihres Gewichtes verloren hat, und den Jungbären zur leichten Beute werden. Die jungen Eisbären werden bis zu einem Jahr gesäugt, fressen aber schon unmittelbar nach Verlassen ihrer Höhle an den Beutetieren der Mutter mit. Die Jungbären lernen bald das Fangen und Töten der Robben, doch werden sie erst im Alter von 2 1/2 Jahren selbständig.

Die Geschlechtsreife erreicht ein weiblicher Eisbär im Alter von vier Jahren, ein männlicher Eisbär mit sechs Jahren. Wegen der langen Aufzuchts- und Erziehungsphase hat eine Eisbärin nur etwa alle 3 Jahre Nachwuchs.

Eisbären

Archivbilder Zoo Wuppertal

Neulich bin ich in den Zoo gegangen. Dort lag auf einem Felsen ein riesiges weißes Tier. Es war der Eisbär.
Er bewegte sich nicht. Ich dachte: Ob der wohl einen Mittagschlaf hält? Aber nicht lange, da bewegte er sich – und viel schneller, als ich dem riesigen Tier zugetraut hätte, stand er auf. Dann lief er auf der Felsplatte entlang – drehte – lief zurück – drehte – ... und dabei schaute er mit dem Kopf – so und so. Plötzlich stieg der Eisbär ins Wasser. Er konnte gut schwimmen. Gleichmäßig schwamm er. Es gefiel ihm wohl. Nur sein Kopf und Nacken schauten aus dem Wasser. Dann tauchte er unter; dann schwamm er auch mal auf dem Rücken. Als er wieder herauskam ging das nicht so leicht, denn sein dichtes Fell war voll Wasser. Da schüttelte er sich, daß die Wassertropfen nur so flogen.
Dann ging der Eisbär zum Felsen und drückte seine Seite fest daran. So kam ganz viel Wasser aus seinem Fell. Das machte er auch mit der anderen Seite und mit seinem Po und mit seinem Hals.
Dann ging er wieder auf der Felsplatte entlang – drehte – lief zurück ... Sein weißes Fell glänzte in der Sonne.
Wenn ihr die Geschichte nicht glaubt, so geht doch selbst in den Zoo – zu dem Eisbären!
Vielleicht ist dann auch noch die Eisbärenfrau da.

Kinderstube unterm Schnee

Seit zwei Monaten scheint die Sonne schon nicht mehr, und noch zwei Monate wird es dauern, bis der lange, dunkle Polarwinter zu Ende ist.

In einer Höhle unter Felsen und Schnee hat eine Eisbärin zwei Junge geboren. Die kleinen Bärchen kuscheln sich in den zottigen Pelz der Bärin und saugen schmatzend Milch.

Leise brummend leckt die Bärin über das weiche Fell ihrer Jungen.

Manchmal krabbeln die kleinen Eisbären tapsig umher. Meist aber liegen sie still im warmen Fell ihrer Mutter und schlafen. Auch die Bärin schläft viel und bewegt sich nur wenig. Sie verläßt die Höhle viele Wochen lang nicht. Die Eisbärin sucht in dieser Zeit keine Nahrung, sondern lebt von dem Fett, das sie in ihrem Körper gespeichert hat.

Endlich, nach vielen Wochen, beginnt der Frühling.
Für kurze Zeit scheint nun an jedem Tag die Sonne.

Da hält es die Bärin nicht mehr länger in der Höhle aus und tapst hinaus. Dann lockt sie mit leisem Brummen die beiden Jungbären hervor.

Die Mutter an der Spitze, so trotten alle drei Bären dem Meer zu. Dabei spielen die Jungen miteinander, überkugeln sich und schlittern glatte Abhänge hinab.

Das Meer ist noch von Eis bedeckt. Auf dem Eis liegen langgestreckte dunkle Tiere. Es sind Robben. Vorsichtig schleicht die Bärin auf die Robben zu. Sie nimmt dabei ihre Jungen nicht mit, sondern läßt sie in einer kleinen Mulde zurück.

Auf dem Eis sind die Robben recht unbeholfen, im Wasser können sie aber besser schwimmen und tauchen als die Eisbären. Darum kann die Bärin die Robben nur auf dem Eis fangen und muß verhindern, daß sie ins Wasser flüchten.

Doch die Robben bemerken die Bärin, bevor sie nahe heran ist. Eilig robben sie dem Wasser zu. Da schleicht die Bärin nicht mehr langsam weiter, sondern rennt, so schnell sie kann. Die ersten Robben lassen sich schon ins Wasser rutschen. Da ist die Bärin schon heran und tötet die letzte Robbe auf dem Eis. So macht die Bärenmutter nach dem langen Winter ihre erste Beute und kann ihren Hunger stillen.

Dann geht sie zu ihren Jungen zurück.

Gemeinsam wandern die drei Bären an der Küste entlang, wo sie von nun an genug Nahrung finden.

R. Kumans
aus: Bimbo Heft Nr. 12/1978
J. M. Sailer Verlag, Nürnberg
in Bimbo, Heft Nr. 12/1983, ist eine weitere Geschichte einer Eisbärenmutter zu finden.

Wofür die Bären ihre Pranken gebrauchen

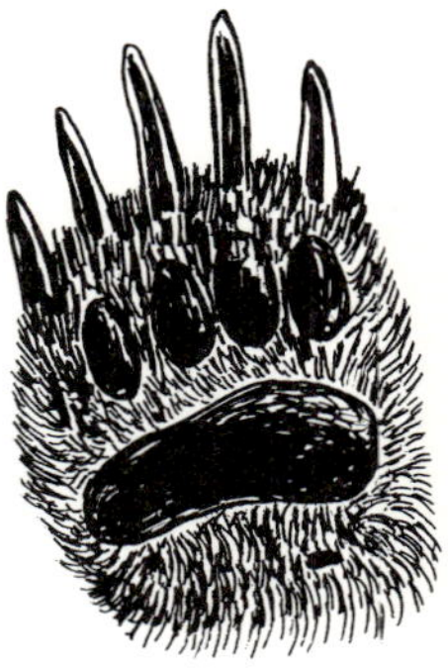

Ulla ißt gern Honig. Die Frühstücksbrote streicht sie am liebsten ganz dick damit ein. Schnell ist ein Honigglas wieder leer. Dann darf sie neuen Honig einkaufen.

Ullas Vater findet es lustig, daß ausgerechnet Ulla so ein „Honigfan" ist. Sie heißt richtig Ursula. Der Name kommt aus der lateinischen Sprache und bedeutet „Bärin".

Bären aber, die in Wäldern leben, das sind die Braunbären, mögen auch Honig. Wenn sie Waben wilder Bienenvölker finden, so brechen sie sie mit ihren kräftigen Tatzen auf und schlecken die süße Masse. Die Bären fressen auch anderes, was sie in weiten Wäldern finden können (bei uns gibt es keine Bären mehr!). Mit ihren Füßen, den Pranken oder Tatzen, teilen sie Hiebe aus, um Beutetiere zu bekommen. An den Pranken sind lange Krallen (auf dem Photo des Bärenkindes sind sie gut zu sehen!).

Die Bären laufen auf allen Vieren, können aber auch einige Schritte auf den Hinterbeinen gehen.

Eisbären, als gute Schwimmer, haben noch Schwimmhäute zwischen den Zehen.

Auf zwei Photos könnt ihr einen Bären beim Fischfang (Lachsfang) in einem Fluß sehen.

Photo: Katmai NP von E. Sommer freundlich zur Verfügung gestellt von Alaska Division of Tourism, Frankfurt

Vom Lachsfang

Die Photos wurden freundlicherweise zur Verfügung gestellt von Alaska Division of Tourism, Frankfurt

Vom Lachsfang

Die Photos wurden freundlicherweise zur Verfügung gestellt von Alaska Division of Tourism, Frankfurt

So viele Bären

Ich hab' ein tolles Bärenbuch
mit bunten Fotos groß und klein.
Das nehm ich abends mit ins Bett
und guck' so gerne rein.

Sag, kennst du auch den ***Grizzlybär,***
daß Fell, das schimmert grau.
Der lebt in Nordamerika
mit seiner Bärenfrau.

Ganz riesig ist der ***Kodiakbär,***
wenn der mal aufrecht steht,
dann ist der fast wie'n Baum so hoch,
drei Meter mißt er – seht!

Alaska, da ist sein Revier,
und wenn die Lachse springen,
dann streckt er seine Pranken aus,
ein Hieb – das muß gelingen!

Den ***Eisbär*** schau ich gerne an,
der fühlt im Eis sich wohl.
Er nährt von fetten Robben sich
hoch oben an dem Pol.

Der ***Panda***, der ist schwarz und weiß
und kommt ganz selten vor.
In China lebt er und im Zoo
mit seinem schwarzen Ohr.

Der ***Waschbär*** liebt das Wasser sehr,
frißt Würmer, Krebse, Schnecken.
Er kann auch Muscheln, Frosch und Fisch
im Wasser schnell entdecken.

So schau ich mir die Bären an,
da brummt es neben mir:
„He du, ich bin doch auch noch da,
ich lieg doch neben dir!

Nun streichel doch mal meinen Bauch
und auch mein braunes Ohr!
Sonst brumm ich dir bestimmt nicht mehr
mein Bärenschlaflied vor!“

Da leg ich schnell das Tierbuch fort
und drück den Teddy fest.
Komm Kuschelbärchen, schmus mit mir
in unserm Bärennest.

Barbara Cratzius, 6 Strophen aus: Mein allerliebstes Bärenbuch, Loewes Verlag, Bindlach

10
11
12
1
2
9
5

„Kaum ein Körperteil steht so für das Ganze der Person wie die Hand, das zeigen schon Redewendungen wie: „Ich nehme die Angelegenheit in die Hand"; „ich halte meine Hand über jemanden"; „es geht ihm leicht von der Hand". Immer ist die konkrete Bedeutung noch ersichtlich, und zugleich ist sie übertragen auf die Person als Ganze.

Damit ist ein Körperteil herausgehoben, der besonders vielfältig zu gebrauchen ist, der zum Staunen und Wundern Anlaß gibt und der als einziger ohne Spiegel von jedem selbst in den Blick genommen werden kann."

aus: Exodus 1 Lehrerkommentar S. 139 Verlag Kösel/Patmos

Siehe,
in meine Hände
habe ich dich gezeichnet.

Jesaja, 49,16

Erfahrungsfeld der Kinder

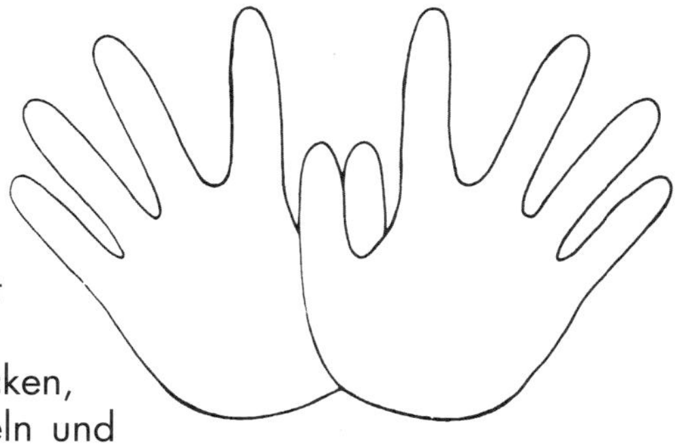

Im Zusammensein mit seinen Eltern und anderen nahestehenden Erwachsenen hat jedes Kind die führende, schützende, richtungsweisende oder strafende Hand des Erwachsenen erfahren, die in ihrem Tun zu einem wichtigen Ausdruck der Beziehung geworden ist. Eine streichelnde Hand beispielsweise vermittelt Nähe und Angenommensein.
Die Art der Berührung kann Sympathie und Antipathie ausdrücken, Kinder haben oft ein feines Gespür dafür, was Gesten vermitteln und lernen sehr bald, entsprechend zu reagieren.
Die Hand, an der das Kind geht, bietet Sicherheit, läßt es nicht allein, schützt vor Gefahren im Verkehr, kann aber auch festhalten oder zurückhalten, wenn das Kind zu anderem hinstrebt.
Das Handreichen zur Begrüßung lernen Kinder von den Erwachsenen als Willkommenszeichen kennen, wenn es nicht fordernd oder zurechtweisend („schöne" Hand = rechte Hand usw.) zu einer Höflichkeitsformel herabgesetzt wird, die Abwehr hervorrufen kann.
Den Kindern ist es eine Selbstverständlichkeit, mit ihren Händen zu spielen, zu essen, sich zu wehren, zu malen und vieles mehr. Das Tätigsein der Kinder geschieht mit Hilfe der Hände, die dazu dienen, immer Neues zu erforschen. Bewußt wird den Kindern dies nur bei Gelegenheiten, in denen sie gehindert werden, etwas zu tun, wenn sie z.B. etwas nicht anfassen dürfen, das ihnen nicht gehört, wenn sie andere Kinder nicht schlagen sollen, wenn sie die Hände waschen, die Finger nicht in den Mund stecken oder nicht mit ihnen in der Nase bohren sollen.
Kinder haben über die Hände Grunderfahrungen des Festhaltens und Loslassens, des Gebens und Nehmens gemacht. Sie haben innerhalb der Kindergruppe nun viele Möglichkeiten, hier ihre Handlungen einzuordnen und zu erfahren, daß sie Gutes und Schlechtes tun können, daß sie helfen und teilen, zerstören und wegnehmen können.
Verschiedene Handgriffe, z.B. beim Anziehen, ermöglichen den Kindern Selbständigkeit, vermitteln ihnen das Gefühl, etwas zu können. Fertigkeiten, bei anderen gesehen, können Ansporn sein, diese auch zu üben.
Kinder erfahren auch durch Ungeschicklichkeiten, wie sie einen Gegenstand angemessen anzufassen haben, wie sie z.B. einmal ein Blatt Papier und ein anderes Mal einen Bauklotz aufheben können.
Handgriffe, die getan werden, prägen sich den Kindern früh (bildlich) ein; sie geben Anlaß zur Nachahmung, die z.B. an dem Kind, das ein vorgestelltes Lenkrad dreht, beobachtet werden kann.
Um etwas herzustellen, sind Hände nötig, die z.B. beim Kochen die Zutaten vorbereiten, die Küchengeräte benutzen und weitere Arbeitsgänge durchführen. Kinder erfahren beim Zusehen und Mittun mehr über die Zusammenhänge der Umwelt, über die Herkunft der Dinge. Sie erfahren auch, daß repariert, umgestaltet oder neu angefertigt werden kann und daß dazu viele Hände nötig sind, die Arbeit verrichten. Kinder benutzen ihre Hände nicht nur im spontanen Spiel. Durch Spiele mit Fingern und Händen, die an sie herangebracht werden, erfreuen sie sich an der Bewegung, an der Darstellung der ihnen gemäßen Form der Umwelt und nicht zuletzt an den oft darin enthaltenen Überraschungsmomenten. Sie benennen dabei die Finger, beginnen mit den Fingern zu zählen und zeigen gern ihr Alter mit ihnen an.
Mit den Fingerspitzen ertasten Kinder Angenehmes und Unangenehmes, sie empfinden Temperaturunterschiede und Materialqualitäten. Gerade im Sommer und zur Erntezeit, wenn die Kinder lange draußen sind, machen sie viele Erfahrungen in Sand und Wasser, im Wald und im Garten, die sich in ihrem Innern einprägen. An lebendigen Dingen der Natur erfahren Kinder, daß es nötig ist, vorsichtig mit ihnen umzugehen, um sie nicht zu zerstören. Hände sind dabei wichtige Werkzeuge, die sorgsam schützen können, um z.B. kleine Tiere nicht zu zerdrücken.
Durch das Leid derer, die keine gesunden oder keine voll ausgebildeten Hände haben, kann Kindern und Erwachsenen auf intensivste Weise bewußt werden, was es heißt, sich die Umwelt mit ihren gesunden Organen zugänglich zu machen.

Dimension des Themas

Sinnliche, körperhafte Erfahrungen sind grundlegend für die Entwicklung des Denkens, Handelns und Verhaltens eines Kindes. Ein Lernen aufgrund von Wahrnehmungen ist nicht nur eine Vorstufe, sondern bleibt ein Leben lang die Basis aller geistigen Tätigkeiten. Wichtig ist dabei, daß Wahrnehmungen als sinnliche Erkenntnis nicht nur optisch, sondern gleichzeitig mit allen Sinnesorganen stattfinden, von denen der haptische Sinn (griech ... „zum Erfassen fähig") den unmittelbarsten Zugang zur Realität bietet. 1)
Hände sind das wichtigste Organ zum Ertasten der Umwelt: sie wollen ergreifen und umfassen. Fühl- und Formfähigkeit der Hände ermöglichen ein Erkennen im ursprünglichen Sinn.
Schon früh haben Pädagogen die Bedeutung des Tastsinnes erkannt. Rousseau schreibt u.a. über das Kind in den ersten Lebensjahren: „Alles will es berühren, in die Hand nehmen. Tut nichts gegen diese Unruhe, sie ermöglicht ihm eine äußerst notwendige Schulung. So lernt es die Wärme, die Kälte, die Härte, die Weichheit, die Schwere und die Leichtigkeit der Körper fühlen; über ihre Größe, ihre Form und alle wahrnehmbaren Eigenschaften urteilen, indem es sie betrachtet, betastet, hört, vor allem aber, indem es Gesichts- und Tasteindrücke vergleicht." 2)
Maria Montessori hat aus der Erkenntnis der Bedeutung einer systematischen Übung der Sinne ein geschlossenes didaktisches System entwickelt, das auch zahlreiche Tastmaterialien für differenzierende Übungen der Kinder enthält.
Von der Einstellung der Aufmerksamkeit hängt es ab, ob das Kind / der Erwachsene einen Gegenstand als etwas Neues, zu Erforschendes, zu Erkennendes erfährt oder mehr den subjektiven Eindruck des Gegenstandes auf sich wirken läßt – d.h. Gegenstände mehr fühlend – kontemplativ (erspürend) zu erfahren. 3)
Die sensibilisierte Hand ist auch wichtigstes Werkzeug für kindliches Tun wie für menschliche Arbeit. Das Kind lernt zunächst hantierend – spielerisch mit Dingen umzugehen, lernt mit seinen Händen sowie auch mit einfachen Werkzeugen etwas herzustellen, zu formen, zu verändern, etwas einzurichten und Spuren seines Tuns zu hinterlassen. Hier bieten sich unendlich viele Möglichkeiten des gestaltenden Tuns im Kindergarten.
Mit ihren Händen können Kinder anderen behilflich sein, können Dienste in der Gruppe übernehmen. Tätigkeiten, die allein nicht zu bewältigen sind, lassen sich durch Einsatz mehrerer Hände schaffen. Ansätze dieser Art sind durch Gemeinschaftsarbeiten besonders zu verdeutlichen.
Im Zusammenhang mit den herstellenden Tätigkeiten und den Dienstleistungen, die Kinder füreinander tun, bieten sich Anknüpfungen an berufliche Tätigkeiten, die die Kinder bei Erwachsenen ihrer Umgebung beobachten können.
Durch exemplarisches Kennenlernen kann es hier gelingen, Interessen zu wecken und Achtung vor der auf diese Weise nähergebrachten Arbeit zu erwecken.
Wie beim Erwachsenen die Handschrift Ausdruck der Persönlichkeit ist, so zeigt sich in dem, was die Kinder herstellen, beispielsweise in ihren Zeichen- und Malarbeiten, ihre persönliche Entwicklung an und gibt dem/r Erzieher/in Aufschluß darüber.
Die Einmaligkeit ihrer Hände und Finger(abdrücke) kann den Kindern auch zur Selbstbestätigung dienen, wenn ihnen die Möglichkeit eröffnet wird, diese zu betrachten.
Die Körpersprache der Kinder vermag der Erzieherin vieles aufzuzeigen. Hände können Zeichen geben, können Sicherheit oder Gehemmtheit deutlich machen; sie können Freundschaften vertiefen und Ablehnungen anzeigen.
Vereinbarte Zeichen, seien es gruppeninterne Regeln sowie Gesten zur Verständigung im Verkehr helfen den Kindern, sich zu orientieren und Vereinbarungen selbstverständlich zu machen. Sie dienen dazu, Mitteilungen zu geben und zu empfangen.
Besondere Impulse für die Entwicklung der Sprache, des Denkens und kreativer Fähigkeiten gehen von den Reimen und ryhthmischen Elementen aus, die mit einem reichen Kulturgut (z.B. Fingerspiele) vermittelt werden.
Die Erfahrungen, die ein Kind über die Hände der Eltern macht, sind wichtig für seine Persönlichkeitsentwicklung und können religiöse Erfahrungen vorbereiten.
Durch das Erntedankfest bekommt die Einheit einen weiteren Aspekt, der nachdenklich werden läßt für alles, was uns (durch Hände) geschenkt und anvertraut wurde.

1) + 3): vgl. K. Baumann, K. Spitzer, J. Salzmann
Tasten, Wahrnehmen, Erkennen S. 9 und 11 Ravensburger Buchverlag 1979
2): J. J. Rousseau, Emile oder über die Erziehung S. 161/Reclam 1963
1 W. Spiel „Vom 1. bis zum 5. Lebensjahr" S. 106, vergl. ff in: Psychologie des 20. Jh. Bd. XI Verlag Kindler, Zürich 1980
2 M. Lüthi „Es war einmal" S. 68, Verlag Vandenhoeck, Göttingen 1973

Werkzeuge gebrauchen
Berufe, für die Hände wichtig sind
Nützlichkeit der Hand: Schaufel, Schale, Kamm, Sprachrohr, Schwimmflosse und vieles mehr
Tätigkeiten
etwas schaffen, herstellen, gestalten …
die Räume verändern
etwas einrichten
kranke oder nicht voll ausgebildete Hände
nicht tätig sein können
fühlen
spüren
mit Fingerspitzen
mit Handflächen
mit der Haut
Kimspiele
Tastwand, Tastspiele
Tiere pflegen
Pflanzen schützen
Gesten der Hände
jemandem helfen
Straßenverkehr
Hand-Zeichen
schaffen Beziehungen
Hände erzählen
- Erwachsenenhände
- Kinderhände
Einmaligkeit der Handform, der Linien …
der Zeichnungen und Gestaltungen
Handdruck
Drucke
Collagen
Gemeinsamkeiten haben
Kreisspiele
Fingerspiel
Phantasie-darstellungen mit Händen
Schatten
bemalte Hände
Pantomime
Puppenspiel
segnende Hände
heiraten
Ringe tragen
Hände der Eltern
biblische Händegeschichten
Hände führen und schützen
erkennen
erfassen
begreifen
musizieren
Bewegungs-lieder
Naturgesetze erfahren beim Bauen und Konstruieren
Spuren
zerstören
verwischen
hinterlassen

Modellziel

Fähigkeit entwickeln,

- sich über den Tastsinn neue oder erweiterte Erfahrungswerte anzueignen;
- Dinge verfeinert wahrzunehmen und Materialien und deren Eigenschaften zu unterscheiden; sich damit besser in der Umwelt orientieren zu können;
- Gesten (sprechende Hände) als Zeichensprache kennenzulernen, diese Zeichen zu deuten und selbst Mitteilungen zu geben;
- Beziehungen zu knüpfen und liebevoll miteinander umzugehen;
- zu unterscheiden, daß mit eigenen Händen sowohl positiv als auch negativ sich auswirkende Handlungen ausgeführt werden können, die z.B. Freude bereiten oder Angst einjagen;
- sich für Pflanzen und Tiere verantwortlich zu fühlen und schützend oder pflegend für diese zu sorgen;
- die eigenen Hände als wichtige Werkzeuge zu benutzen; die Möglichkeiten der Hände – ihre Fertigkeiten – zu verfeinern und immer geschickter mit Dingen umzugehen;
- einfache Werkzeuge sachgerecht zu gebrauchen;
- selbst Hergestelltes zu schätzen und über die Werke anderer Kinder und die Arbeit der Erwachsenen Achtung vor den Menschen zu erwecken;
- Bau- und Steckmaterialien in ihren Gestaltungsmöglichkeiten hantierend zu erkunden und dabei elementare Erfahrungen in statischen Zusammenhängen zu machen;
- sich gestaltend im Raum einzurichten oder an einer Umgestaltung mitzuwirken (z.B. bei Wanddekorationen, bei der Einrichtung einer Ecke, im Sand ...);
- im Spiel mit Fingern und Händen die eigenen Ausdrucksmöglichkeiten zu erweitern;
  phantasievoll oder realistisch mit Requisiten umzugehen; durch spielerischen Umgang mit Armen, Händen und einzelnen Fingern in fröhlicher Weise Geschicklichkeit, Körperbeherrschung und Konzentration zu üben; Raum- und Lagebeziehungen (oben, unten, darunter ...) unterscheiden zu können.

Elternbrief

Liebe Eltern,

Unter den Erlebnissen, die der Schriftsteller Manfred Hausmann von seinem Sohn Martin berichtet, kommt folgende Begebenheit vor:
Martin ruft seinen im Garten arbeitenden Vater: „Du mußt mal gaaanz schnell kommen!" – Er erzählt aufgeregt weiter: „Wie ich da an mein Beet gearbeitet habe, da rauschte es so inner Luft, und mit einem Male saß ein Rabe neben mir aufer Erde und guckte mir an, ein richtiger lebendiger Rabe, ganz dicht bei mir. Ich konnte ihm sogar Petersilie zu essen geben. Leider hat er mir ein bißchen in 'n Finger gebissen. Willst du ihn mal ansehen?"
Natürlich sieht sich der Vater diesen „Raben" an, den er als Dohle identifiziert. Das Interesse des Jungen ist stark darauf gerichtet, dem Tier näher zu kommen, es anzufassen, auch wenn er zwischendurch wieder zurückschreckt. Der Vater, der fürchtet, daß die Dohle gleich wegfliegt, fragt: „Warum willst du sie eigentlich unbedingt anfassen?" Die Antwort des Jungen gibt uns Aufschluß über kindliche Wünsche und Auffassungsweise, wie sie treffender nicht gesagt werden kann.
„Das (Anfassen) ist so schön. Ich weiß auch nicht. Wenn ich ihr anfasse, dann kenne ich ihr erst richtig."
Solche Beispiele des Vertrautwerdens, des Be-Greifens durch die Berührung mit Händen ließen sich sicher noch erweitern. Sie zeigen auf, welch wichtige Funktion die Hände in der Entwicklung Ihres Kindes haben.
Im Kindergarten werden wir in den nächsten Wochen unter dem Thema „Was Hände alles können" besonders die Fähigkeiten unserer Hände ausprobieren. Wir werden sie als wichtige Werkzeuge kennenlernen, mit ihnen Neues gestalten und Vorhandenes verändern; wir werden Zeichen geben und unsere „Spuren" hinterlassen.
Wir werden erkennen, daß jede Hand einmalig ist, und vielleicht lernen wir ein wenig mehr zu schätzen, was andere Hände getan oder geschaffen haben.
Besonders möchten wir unsere Hände mit Freude an Bewegung und Darstellung im Spiel einsetzen und sie vielfältig gebrauchen.

Es grüßt Sie herzlich

Die Zitate sind entnommen: Manfred Hausmann, Martin Mohn Verlag 1953, S. 20-22

Hände können:

fassen
loslassen
greifen
anfassen
angreifen
zugreifen
zeigen
aufzeigen
hinzeigen
halten
schlenkern
zappeln
boxen
schlagen
streicheln
drücken
zureichen
wegschieben
kitzeln

Daumen drücken
zupacken
hinschieben

kratzen
bohren
winken

fühlen
ziehen
nehmen
geben
teilen
abzählen
patschen
matschen
fangen
werfen
öffnen
schließen
dirigieren
bauen

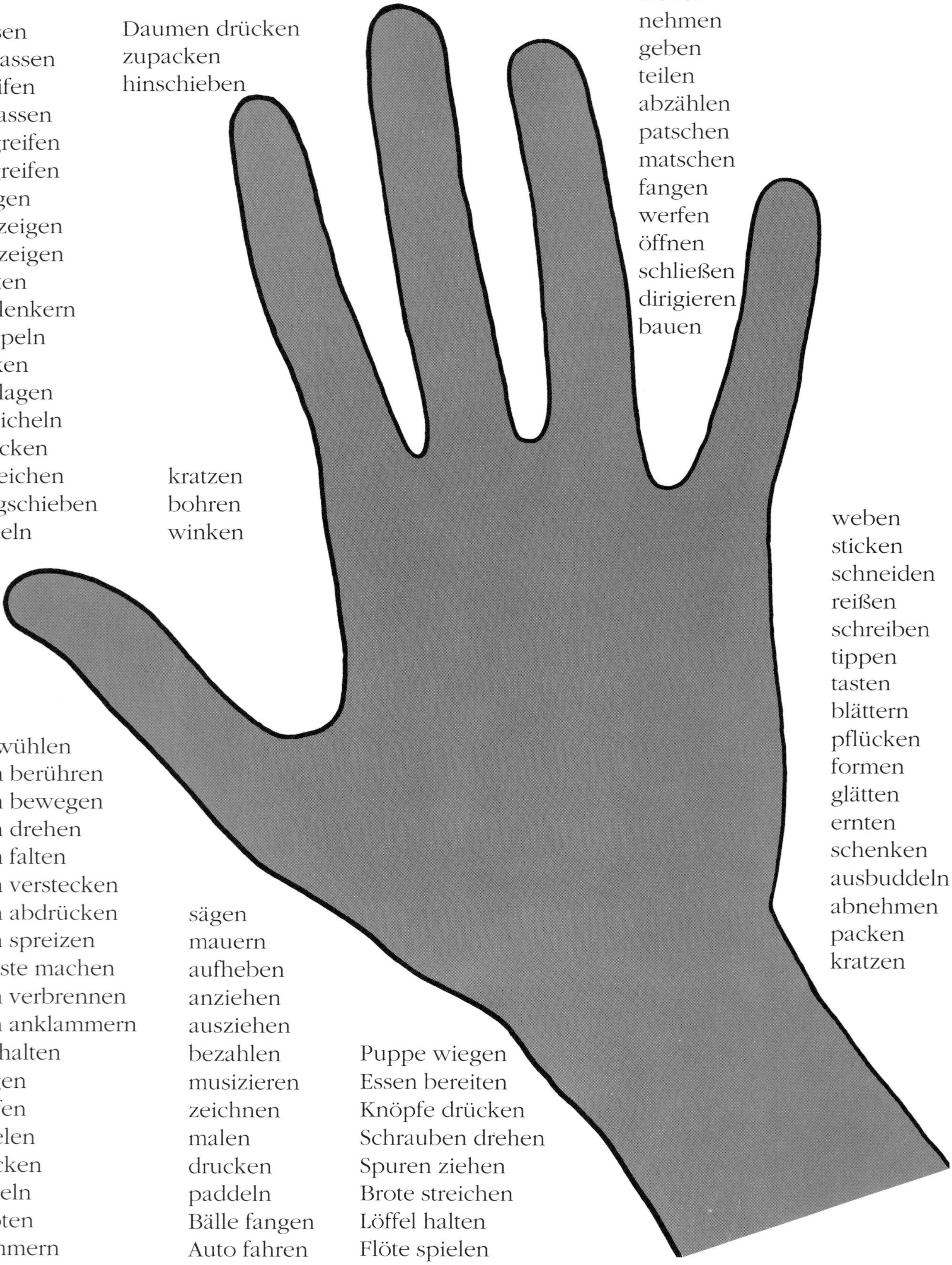

weben
sticken
schneiden
reißen
schreiben
tippen
tasten
blättern
pflücken
formen
glätten
ernten
schenken
ausbuddeln
abnehmen
packen
kratzen

zerwühlen
sich berühren
sich bewegen
sich drehen
sich falten
sich verstecken
sich abdrücken
sich spreizen
Fäuste machen
sich verbrennen
sich anklammern
festhalten
tragen
helfen
spielen
stricken
häkeln
knoten
hämmern

sägen
mauern
aufheben
anziehen
ausziehen
bezahlen
musizieren
zeichnen
malen
drucken
paddeln
Bälle fangen
Auto fahren

Puppe wiegen
Essen bereiten
Knöpfe drücken
Schrauben drehen
Spuren ziehen
Brote streichen
Löffel halten
Flöte spielen

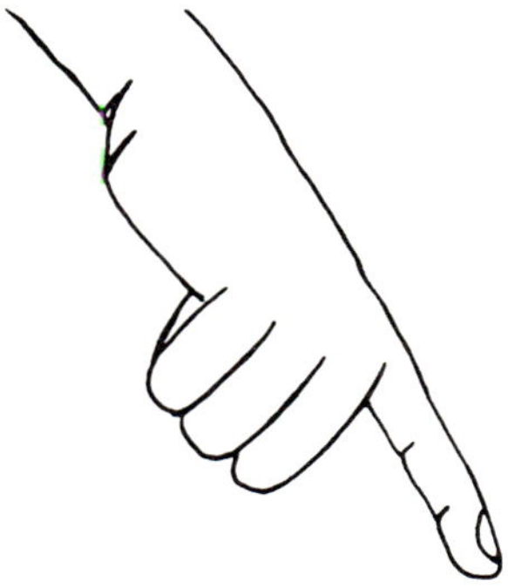

Rätsel

Frage:
Was ist das:
Ich geb' es dir -
und doch gehört es fest zu mir?

Antwort:
(Dabei schüttelt der Fragende dem Kind, das die Antwort nicht errät, die Hand)
Meine Hand, die geb' ich dir -
und doch gehört sie immer mir!

aus: Knister/Paul Maar, Frühling, Spiele, Herbst und Lieder. Ravensburger Buchverlag, Otto Maier GmbH

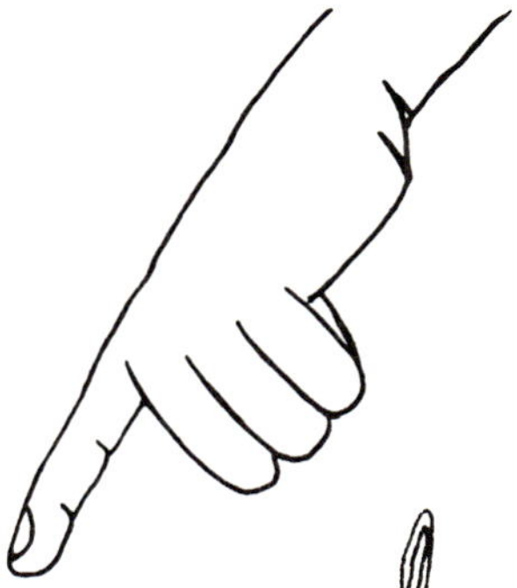

Handtuch
Handschlag
Handrücken
Handlinien
Handlung
Handwerk
Handwerkszeug
Handfläche
Handgriff
Handgeld
Handschuh
Handgelenk
Handstand
Handgemenge
Händedruck

Handkäse
Handkuß
Handschrift
Händchen
Handschlag
Handpresse
Handarbeit
Handball
Handzeichen
Handtuch
Handfertigkeit
handvoll
im Handumdrehen
aus 2. Hand

Daumen
Finger
Fingerabdruck
Fingerfertigkeit
Fingerzeig
Fingerspitzengefühl
Fingerhut

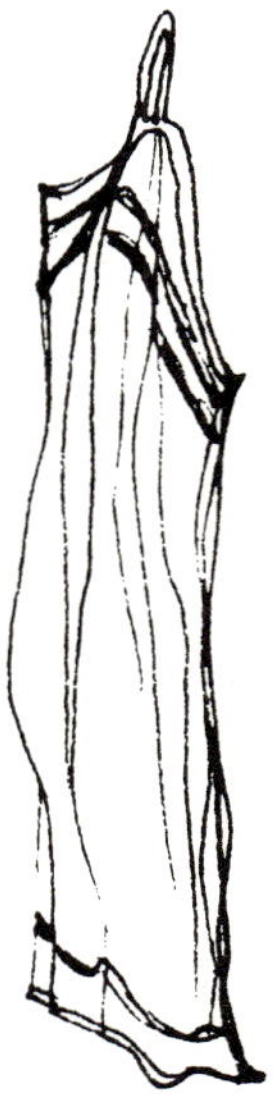

Hängt an der Wand,
gibt jedem die Hand!

Welche Hüte passen auf keinen Kopf?

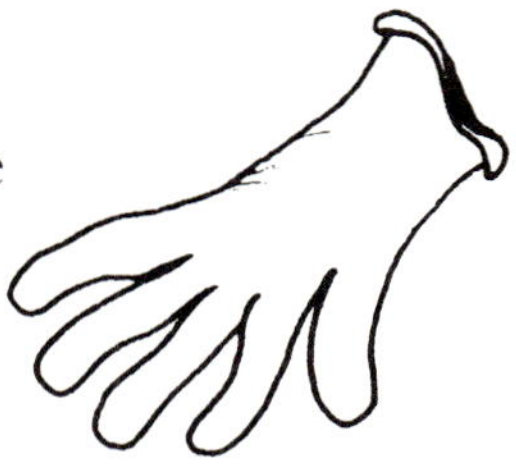

Welche Schuhe zerreißen nie an den Füßen?

Kein Anfang und kein Ende -
doch schmückt er dir die Hände.

Rätsel

Der erste ist dick,
der zweite lang.
Der dritte ist schlank,
der vierte trägt Glück.
Der fünfte ist klein.
Was mag das sein?

aus: B. Horst Bull, Aus dem Kinderwunderland, Herder Verlag 1968

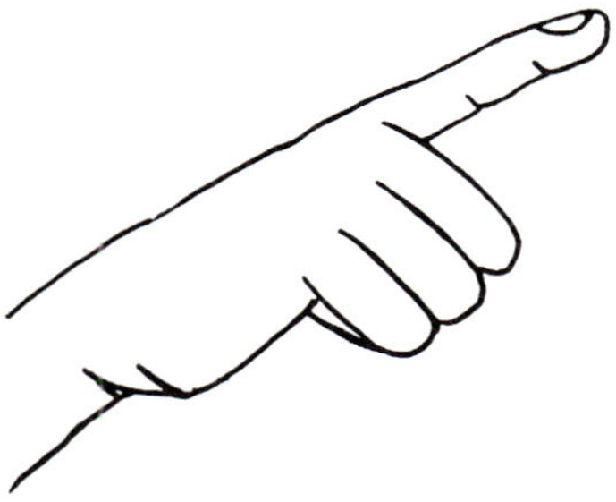

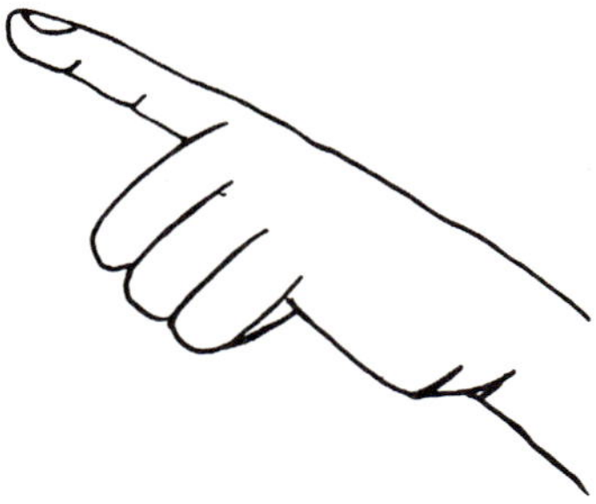

Das Lied „Meine beiden Hände" bietet eine spielerische Möglichkeit des Einstiegs in das Thema, indem passende Bewegungen zu den einzelnen Strophen ausgeführt werden. Text und Melodie sind einfach eingängig und bestätigend für die Kinder und werden sie anregen, weitere Tätigkeiten der Hände zu suchen und in eine Liedstrophe zu fassen.

Text: Marina Palmen Musik: LudgerEdelkötter

2. Meine beiden Hände
mit zehn Fingern dran,
können Schleifen binden,
schaut es euch mal an:
können binden
schaut es euch mal an.

3. Meine beiden Hände
mit zehn Fingern dran,
können Türen öffnen,
schaut es euch mal an:
können öffnen,
schaut es euch mal an.

4. Meine beiden Hände
mit zehn Fingern dran,
können euch begrüßen,
schaut es euch mal an:
können grüßen,
schaut es euch mal an.

aus: Hallo, Du im Nachbarhaus (Spiellieder) C 1983 Bergmoser + Höller Verlag, Aachen

Hier sind meine Hände

Volksweise (bearbeitet von Inge Lotz), Text: Rolf Krenzer

Wir zeigen unsere Hände und Füße. Beim Refrain führen wir immer etwas anderes aus: Wir klatschen, schnipsen, drehen die Hände, patschen usw. Mit den Füßen stampfen, trampeln und treten wir.

Hände drücken

Text und Melodie: Rolf Krenzer

Händeklatschen ... Ich klatsche mit der rechten Hand ...
Fingerschnalzen ... Ich schnalze mit der rechten Hand ...
Lustig winken ... Ich winke mit der rechten Hand ...
Haare kämmen ... Ich kämme mit der rechten Hand ...
Zähne putzen ... Ich putze mit der rechten Hand ...
Schuhe putzen ... Ich putze mit der rechten Hand...
Nase putzen ... Ich putze mit der rechten Hand ...

Beide Lieder aus: Rolf Krenzer/I. Lotz, Wir sind die Musikanten, Verlag Ernst Kaufmann Lahr/Kösel Verlag, München

Der Hut

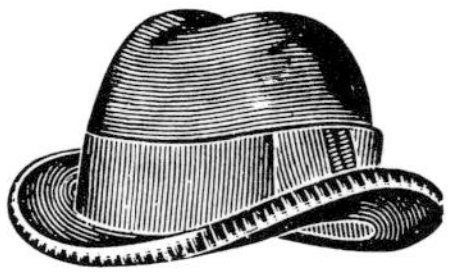

Ein Mann hat einen neuen Hut,	*Die rechte flache Hand auf die linke hochgehaltene Faust legen.*
der steht ihm wirklich gar zu gut.	*Die linke Faust mit der rechten Hand als Hut leicht drehen.*
Er geht spazieren. Kommt der Wind	*Beide Hände schrittweise nach rechts bewegen.*
und weht den Hut ihm weg geschwind.	*Wegziehen der rechten Hand.*
Der Wind, der bläst jetzt immer mehr	*Blasen.*
und treibt den Hut die kreuz und quer.	*Schnelles Bewegen der rechten Hand.*
Der Mann, der ruft und rennt geschwind:	*Schnelles Bewegen der linken hochgehaltenen Faust.*
Laß meinen Hut, halt ein, Herr Wind!	*Stehenbleiben der hochgehaltenen Faust. Die Faust etwas nach hinten biegen.*
Der Wind jedoch bläst immer noch: Mann, lieber Mann, fang ihn dir doch!	*Blasen.*
Der Mann rennt hin, der Mann rennt her.	*Schnelle Laufbewegung des linken Unterarms mit der hochgehaltenen Faust.*
Der Wind bläst mehr und immer mehr.	*Nach rechts und links blasen.*
Der Hut, der lernt geschwind zu fliegen.	*Die rechte Hand bewegt sich schnell nach rechts und links.*
Der Mann kann seinen Hut nicht kriegen.	*Stillhalten der linken Hand, die Faust etwas nach vorn geneigt.*
Jetzt fliegt der Hut ganz hoch hinauf.	*Hinausführen der rechten Hand.*
Da steht am Haus ein Fenster auf.	*Die linke Hand greift auf den Kopf. Der Arm bildet die Fensteröffnung.*
Der Wind läßt nicht sein Blasen sein und treibt den Hut zum Fenster rein.	*Durch diese Öffnung wird die rechte Hand geschoben.*
Da steht der Mann und lacht und lacht: Herr Wind, das hast du gut gemacht!	*Den linken Arm mit der hochgehaltenen Faust ganz rasch leicht hin- und herbewegen.*
Er geht zur Haustür ganz schnell hin. Da wohnt ja die Frau Müller drin!	*Die rechte Hand stützt sich auf die rechte Hüfte und bildet eine Öffnung, zu der sich die linke Hand hinbewegt.*
Frau Müller öffnet froh und munter.	*Die rechte Hand bildet auch eine Faust. Sie wird hochgehalten. Sie macht steigende Bewegungen.*
Sie holt dem Mann den Hut herunter.	*Die rechte Hand macht absteigende Bewegungen. Die Faust öffnet sich und legt sich wie am Anfang flach auf die linke Faust.*
Der Mann, der geht ganz schnell nach Haus.	*Die linke Faust mit der rechten Hand bewegt sich schrittweise rasch nach rechts.*
Und nun ist die Geschichte aus.	*Beide Hände schnell auf den Rücken legen.*

aus: Elfriede Pausewang, Die Unzertrennlichen – Neue Fingerspiele – 2 Don Bosco Verlag München 1990, 22. Aufl.

Besonders reizvoll ist es, beim 1. Vorspiel ein Gesicht auf die Faust zu malen oder zu kleben.

Die fünf Finger

Ich heiße Daumen, bin dick und nicht groß.
Ich heiße Zeigefinger, doch zeig ich nicht bloß.
Ich heiße Mittelfinger, und steh mittendrin.
Ich heiße Ringfinger, trag gern einen Ring.
Ich heiße kleiner Finger und bin zwar nur klein,
doch möchten die andern nicht ohne mich sein!

Die eine Hand bildet eine Faust. Mit jeder Zeile wird nun ein Finger mehr ausgestreckt und jeweils von der anderen Hand umschlossen oder vom Zeigefinger der anderen Hand angetippt.
Man beginnt mit dem Daumen und endet beim kleinen Finger.

Die Höhlen

Rechte Hand und linke Hand
gingen mal spazieren.

Beide Hände werden senkrecht aufgestellt und ruckartig vorwärtsbewegt.

Rechte eine Höhle fand,
wollt sie ausprobieren.

Schlüpft hinein und saß ganz fest,
konnte nicht mehr fliehen.

Die rechte Hand in die linke Achselhöhle stecken.

Fest anpressen.

Rief und bat aufs allerbest,
linke sollte ziehen.

Und die linke, eins, zwei, drei,
zog dann an der andern,
bis sie endlich wieder frei,
konnte weiterwandern.

Die linke Hand zieht am rechten Unterarm.

Fand die linke jetzt ein Loch,
wollt hinein auch schauen.
Rechte Hand, die warnt sie noch:
Sollt sich ja nicht trauen.

Die linke Hand wird in die rechte Achselhöhle geklemmt.

Fest anpressen.

Und es ging ihr ganz genau
wie vorher der rechten:
Sie saß fest im engen Bau,
in dem dunklen, schlechten.

Zieh uns bitte schnell heraus!
jammerten die Finger.
Und die rechte zog sie raus,
all die armen Dinger.

Die rechte Hand zieht am linken Unterarm.

Leichtes Schütteln der senkrecht aufgestellten Hände.

Und jetzt lachten beide sehr,
lachten laut und hell.
Keine sucht 'ne Höhle mehr,
gingen heim ganz schnell.

Ruckartige Gehbewegungen der senkrechten Hände.

aus: Elfriede Pausewang, Die Unzertrennlichen – Neue Fingerspiele – 3
Don Bosco Verlag München 1991, 12. Aufl.

Ich bin berühmt und reich ...

Der sagt: Ich bin berühmt und reich!
Der sagt: Ich bin ein Wüstenscheich!
Der sagt: Ich bin der Nikolaus!
Der sagt: Ich bin 'ne kleine Maus!
Der letzte sagt: Ich glaub', ihr spinnt.
Ihr wißt doch, daß wir Finger sind.

Knister/Paul Maar

Die sehenden Ohren

Achtung! Flunkergeschichte

Mit den Augen kann man riechen,
mit der Nase kann man kriechen.
Mit dem Hals, da kann man winken,
mit dem Hintern kann man trinken.
Mit den Händen
kann man schmecken,
mit dem Rücken kann man lecken.
Mit dem Bein, da kann man singen,
mit den Ohren kann man springen.
Hören kann man mit den Zehen,
mit der Zunge kann man sehen.
Mit den Armen kann man spucken,
mit den Fingern kann man gucken.

Drei Texte aus: Knister/Paul Maar, Frühling, Spiele, Herbst und Lieder, Ravensburger Buchverlag Otto Maier GmbH

Der ist ins Wasser gefallen
Der hat ihn wieder herausgeholt.
Der hat ihn ins Bett gebracht.
Der hat ihn warm zugedeckt,
Und der kleine Schelm hat
ihn wieder aufgeweckt!

Volksreim

Der Schmetterling

Ein kleiner bunter Schmetterling
fliegt hier mal hin und da mal hin.
Er fliegt nach unten auf den Boden,
im Kreis herum und dann nach oben.

Doch will ein Kind ihn mal erhaschen,
ein Vogel ihn zum Frühstück naschen,
dann flattert er in ein Versteck -
und schaut ihr hin, dann ist er weg!

Heike Hantelmann, Remscheid

Die Daumenkanten der beiden Hände werden aneinandergelegt! Mit leichten Schwingungen der Finger bewegen sich so Arme und Hände in die angegebenen Richtungen.
Eine Hand versucht, nach der anderen, die „weiterflattert", zu schnappen. Die „flatternde" Hand verschwindet hinter dem Rücken, die 2. Hand, nachdem sie sich suchend in zwei Richtungen gedreht hat, ebenfalls.

Der Käfer

Ein Käfer fängt zu klettern an.
Er steigt, so weit er steigen kann,
an einem Grashalm hoch hinauf
und hält erst oben ein im Lauf.

Nun steht er wie auf einem Turm.
Da bläst ein arger Wirbelsturm.
Der Halm schwankt hin -
der Halm schwankt her,
er beugt sich tief, er biegt sich sehr.

Der Käfer sich am Grashalm hält,
damit er nicht hinunterfällt.
Da bläst noch mehr der tolle Wind
und wirft ihn doch hinab geschwind.

Ihr meint, jetzt tat er sich sehr weh?
O nein, er guckt nur in die Höh'
und lacht und rappelt sich schnell auf,
steigt am nächsten Halm hinauf.

aus: Elfriede Pausewang, Die Unzertrennlichen – Neue Fingerspiele 2 Don Bosco Verlag München 1990, 20. Aufl.

Der linke Arm mit hochgestreckter Hand ist der Grashalm. Die rechte Hand wird mit Fingerbewegungen langsam am linken Arm hinaufgeführt.
Die rechte Hand bleibt auf den Fingerspitzen der linken Hand stehen.
Blasen.
Linken Arm mit rechter Hand erst leicht, dann stärker nach rechts und links biegen.

Rechte Hand klammert sich an die linke Hand.
Blasen.
Die rechte Hand auf den Tisch oder Schoß fallen lassen.
Heben des rechten Mittelfingers.
Leichte Bewegungen der rechten Hand auf dem Tisch oder demSchoß.
Kriechbewegungen der rechten Hand zum linken Arm und wieder hochsteigen. (Abb.)

Die Tauben

Ein Bauer hat ein Taubenhaus,
da fliegen hundert Tauben raus.
Die eine fliegt weg,
die andre fliegt weg.
Die eine kommt wieder,
die and're kommt wieder!

Text überliefert

Mit 10 Fingern „herumflattern"
Gestreckte Zeigefinger verschwinden mit den Händen auf dem Rücken.
Bei der Rückkehr kleben auf den Fingerspitzen als Überraschung weiße, vorher angefeuchtete Papierfetzchen.
Das Versteckspiel kann weitergeführt und von den Kindern übernommen werden

Mäusespiel

Tief unten im Keller in unserem Haus — ● *auf den Boden zeigen*
wohnt eine ganze Familie Maus. — ● *Haus darstellen*
Ich will sie auch beim Namen nennen,
dann lernt ihr sie auch richtig kennen:
Erst der ***Vater***, er heißt „Herr von Maus"
und sieht wie alle Mäuse aus.

Hat ein weiches, graues Fellchen, — ● *mit einer Hand über Handrücken der anderen streicheln*

Schwänzchen soo lang, — ● *Länge anzeigen*
ein spitzes Köpfchen mit Öhrchen dran — ● *Fingerspitzen einer Hand zusammendrücken und entsprechend bewegen*
Zähnchen zum Beißen
und Füßchen zum Ausreißen. — ● *Laufbewegung mit einer Hand.*

Dann die ***Mutter***, sie heißt „Frau von Maus"
und sieht wie alle Mäuse aus.

Hat ein ...

Sie haben ***drei Kinder,*** Das Mäusefritzchen, das Mäuserumpelstilzchen und die kleine Ilsemaus.
Sie sehn wie alle Mäuse aus.

Sie haben ein ...

Die kleine Ilsemaus schaut gerade zum Fenster hinaus.
Nun hat sie uns entdeckt,
und sie haben sich alle versteckt.

Text überliefert

Zehn kleine Zappelmänner

Zehn kleine Zappelmänner
zappeln hin und her,
zehn kleinen Zappelmännern
fällt das gar nicht schwer.

Zehn kleine Zappelmänner
zappeln auf und nieder,
zehn kleine Zappelmänner
tun das immer wieder.

Zehn kleine Zappelmänner
zappeln rund herum,
zehn kleine Zappelmänner
finden das nicht dumm.

Zehn kleine Zappelmänner
spielen mal Versteck,
zehn kleine Zappelmänner
sind auf einmal weg!

Text überliefert

Sing-Fingerspiel

Friedgund Schlechtriem

Die Erzieherin wird immer wieder vor die Aufgabe oder Notwendigkeit gestellt, die Aufmerksamkeit der Kinder auf sich zu lenken, sei es, um die Kinder zur Ruhe zu bringen, eine Anordnung mitzuteilen oder z.B. eine Überleitung zu einer anderen Tätigkeit zu finden.
Hierzu bietet sich das nachfolgende Fingerspiel geradezu an.
Die erste Strophe, als Vorgesang gedacht, erweckt durch die eintönige (monotone) Melodie die Aufmerksamkeit der Kinder!
Das gleichzeitige Singen und pantomimische Darstellen des weiteren Textes erfordert eine starke körperliche und geistige Konzentration der Kinder und schafft eine beruhigende, harmonische Atmosphäre.

Text aus „Die Unzertrennlichen" v. E. Pausewang umgearbeitet von Friedgund Schlechtriem
Melodie: Friedgund Schlechtriem

*Bei den Worten "rechts" und "links" werden die Hände hochgehalten und bewegt!

Alle singen 2.-6. Strophe

3. Sie rühren eine Suppe
sie füttern unsre Puppe,
sie lenken unsern Wagen
und können Koffer tragen.

4. Sie kämmen unsre Köpfe,
sie flechten unsre Zöpfe,
sie schlagen mit dem Hammer,
sie klammern mit der Klammer.

5. Sie spielen auch die Flöte
und blasen die Trompete.
Sie lassen Geigen klingen
und Harfentöne schwingen.

6. Sie nähen und sie sticken,
sie häkeln und sie stricken,
sie schneiden kurz und quere
mit einer scharfen Schere.

Vorschlag zur Einübung:

Als Vorübung kann die Erzieherin Bewegungsabläufe aus dem täglichen Leben mit den Kindern pantomimisch darstellen; z.B. „Wir essen einen Apfel" – „Wir hängen Wäsche auf" – und flechtet dann so nebenbei Tätigkeiten aus dem Text unseres Fingerspiels mit ein. Wichtig ist, daß die Bewegungen langsam und etwas übertrieben dargestellt werden. Nachdem dann die Neugierde der Kinder durch den Vorgesang geweckt ist, kann man Strophe für Strophe vorsingen und jeweils die Kinder die passenden Handbewegungen zum Text finden und gemeinsam bestimmen lassen.

Die Hände

Was haben wir am Ende
doch für geschickte Hände!
Sie können viele Sachen
bald rechts, bald links schnell machen.

Beide Hände zeigen.

Erst die rechte, dann die linke Hand zeigen.

Die Hände können waschen,
sie greifen in die Taschen.
Die Hände können suchen
und backen einen Kuchen.

Die Bewegungen ergeben sich aus dem Text.

Sie rühren eine Suppe,
sie füttern unsre Puppe,
sie lenken unsern Wagen
und können Koffer tragen.

Sie kämmen unsre Köpfe,
sie flechten unsre Zöpfe
und können Schleifen binden,
im Dunkeln Schalter finden.

Die Hände öffnen Türen,
die uns ins Freie führen.
Sie schlagen mit dem Hammer,
sie klammern mit der Klammer.

Sie spielen auch die Flöte,
die Geige und Trompete.
Sie lassen Peitschen knallen,
die weithin laut erschallen.

Der Kreisel muß sich drehen,
der Turm muß grade stehen.
Die Hände können malen,
die Hände schreiben Zahlen.

Sie nähen und sie sticken,
sie häkeln und sie stricken,
sie schneiden kreuz und quere
mit einer scharfen Schere.

Was haben wir am Ende
doch für geschickte Hände!
Sie können viele Sachen
ganz zuverlässig machen.

Zeigen und Drehen beider Hände.

aus: Elfriede Pausewang. Die Unzertrennlichen – Neue Fingerspiele 2
Don Bosco Verlag München 1990, 22. Aufl.

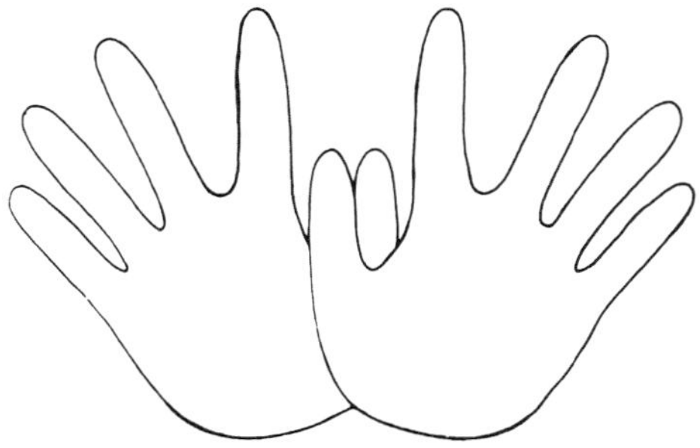

Geschicktes, gezieltes Tun wird durch Aufmerksamkeit und Übung möglich, was bei erhöhter Beachtung durch Andere gefördert und vertieft wird ... Die Kinder melden sich selbst für die Erfüllung der Aufgaben. Es sollte eine freudige Stimmung herrschen. Zur Förderung der Hilfsbereitschaft können auch Partneraufgaben gestellt werden. Einmal eingeführt, werden den Kindern selbst viele Ideen kommen, die dann den Vorzug vor den Erziehervorschlägen bekommen.

Aufgabenspiel für geschickte Finger

- Einen Klettverschluß aufziehen und wieder andrücken
- Einen Knoten binden
- Den Deckel auf einen Topf setzen ohne zu klappern
- Ein paar Buchseiten sorgfältig umblättern
- Den Deckel eines Marmeladenglases aufdrehen
- Eine Butterbrotdose öffnen
- Eine Kindergartentasche öffnen
- Spielzeugteile (vorh. Konstruktionsmaterial) zusammenstecken / schieben /drehen ...
- Etwas Sand mit Schaufel und Besen aufkehren
- Einen Reißverschluß auf-(zu)ziehen und einhaken
- Knöpfe (klein, dicke, längliche..) zu-(auf)knöpfen
- Eine Tür öffnen und schließen
- Eine Schraube eindrehen / Schraubenmutter aufsetzen
- Ein Glas Wasser in ein anderes umfüllen
- 4 Teile eines Steckspieles einstecken
- Eine Schleife binden
- 3 Perlen auffädeln
- Einen Korken in einen Flaschenhals drücken
- Holzklötze aufeinanderstapeln (Menge variieren)
- Aus 3 dicken Bändern einen Zopf flechten (Partner)
- Eine Sicherheitsnadel befestigen
- Eine Kerze anzünden / löschen
- Einen kleinen Ball über eine bestimmte Strecke rollen
- mit einer Luftpumpe (für die Luftmatratze) einen Luftballon aufpumpen
- einen Bleistift anspitzen
- mit einem Kochlöffel rühren
- mit einem Nudelholz rollen

Die Erzieherin kann im Laufe des Spieles darauf achten, daß unterschiedliche Bewegungsformen geübt werden:
hin und her
auf und ab
kreisen
drehen
Sie sollte dies jedoch im Sinne des Spieleifers der Kinder nicht systematisch tun.

Die Betrachtung der Fotos auf den folgenden Seiten kann Anlaß zum Gespräch über Umgang mit Dingen und mit Menschen werden.

Geschichte: Zehn kleine Freunde

Es war einmal ein kleiner Junge, der hieß Yang. Yang wohnte in China. Sein Vater ging frühmorgens zur Arbeit in eine große Fabrik. Seine Mutter nahm die Hacke und ging aufs Feld. Yang blieb zu Hause. Das gefiel ihm gar nicht. Er beschloß, auch zu arbeiten. Er nahm eine kleine Hacke und ging hinaus in den Garten. Dort lagen viele große und kleine Steine. Yang sammelte die Steine in einen Korb. Er brachte sie an das Ufer des Flüßchens, das in der Nähe vorbeifloß. Dann fegte er den Garten schön sauber und machte Beete. Als die Beete fertig waren, holte er sich Samen und säte ihn aus. Zum Schluß goß er alles sorgfältig. Nun war Yang fertig und freute sich sehr.
Er wusch sich die Hände und ruhte sich unter einem Baum aus.

Abends kam der Vater zurück und fragte Yang: „Wer hat denn den Garten in Ordnung gebarcht?" Yang antwortete: „Zehn kleine Freunde haben mir geholfen!" Die Eltern staunten: „Wo sind sie denn, deine zehn kleinen Freunde?" – „Hier sind sie", sagte Yang und hob die Hände hoch. „An jeder Hand fünf Freunde!"

aus dem Chinesischen nach San-Schan-Fei
gefunden in: Krenzer Pokrandt, Rogge, Kurze Geschichten Bd 1
Verlag Kaufmann und Kösel

Die kurze Geschichte zeigt auf: Ich habe Hände – Hände können etwas tun; ich habe zehn Finger

zehn Freunde, um zu helfen und Freude zu machen. Ich bin froh, Hände zu haben! Es wird deutlich, daß jeder selbst entscheiden kann, was seine Hände tun.

- Hier kann gesammelt werden, was wir täglich alles mit Händen tun.
- Der Schluß der Geschichte könnte von den Kindern erraten werden.
- Die Geschichte könnte auch so erzählt werden, daß sie den Lebensverhältnissen der Kinder entspricht (Änderung des Namens, des Ortes ...).
- Unsere Hände, unsere einzelnen Finger werden angeschaut und beschrieben! Wir probieren aus, wie wir unsere Finger, unsere Hände bewegen können.
- Handbewegungen können vorgespielt und nachgeahmt, auch erraten werden.

Die folgenden Bildseiten zeigen verschiedene von Kinderhänden ausgeführte Tätigkeiten. Sie können betrachtet werden und Anlaß geben, die gezeigten Handlungen mit Erfahrungen der Kinder zu verbinden.

Hände, die halten

Norbert Merkens

Ich habe geschickte Hände

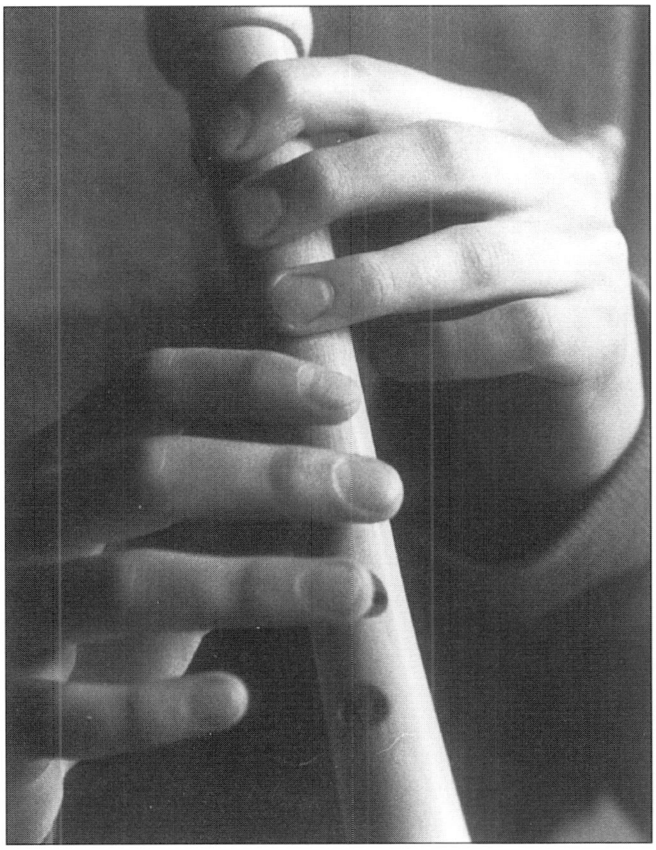

Norbert Merkens

Ich habe geschickte Hände

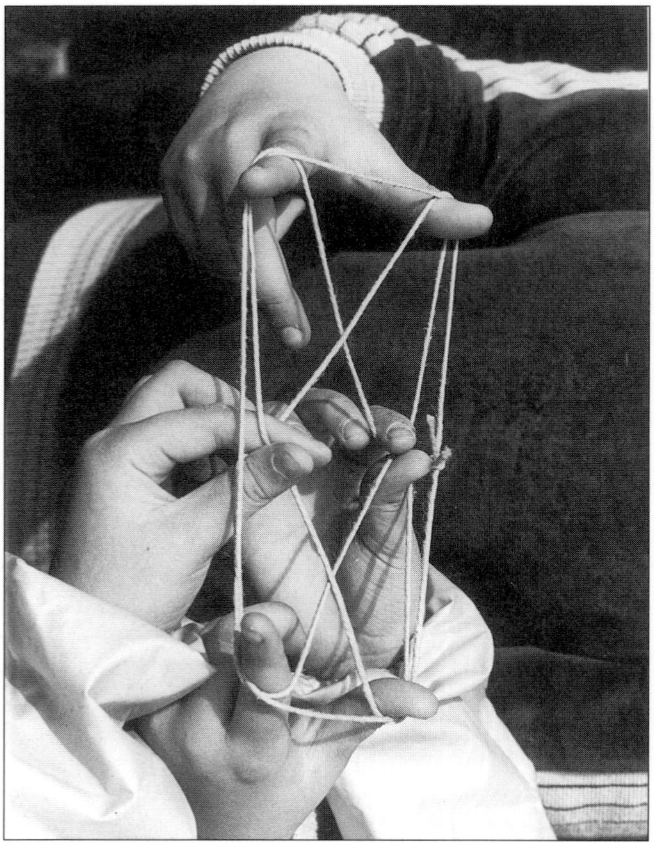

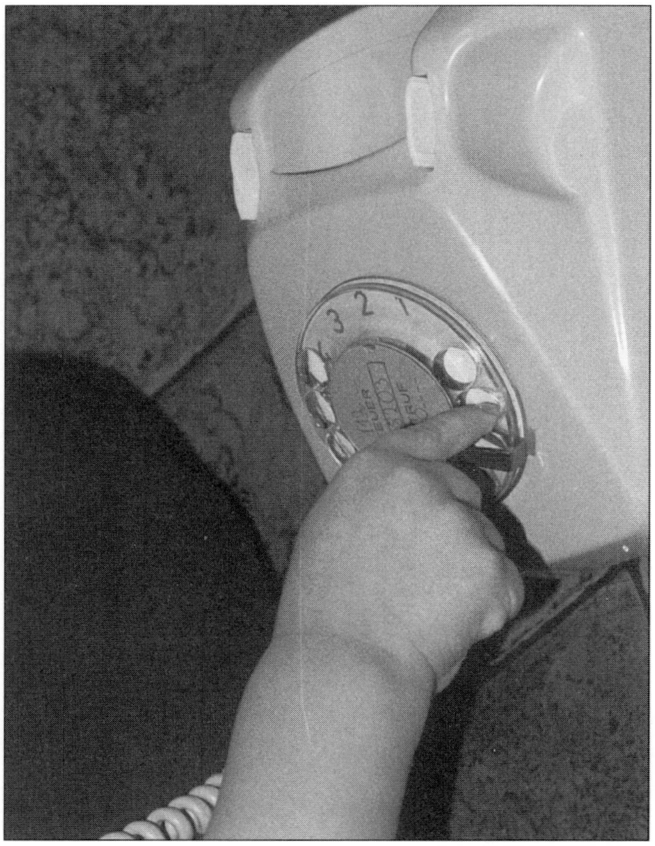

Norbert Merkens

Hände schaffen Beziehungen

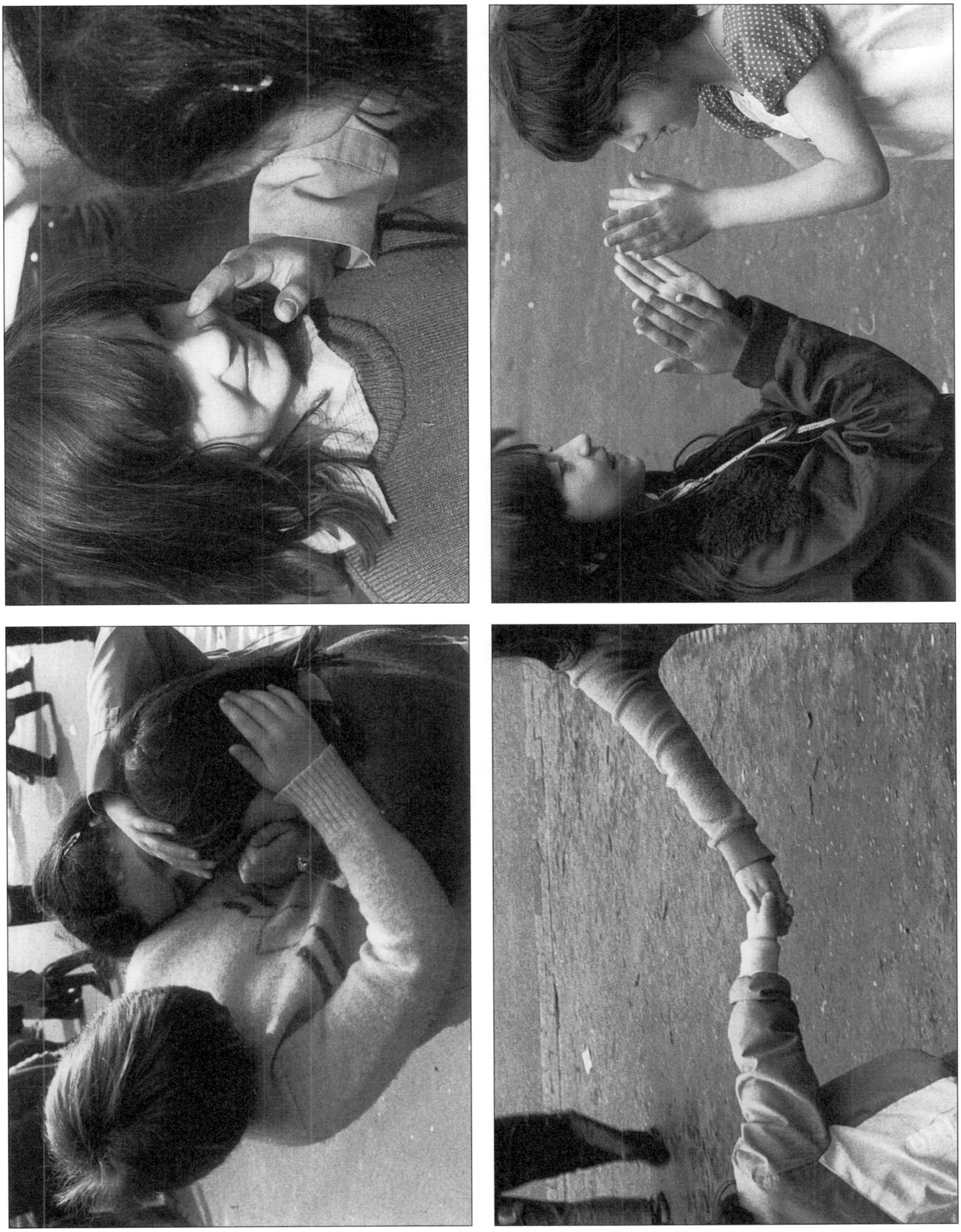

Norbert Merkens

Maria Alferding

1. Einführende Gedanken zu meditativen Übungen mit Kindern

Kinder zeigen häufig Verhaltensweisen, die von einer meditativen Grundhaltung geprägt sind: sie sind so stark in ein Spiel vertieft, daß sie sich selbst und ihre Umwelt vergessen; sie schauen sich fasziniert ein Bilderbuch oder Bild an; sie lauschen einer Geschichte oder einem Märchen und sind „ganz Ohr"; sie äußern den Wunsch nach ständiger Wiederholung „Bitte, erzähl es noch einmal!"; sie können staunen über Kleinigkeiten und sind dabei „ganz Auge"; ... Diese Haltungen, dieses Ganz-da-sein, ermöglichen es dem Kind, ganzheitliche Erfahrungen zu machen, unmittelbar zu erleben und somit einer tieferen Wirklichkeit auf die Spur zu kommen.

Aufgabe des Erwachsenen und somit auch der Erzieherin sollte es sein, dem Kind Raum zu bereiten, in dem es elementare Erfahrungen machen und meditative Fähigkeiten und Kräfte entfalten kann. Gerade in der heutigen Zeit, in der auch schon das kleine Kind einer ungeheuren Reizüberflutung ausgesetzt ist, sind diese Erfahrungen lebenswichtig.

Voraussetzung für meditative Übungen mit Kindern ist, daß der Erwachsene selbst bereit ist, sich neu ansprechen zu lassen von Alltäglichem und Einfachem, sich neu aufschließen zu lassen für eine tiefere Wirklichkeit.

Die Hand ist ein Teil des menschlichen Körpers, der geradezu zu einer meditativen Betrachtung einlädt. Sie kann dem Menschen vieles über sein innerstes Wesen, seine Fähigkeiten, Wünsche und Gefühle mitteilen, denn wie kein anderes Organ bringt sie die Einmaligkeit jedes Menschen zum Ausdruck und steht für das Ganze der Person. Der Tastsinn ergänzt und rundet den Eindruck ab, den uns das Auge über einen Gegenstand vermittelt: wir be-greifen ihn. Über die Hand kann ebenfalls eine religiöse Dimension zur Sprache kommen. In der Bibel wird oft das Bild von der Hand Gottes gebraucht. Sie führt uns, schützt uns, hilft uns. Die Hand Gottes drückt seine Lebendigkeit aus.

2. Stille – Übung

Jede bewußt eingesetzte, meditative Übung sollte mit einer kurzen Stille-Übung beginnen, durch die Raum geschaffen wird – äußerlich und innerlich – für neue Erfahrungen. Die Stille entsteht nicht plötzlich, sondern wächst langsam und kann an Intensität zunehmen. In der Stille können nach und nach verschiedene Sinne angesprochen werden. Die Wahrnehmungen können dabei im Laufe der Zeit immer feiner werden.

Ich bringe hier ein Beispiel für eine mögliche Stille-Übung, wie sie von der Erzieherin angeleitet werden könnte: (ruhig sprechen mit genügenden Sprechpausen).

Wir sitzen hier zusammen im Kreis (auf dem Boden). Wir schließen einmal die Augen und werden ganz still. –
Weil wir so still sind, können wir Geräusche von draußen hören. (Auto, Wind, Vögel, ...) –
Wir hören sogar Geräusche hier im Raum. (Ticken einer Uhr, Atem des Nachbarn, eigener Atem, ...)–
Wir spüren einmal unseren Atem: wie die Luft durch die Nase eingezogen wird, – wie sie wieder ausgestoßen wird, – wie sie durch unseren Körper fließt. –
Wir spüren, daß wir lebendige Menschen sind. –
Wir öffnen jetzt die Augen.

Die Stille-Übung muß in ihrer Länge und Gestaltung der individuellen Situation angepaßt sein. Die direkte Umwelt des Kindes, gemeinsam Erlebtes kann mit einbezogen werden. Es können auch schon Impulse auf die nachfolgende meditative Übung eingeflochten werden.

Maria Alferding

3. Meditative Übungen

3.1 Meditation über die eigenen Hände

(Gruppe: 6-8 Kinder, eventuell auf dem Boden sitzend; Erzieherin spricht langsam mit Pausen.)
Wir schauen uns jetzt einmal unsere Hände an. – Sie liegen vor uns auf dem Schoß. – Wir schauen sie uns an, als würden wir sie zum ersten Mal sehen: von innen – von außen. – Unsere Hände sind wie ein Bilderbuch. Sie können uns ganz viel erzählen. – Wie sie aussehen – was sie erlebt haben – was sie schon könen – was sie besonders gern tun. – Wir lassen die Hände einmal erzählen.

Die Kinder äußern sich frei. Die Erzieherin bewertet keine Aussagen. Sie knüpft eventuell nur an Äußerungen an oder gibt Impulse. (Bsp. Deine Hand hat einen Kratzer. Was will die Hand darüber wohl erzählen? Sehen deine Hände fröhlich oder traurig aus? Was würden deine Hände jetzt am liebsten tun?) Die Erzieherin soll auch selbst einige Erfahrungen einbringen. (Bsp. Meine Hände sind warm. Es ist schön, wenn die Hände warm sind. Dann fühlen sie sich wohl und ich mich auch.) Die Erzieherin muß erspüren, wann der Zeitpunkt für einen Abschluß gekommen ist. Ein Abschluß könnte gemeinsame Erfahrungen mit Händen aufgreifen, die pantomimisch dargestellt werden:

Beispiel:
Die Hände haben uns viel erzählt.
Manchmal sind unsere Hände wie Samt. Sie sind weich und können streicheln. (Streicheln der Hände und Arme)
Manchmal sind unsere Hände wie Steine. Sie sind hart und tun anderen weh. (Faust machen)
Manchmal sind unsere Hände wie eine Mauer. Sie halten andere ab oder schieben sie weg. (Abwehrhaltung)
Manchmal sind unsere Hände wie eine Kette. Sie fassen andere an, und wir sind nicht mehr allein. (Kette bilden)
Manchmal sind unsere Hände wie eine Schale. Sie sind leer und offen und warten darauf, daß jemand kommt und etwas hineinlegt. (Hände zur Schale formen)
Die Erzieherin legt jedem Kind eine kleine Überraschung in die geöffneten Hände (Blatt, Blume, Muschel, Stein, ...).
Es ist schön, daß wir Hände haben, die etwas verschenken können und die etwas annehmen können.

3.2 Meditative Übung zur Sensibilisierung der Hände: Erfühlen der Erde

(Gruppe: bis 6 Kinder, im Kreis sitzend, in der Mitte eine Wanne mit Gartenerde)

Vor uns steht eine Wanne mit Gartenerde. Mit den Händen wollen wir diese Gartenerde kennenlernen. Die Augen schließen wir dabei. Mit unseren Händen und Fingern können wir viel in der Erde entdecken. Die Kinder erfühlen die Erde so lange, wie es ihnen Freude macht, zuerst schweigend. Anschließend können sie das Erfahrene mitteilen und sich dabei gegenseitig zuhören. Die Kinder sollen dabei auf ihre Weise und im eigenen Rhythmus Erfahrungen sammeln, ohne daß ihnen Erfahrungen einsuggeriert werden. Zum Abschluß könnte gemeinsam etwas eingepflanzt oder eingesät werden, oder die Erde wird gemeinsam in den Garten zurückgebracht. Hier bieten sich viele Möglichkeiten an. Die Übung kann auch gut im Freien durchgeführt werden.

(Idee nach E. Gottfried Massa in: Religion im Kindergarten, Kösel)

3.3 Bildmeditation: Kleine Hand und große Hand

Bevor die Erzieherin das folgende Foto mit den Kindern meditativ betrachtet, sollte sie sich selbst dem Bild „gestellt" haben.

Mögliche Aussagen des Bildes:
Hände stehen in Beziehung; brauchen sich gegenseitig; große Hand bietet Schutz, Geborgenheit, Halt, Nähe, Sicherheit; übt trotz ihrer Größe keine Macht aus; Hände haben die Möglichkeit, sich loszulassen und wieder neu anzufassen; kein Besitzanspruch;

Methodische Möglichkeiten:

- Wir sehen uns das Bild an. Was zeigt es uns? Ist euch das bekannt?
- Wenn die kleine Hand sprechen könnte, was könnte sie uns erzählen?
- Wenn die große Hand sprechen könnte, was könnte sie uns erzählen?

Die Erzieherin muß selbst erspüren, wie sie die Übung weiterführen oder beenden möchte. Die Kinder können ein Bild malen von einer großen und einer kleinen Hand, um die angesprochene Situation noch stärker nachzufühlen und zu erleben.
Die Erzieherin kann auch, ähnlich wie im folgenden Text „Gespräch zwischen zwei Händen", einen eigenen, auf die Situation der Kinder abgestimmten Abschluß finden. Der Text als Ganzes eignet sich sicher nicht für alle Kinder dieses Alter.

Maria Alferding
(Photo: Norbert Merkens)

Gespräch zwischen zwei Händen

Es sagte einmal die kleine Hand zur großen Hand:
Du, große Hand, ich brauche dich.
Ich brauche dich, weil ich mich bei dir wohlfühle und bei dir sicher bin.

Ich spüre dich, wenn ich wach werde und du dann bei mir bist.
Ich spüre dich, wenn ich Hunger habe und du mir zu essen gibst.
Ich spüre dich, wenn ich mit dir spazierengehe und du mir die Welt zeigst.
Ich spüre dich, wenn ich Angst habe und traurig bin und du mich tröstest.
Ich spüre dich, wenn ich müde bin und du mich trägst.
Ich bitte dich: Bleibe in meiner Nähe und halte mich.

Und es sagte die große Hand zur kleinen Hand:
Du, kleine Hand, ich brauche dich.
Ich brauche dich, weil ich mich bei dir wohlfühle und dich lieb habe.
Ich spüre dich,wenn ich mit dir spielen, lachen und toben kann.
Ich spüre dich, wenn ich dir kleine Griffe zeigen kann, die du lernen willst.
Ich spüre dich, wenn ich müde und traurig bin und du mich wieder froh machst.
Ich bitte dich: Bleibe in meiner Nähe und halte mich.

Die meditativen Übungen können auch durch ein kurzes Gebet beendet werden, in dem z.B. der Dank ausgedrückt wird für unsere Hände und die vielen Möglichkeiten, die uns durch die Hände geschenkt sind.

Maria Alferding
(Idee nach Gerhard Kiefel)

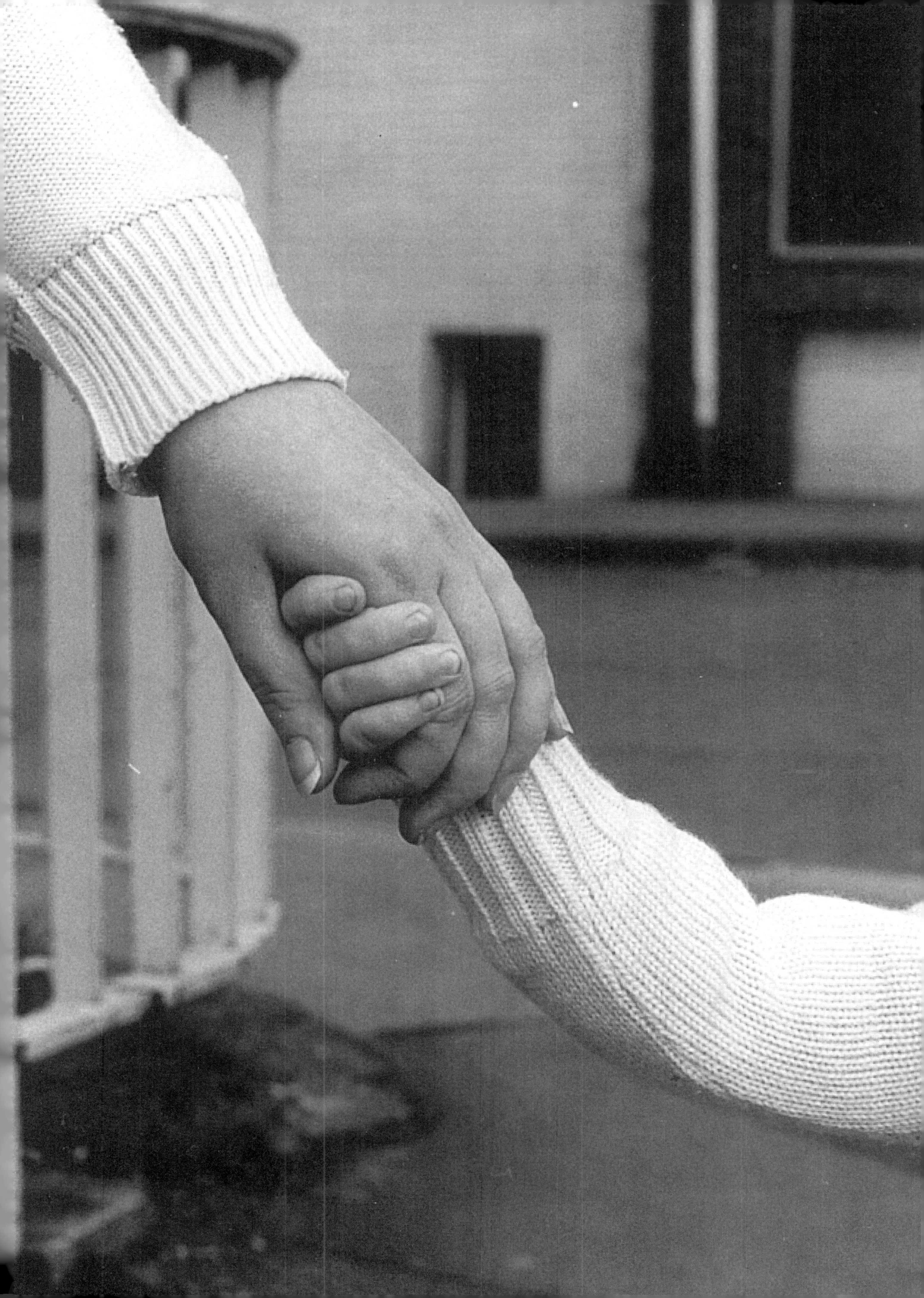

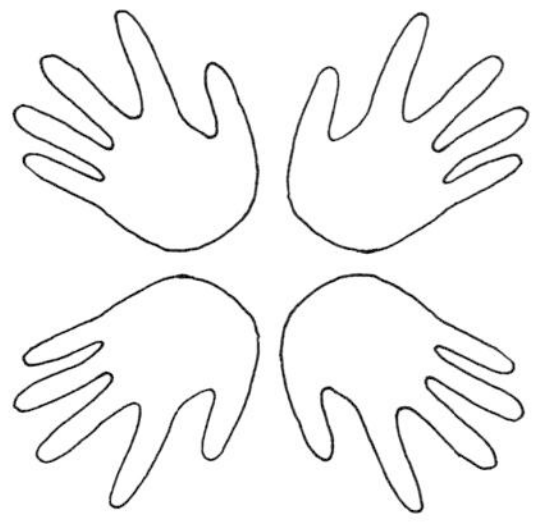

Informationen für die Erzieherin
Körperübungen mit Yogaelementen für Kinder etwa im Alter von 5-6 Jahren

Barbara Neugebauer

Kinder dieses Alters fühlen sich in ihrem Körper wohl und können ihn sinnvoll einsetzen oder sollten dieses wieder lernen.
Für eine gesunde und ausgeglichene Entwicklung des Kindes ist es wichtig, daß es sich in seinen Bewegungen erfahren kann, den eigenen Körper und seine Empfindungen genauer kennenlernt, indem ihm Zeit gelassen wird, darauf zu achten. Neben der Bewegung kommt hinzu, daß die Haupttätigkeit des Kindes eine spielerische ist und dieses berücksichtigt werden muß.
Yoga-Haltungen, die „asanas", kommen diesen Voraussetzungen des Kindes entgegen. Sie sind Bewegungsangebote, die den kindlichen Bewegungsspielraum und die Vielfältigkeit der Bewegungen erweitern und variieren. In vielen kleinen Schritten tragen Übungen dazu bei, die Bewegungen des Körpers zu koordinieren und zu harmonisieren – in Einklang zu bringen mit der geistigen und seelischen Befindlichkeit.
Da viele der Yogahaltungen der Natur, den Tieren „abgeschaut" sind oder sich auf Gegenstände beziehen, entspricht dies der kindlichen Einstellung, seinem Vorstellungsvermögen.
Kennzeichnend für Yogaübungen ist, daß sie über Bewegung zu Haltungen hinführen und damit achtsam und in Sammlung auf den Körper in Ruhe ausgeführt werden. Yoga üben heißt, „zu-sich-kommen", wenn auch nur wenige Augenblicke. Die Konzentrationsdauer der Kinder wird sich bei häufigerem Üben mehr und mehr steigern.
Wiederholungen machen den Kindern in der Regel Freude, geben Erfolgserlebnisse und Sicherheit. Achten Sie darauf, ob die Kinder interessiert bekannte Elemente wiederentdecken, ob sie Übungen vorzeigen und wieder aktualisieren wollen.
Wesentlich bei Yogaübungen ist das „Wie" des Übens, weniger das „Was". Welche Übungen gewählt werden, kann also ganz auf die Interessen der Kinder abgestimmt werden und soll ihnen grundlegend Bereicherung und Freude vermitteln. Erzieherinnen können durchaus zusammen mit den Kindern lernen, die Intensität, das Einfühlen, das geduldige Umgehen mit dem eigenen Körper einzuüben. Diese Bereitschaft ist die Voraussetzung und wird auch bei fortgeschrittenem Üben Ziel bleiben.

Für die Praxis selbst ist es sinnvoll einen wärmenden Untergrund (Matte, Decke) zu haben und lockere Kleidung zu tragen. Schmuck und Schuhwerk sollten abgelegt werden.
In der Atmosphäre einer kleinen Gruppe, etwa bis zu 12 Kindern, sollte die eingehende Beachtung auch einzelner Kinder möglich sein.
Altersentsprechend ist es vor Yogaübungen günstig, körperliches Ausagieren zu ermöglichen. Erfahrungsgemäß sollte das nicht in ungeordnetem Austoben erfolgen oder nach erschöpfenden schnellen Spielvorgaben, sondern sollte schon Konzentration beinhalten, z.B. auf einen Körperteil, ein Medium, eine phantasiefordernde Bewegungsart.

Die inhaltliche Vorstellung der Katzendarstellung lenkt immer wieder die Aufmerksamkeit auf Hände und Füße „die leisen Pfoten des Tieres".
Taktiles Erleben, Dehnung der Muskulatur über den ganzen Körper, Beweglichkeit der Gelenke (Hand – Fuß; gesamte Wirbelsäule), ausgleichende Bewegungen (Abwechselnd Vor- und Rückbeugen; seitliche Dehnungen) stärken die aufrechte Haltung, das Wohlbefinden des Kindes.

Beginnen Sie zunächst mit 3-4 Übungen
im „Vierfüßlerstand, die fließend ineinander übergehen!
Decken zum Kreis anordnen!

Verwandlungsspiel: „Eine Katze auf leisen Pfoten"

Die Kinder erzählen zunächst auf einen Impuls hin (Stoffkatze, Bild, Frage) welche Katzen sie kennen, was Katzen alles tun.

A Die Kinder und die Erzieherin verwandeln sich jetzt in Kätzchen, – in eine große Katze, – die auf weichen leisen Pfoten herumschleichen und dann ihre Decken finden.

B Die Kätzchen setzen sich nun auf ihre Fersen, legen sich nach vorn, bis ihre Stirn auf den Boden kommt; legen ihre Hände neben die Füße und „schlafen". (Runder Rücken) 

C Im Traum drehen die Kätzchen mit geschlossenen Augen ihren Kopf einmal zur Seite – und zur anderen Seite.

D Die Kätzchen werden wach, öffnen die Augen, heben den Kopf und schauen um sich.

E Sie bewegen ihre Vorderpfoten, (Hände und Finger) und nehmen sie nach vorn.

F Sie richten sich auf in den Vierfüßlerstand und räkeln und dehnen sich nach allen Seiten.
V elleicht schnurren sie auch dabei.

G Sie zeigen ihre riesigen Katzenbuckel und ziehen die Köpfe dabei ein. 

H Die Rücken sinken nach unten, dabei schauen die Katzen weit hinauf (Kopf in den Nacken). 

I Sie machen dies einige Male. (Nach mehrmaligem Üben Dynamik im Atemrhythmus: einatmend aufschauen; ausatmend Katzenbuckel und Kopf senken.)

J Nun wackeln die Kätzchen mit den Schwänzen (Hinterteil seitlich bewegen).

K Nun möchten die Kätzchen Milch schlecken (Ellenbogen abwinkeln, Kopf zum Boden). 

L Sie putzen sich mit den Pfoten die Schnauzen.

M Sie dehnen sich wieder und strecken sich langsam:
einen Arm – den anderen Arm,
ein Bein – das andere Bein,
(später diagonal: rechten Arm und linkes Bein,
linken Arm und rechtes Bein).

N Sie zeigen ihre Krallen (Dehnung von Fingern und Zehen). -
Sie bekommen wieder weiche Pfoten.

O Sie spielen mit einem Ball, mit anderen Kätzchen (Bewegungen in der Luft).

P Sie zeigen wieder ihre Katzenbuckel! (Haltung halten!)

Q Sie legen sich wieder „schlafen". Jetzt strecken Sie sich ganz aus.
(Bauchlage: Kopf auf einer Wange; Fersen fallen auseinander; Arme liegen seitlich des Körpers.) Sie liegen auf der weichen Wiese und träumen.
Ruhephase ausdehnen!

X Sie räkeln sich und miauen und schleichen dann auf weichen Pfoten fort, um sich als Kinder wieder die Schuhe anzuziehen ...

Verwandlungsspiel: „Katzenfreunde spielen zusammen" – Verwenden Sie einige Elemente des vorher Beschriebenen.

Als Partnerübungen können hinzukommen:

AA Gegenseitiges imaginäres Zuspielen eines Balles.

BB Ein Kätzchen hebt seinen Katzenbuckel und miaut, zum Zeichen, daß es gestreichelt werden will. Das andere Kätzchen streicht ihm über den Rükken.

CC (Nach mehrmaligem Üben hinzunehmen!)
Die Vierfüßler stehen nebeneinander, Schulter an Schulter. Die Hände, die außen stehen, bleiben fest am Boden, während die Arme, die nebeneinander sind, über den Rücken/Nacken des anderen Kätzchens gelegt werden. Die außen stehenden Beine werden nach hinten ausgestreckt. (Versuchen, ruhig atmend, die Haltung eine Weile zu halten und langsam wieder aufzulösen.)

DD Die Kätzchen ruhen sich aus. (Entlasten der Handgelenke.)

CC Das gleiche „Kunststück" mit Seitenwechsel ausführen.

EE Die Kätzchen stehen sich gegenüber und legen ihre (rechten dann linken) Hände gegenseitig auf die Schultern. Sie halten sich!

DD Die Kätzchen kuscheln sich aneinander, wenn sie mögen.

Mit dem Tastsinn Erfahrungen machen, Bekanntes und Unbekanntes aufmerksam und einfühlend erkennen, Strukturen und Temperaturen unterscheiden – dies in ansprechenden Spielmöglichkeiten allein und in der Gruppe tun, dazu sollen diese Anregungen dienen.

Teilnahmemöglichkeit der Eltern:
Die Herstellung größerer Tastobjekte könnte von einer Elterngruppe übernommen werden, die dadurch ebenso einen Zugang gewinnt.
Es wäre auch möglich, daß sich einige Eltern für vorbereitende Arbeiten bereitfinden, wie z.B. Zusammenbau eines Kastens, Befestigung einer Wandplatte. Die Ausstattung würden dann die Kinder übernehmen.

Verschiedene Möglichkeiten:

Tastweg mit Stationen

gG
EP

Ein von der Erzieherin (Mitarbeiterteam) vorbereiteter Tastweg eignet sich gut als kommunikative Hinführung. Die Teilnehmer am Spiel (Eltern – sowie auch Kinder) gehen mit geschlossenen Augen (zunächst keine zu strenge Regel) an einer Kordel entlang und ertasten die in den Socken (bzw. Beuteln) enthaltenen Gegenstände. An jeder Station verweilen sie einen Moment.
Zusätzlich kann in einigen Socken ein weiterer, aber nicht zum Material gehörender Gegenstand (Kuckucksei) enthalten sein. Bevor nicht alle den Weg gegangen sind, wird nichts verraten. Dann kann über „Was" und „Wie" gesprochen werden.
Der Tastweg sollte längere Zeit im Kindergarten bleiben und einzelne zu Wiederholungen anregen.

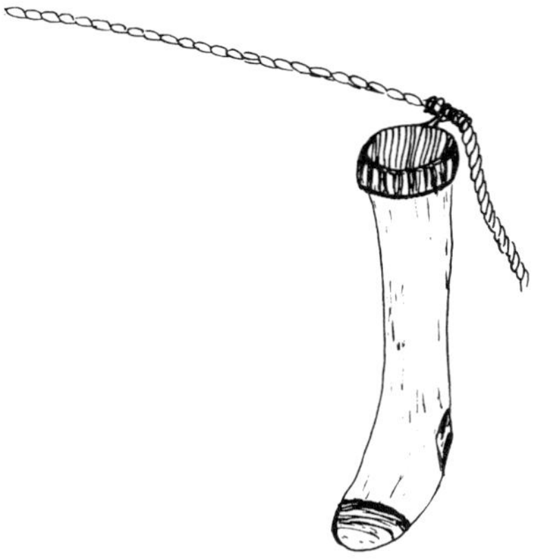

Material:
(alte) Kniestrümpfe (oder 10 Klammersäckchen oder 10 nicht durchsichtige Tüten), eine Rolle Paketkordel oder Wolle (50-70 cm lang), eine Rolle Blumendraht. Die Kordel wird an geeigneten Gegenständen befestigt, z.B. schon im Flur an Haken und Geländer und führt auf verschiedenen Umwegen zum Gruppenraum. Ca. 25 cm lange Stücke des Blumendrahts rund biegen und um den Rand des Strumpfes legen. Die Strumpfkante wird darübergeschlagen. Die Drahtenden durchstechen den Strumpf und werden an der Kordel festgedreht. Füllmaterialbeispiel zu unterschiedlichen Tastqualitäten:
Erbsen, Erde, Knetmasse, Holz- und Rindenstücke, Mehl, Watte, Glaskugeln, Steine, Nägel, Heftklammern, Spielzeugautos.

Tastspaziergang

gG

● Durch den Raum und das Haus

Mit geschlossenen bzw. verbundenen Augen unternimmt eine Gruppe, die darauf eingestimmt (vorbereitet) wurde, mit der Erzieherin einen „Spaziergang".
Die sonst bekannten Ecken und Gegenstände werden zunächst benannt, da die Kinder gern sagen, was sie erkannt haben. Dann wird beschrieben, wie sie sich anfühlen. Hierbei werden Eigenschaften genannt und Assoziationen gefunden, z.B. weich wie mein Teddy, hart wie ein Bauklotz. Diese Beschreibung sollte in ruhiger Atmosphäre und sich spontan ergebender Folge möglich sein. Eine kleinere Gruppe kann dabei ähnliche Dinge wiedererkennen, Äußerungen ergänzen und feststellen, daß gleiche Dinge auch unterschiedlich beschrieben werden. Der „Spaziergang" kann nach Interesse auf weitere Räume ausgedehnt werden.

- Die Kinder können auch entdecken, wie unterschiedlich ein Gegenstand sich anfühlt, wenn man ihn streichelt, ihn fest anfaßt, darauf schlägt (an Polster oder Ball ausprobieren!).
- Es gibt wärmere und kältere Ecken und Materialien im Raum. Die Kinder vergleichen und suchen dann z.B. den kältesten Gegenstand heraus.

Tastspaziergang

gG

- Draußen

Ein Tastspaziergang kann auch über den Spielplatz ausgedehnt werden, wo Spielmaterialien sowie Mauerstrukturen, Wiese und Pflanzen einmal auf diese Weise erfahren werden.
Auf einem Gang zum Park oder nahegelegenen Wald bietet es sich an, geeignete Bäume auszusuchen, die dann einmal „blind" befühlt werden. Es kann weiter darüber gesprochen werden, wozu Rinde und Wurzeln beim Baum notwendig sind. Gute Anregungen zu weiteren Naturbetrachtungen sind in dem Buch von „N. Hoenisch: Heute streicheln wir den Baum" zu finden.

Tastwand – Taststraße

gG
EP

Tastwände – in niedriger Höhe angebracht – reizen Kinder einzeln dazu, sich damit zu beschäftigen. Eine Taststraße (längeres Stück) könnte auch in einem Flur oder Gemeinschaftsraum zur Verfügung stehen. Bei einer Wand, auf die kein natürliches Licht fällt und die so im (Halb-)Dunkeln benutzt werden kann, ist es nicht so schwierig, die Augen lange fest geschlossen zu halten.

Die erste Benutzung sollte angeleitet werden. Durch eigene Mitgestaltung der Fläche ist das Interesse daran verstärkt vorhanden.

Die Oberflächen können wieder an ihren prägenden Merkmalen erkannt und beschrieben werden, z.B.

hart – weich
flauschig – kratzig
runzlig – straff
feinkörnig – grobkörnig
rund – eckig
seidig – strähnig
stachelig – samtig

rauh – glatt
gewellt – eben
mehlig – cremig
fest – glitschig
borstig – pelzig
schuppig – schleimig
rissig – eindrückbar

Material:
Je nach vorhandenem Material und freier Wandfläche kann vieles benutzt werden: Preßspanplatten, Styroporplatten, Bretter (→Taststraße), feste Pappen, alte Tischplatten oder Türblätter können weiterverwendet werden, offene Kartons können wie Bausteine neben- und aufeinandergelegt werden.
Hierauf werden mit den Kindern vielerlei Materialien festgeklebt. (Bei Styropor Spezialklebstoff!)

Papiere
Sandpapier verschiedener Körnungen
Kork, Plastik, Blech
Fliegendraht
Holz und Rinde

Wachs, Gips, Ton
Kordeln, Leder, Stoffe
Baumwollstoff, Jute, grober Leinenstoff,
Gardinenstoff, Cord, Samt, Taft, Frottee u.a.

Die Anordnung der Materialien kann auf einer Fläche gut gemischt werden.
Bei mehreren Flächen oder einer Taststraße können die Materialien nach weich, warm und hart, kantig, kühl geordnet werden, um genauere Differenzierungen zu erfordern!

Tastkasten

EP Ein solcher Überraschungskasten ist bis auf ein Eingriffloch geschlossen oder vorn mit einem Tuch verhängt, so daß keine Einsichtmöglichkeit besteht.
Der Tastkasten sollte als Einzelspiel zur Verfügung stehen. Beim Spiel mit einer kleinen Gruppe erzählt das tastende Kind, was es fühlt, damit die Zuschauenden mitraten können.

Bei Öffnungen von 2 Seiten können 2 Kinder gleichzeitig tasten; ihre Hände treffen sich; ein weiterer Austausch ist möglich.
Die Herstellung kann z.T. schwieriger sein, deshalb eignet sie sich für eine Elternaktivität.

Grundmaterial: fester Karton, Waschmitteltonne oder Holzkasten (mind. 40 x 40 cm groß).

Herstellung eines Stoffkastens

Stoffe, Borden, Fellstücke, Bürste, Teppichreste und Fäden werden im Inneren des Kastens befestigt. Stoffteile sind auch in Falten gelegt; im von der Oberseite herunterhängenden Stoffteil sind Knöpfe und kleine Steine eingelegt, die beim Tasten verschoben werden können.

Herstellung eines Luftballonkastens

Die Luftballons (mind. 10) sind unterschiedlich gefüllt, so daß bei gleicher Gummioberfläche durch unterschiedliche Härte, Formen und Temperaturen verschiedene Tasterfahrungen möglich sind.

Füllungsvorschläge:

prall mit Luft gefüllt	Zucker
schlaff mit Luft gefüllt	Mehl
Linsen	Watte
feuchter Sand	Streichholzstücke
etwas Wasser	Styroporkügelchen
festgewordener Gips	

Die Ballons werden verschnürt und an der Wand befestigt, z.B. durch Löcher nach außen gezogen und nochmals verknotet.

Es sollte eine überschaubare Menge an Tastgegenständen in den Kästen enthalten sein. Die Tastempfindungen der Hand werden hier erweitert, da nicht nur mit Fingerspitzen, sondern mit der ganzen Hand, auch der Handoberseite, berührt wird.

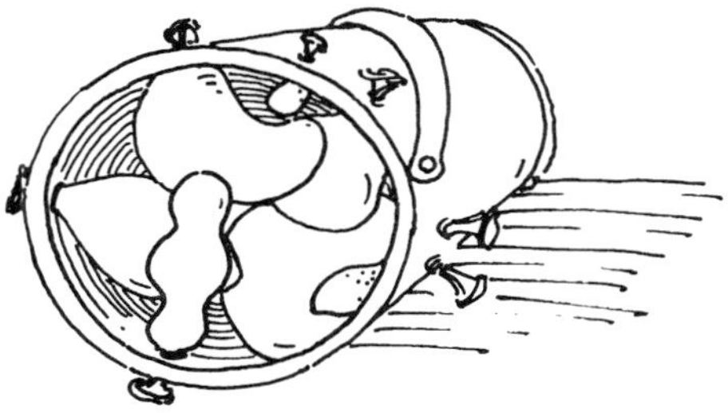

Tastbilder

gG
G Die Kinder fertigen nach vorher überlegter Eigenschaft ein Bild an. Z.B.
Das rauhe Bild
Das weiche Bild
Das harte Bild
Das runde Bild.

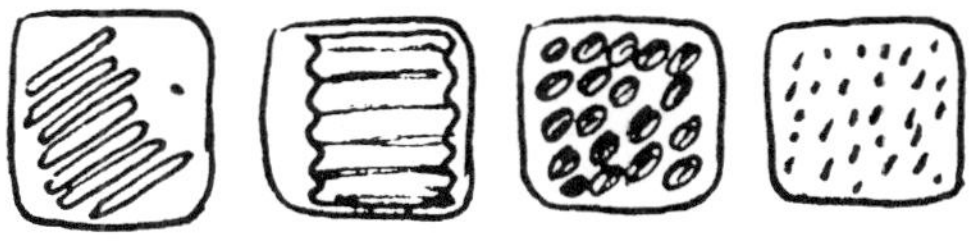

Sie sammeln dazu Oberflächen, bevor sie mit dem Aufkleben beginnen.

Tastkarten

gG Bierdeckel werden von den Kindern mit Tapetenmustern beklebt und als Domino- oder Memoriespiele benutzt (mit geschlossenen oder mit verbundenen Augen).

Es ist für die Anforderung an die Ausdauer der Kinder angebracht, nur wenig Karten auf einmal zu benutzen. Der Spielleiter soll die Hände der Spieler führen.

Meine Hand als Werkzeug

Adelheid Birkmann

Das beste Werkzeug tragen wir funktionsbereit immer bei uns. Unsere Hand; unsere Hände sind uns jederzeit zur Verfügung. Wie eine Zange halten Daumen und Zeigefinger etwas fest, sie fassen zu. Die beiden Finger können ein Stück Papier reiben, einen Stoff betasten, einen Faden halten, spannen, ziehen. Die Hand kann nach etwas greifen. Sie greift in den Baum, um eine Frucht zu pflücken, sie umgreift einen Ball, Gegenstände. Die Faust hält einen Stab wie einen Hammer fest. Die Hand kann schaufeln, baggern, in einen Sandberg eine Höhle graben. Die gekrümmten Finger kratzen, ebnen. Die flache Hand glättet, sie klopft die Oberfläche eines Sandberges fest. In der Hand wird der feuchte Sand gedrückt, es entsteht eine Form, ein Abdruck der hohlen Innenhand.

Die gewölbte Hand schützt, sie ist eine behütende, bergende Hand. Oder sie schöpft. Beide Hände bilden eine Schale, ein Gefäß. Neigt man beide Hände zueinander, so daß die Fingerspitzen sich berühren, entsteht ein Dach. Urformen entstehen, Ursymbole.

Kinder wollen Hand anlegen, greifen, begreifen. Immer und immer wieder neu verinnerlichen, was durch die Hand angeboten wird. Meine Hand, mein Werkzeug, mein Werkmittel.

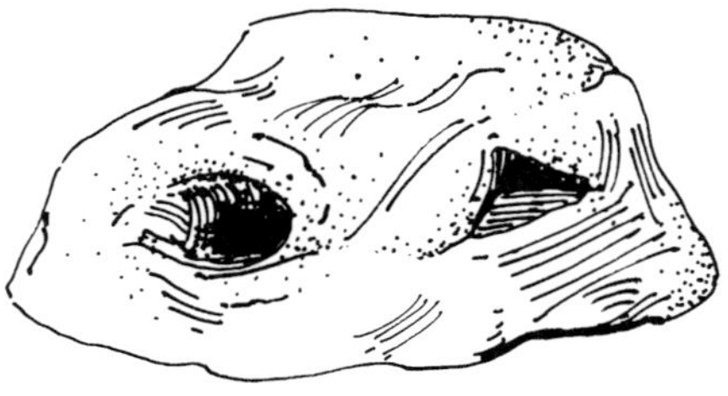

Das Kind findet seine Form im Umgang mit Ton

Es gibt eine Urform. Und alle Formen, die wir in der Kunst haben, erleben und uns vorstellen können, stammen von dieser Urform. Hier geht es nicht um eine Technik, die vom Kind angenommen, übernommen, geübt und gekonnt ist. Es ist sinnvoll, mit dem Kind auf Entdeckungsfahrt zu gehen. Das Kind nimmt Kontakt auf zum Gegenstand, zum Ton. Sinnenhaft geschieht das: Es sieht, geht, greift, klopft, tupft, drückt, die Finger bohren ein Loch hinein. Daumen und Zeigefinger ziehen ein Stück Ton ab. Das Stück fällt zur Erde, wird aufgehoben, mitgenommen auf den Weg um den Tonklumpen herum und irgendwo wieder angepappt, angedrückt. Es ist der Weg der Neuentdeckung der Sinne. Immer wieder verändert sich etwas, das Kind verändert, verändert sich. Die Sinne sind das kostbare Instrument, durch das immer wieder erklingt, was vorher nicht bewußt war. Immer wieder bestätigt sich das Kind: es gräbt, es entnimmt Teile, kratzt, drückt, glättet, drückt wieder Tonstücke fest an. Löcher, Gänge, Höhlen entstehen. Die Wahrnehmung der Sinne nimmt nie ein Ende, die Phantasie der Kinder erkennt immer neue Zuordnungen, Inhalte, Situationen, neue Lebendigkeiten. Mit allen Sinnen entdeckt das Kind den Ton und sich selbst.

Diese Phase des Vertrautwerdens mit dem Ton ist Voraussetzung, aus der heraus das Kind seine Formen findet, aus Ton gestaltet; seinen Weg findet, Ton zu formen.

Bis zu diesem Zeitpunkt haben die Mutter und der Erzieher das Kind erlebt, es begleitet, mit ihm neue Entdeckungen gemacht, phantasievoll gespielt. Jetzt kann das Streben des Kindes nach kindlicher Formgebung weiterentwickelt werden. Dies geschieht im wesentlichen mit den von Fröbel her schon bekannten Grundformen der Kugel, der Walze, dem Würfel und der Anleitung durch den Erzieher.

Zum Beispiel kann gemeinsam eine Riesenschlange gerollt werden, die sich aus Tonwalzen aneinandergereiht um den Tonklumpen herumschlängelt. Augen dürfen in Form von Tonkügelchen nicht fehlen. Sie werden an den Schlangenkopf aufgesetzt, eingedrückt.

Eine Mäusefamilie kann in einer Höhle im Tonklumpen „zu Hause" sein, und am Ausgang durchs Mauseloch wieder zum Vorschein kommen. Eine Tonwalze, vorn spitz, hinten abgeflacht, und ein Schwanz, damit ist die Mausgrundform gegeben. Zwei Augen, zwei kleine spitze Ohren, fertig. Das Spiel kann beginnen. – (Fachbücher stehen für das elementare Arbeiten mit Ton zur Verfügung.)

Welcher Ton ist geeinget? – Was ist zu beachten?

Das Material ist keramischer Bauton. Von Beschaffenheit ist er grob, d.h. es ist ein wichtiger prozentualer Anteil an Schamotte (gemahlener Ziegel) in diesem Material enthalten.Damit wird dem Ton die nötige Feuchtigkeit gegeben und erhalten und auch eine Griffigkeit der Masse erreicht.

Zur *Aufbewahrung* sind luftdichte Behälter, wie Plastikeimer, Plastikfolie gut. Ton kann so immer transportiert werden, er ist stets formbereit. Der Feuchtigkeitsgrad kann durch vorsichtiges Einspritzen von Wasser erhalten werden. Vorsicht, damit der Ton nicht klebt, schwemmt!

Zum Arbeiten am Tisch genügt eine Plastikdecke. Ein Holzbrett, Küchenbrett, tut ebenfalls gute Dienste. Preßspanplatten sind sehr brauchbare Arbeitsunterlagen.

Kleidung am Arbeitsplatz? Es genügt eine Schürze oder ein Kittel. Da Ton im Trockenzustand sauber ist, genügt ein Abbürsten der Kleidung. Beim Waschen bleiben keine Rückstände sichtbar.

Reinigung des Raumes nach Tonarbeiten sollte mit viel Wasser geschehen. Durch den feinen Staub bleiben gern Spuren zurück, wenn Tische und Boden abgetrocknet sind.

Ein besonderer Tip ist das Buch: 13 Dreckgeschichten

Es enthält Gedanken, Anregungen und Erfahrungen rund um Ton und Kinder von Dorothe Frutiger mit Bildern von Christian Mehr und ist 1985 im Orell Füssli Verlag erschienen.
Es muß mit Engagement und Verständnis für Kinder entstanden sein und zeigt viele Ideen für den unmittelbaren Umgang. „Hände sind das beste und das einzig notwendige Werkzeug zum Spielen und Werken mit Ton."

Eine gute Empfehlung für interessierte Eltern!

Finger und Hände fahren – kreisen – tanzen auf dem Papier

Zum Spiel mit dickflüssigem Tapetenkleister auf großflächigem Papier (Tapeten, Packpapier) werden noch Erdfarben o.a. ungiftige Farben benötigt. Das Papier sollte auf der Unterlage befestigt werden.

- Schon beim Anrühren und Auftragen des Kleisters wird die kühle glitschige Masse mit den Händen erfühlt.
- Beim Hineinträufeln der Farben verbinden sich die Massen. Die Farbe kann beobachtet werden, wie sie sich in zufälligen Strukturen verteilt.
- Jetzt werden Spuren gelegt, Farben gemischt und verändert.
  Durch Wegdrücken der Masse scheint das Papier wieder durch. Unzählige Möglichkeiten bieten sich, mit Daumen, Fingernägeln, mehreren Fingern, Handfläche, Ballen, die Spuren zu differenzieren, zu löschen, neu zu zeichnen.
- Musik kann zusätzlich gehört werden, die Bewegungen stellen sich evtl. darauf ein.
- Tiere werden genannt, ihre typischen Bewegungen imitiert. Trippeln, krabbeln ...
- Schlittschuhläufer (Rollschuhläufer) gleiten über eine Eisfläche.
- Partnerspiel: Spurenspiel mit Vormachen, Wegwischen, Nachmachen im Wechsel.

Beide Hände malen gleichzeitig mit dicken Wachsmalstiften

Die Kinder schwingen dabei ihre Arme aus den Schultern (stehend) und hinterlassen Spuren und Muster.

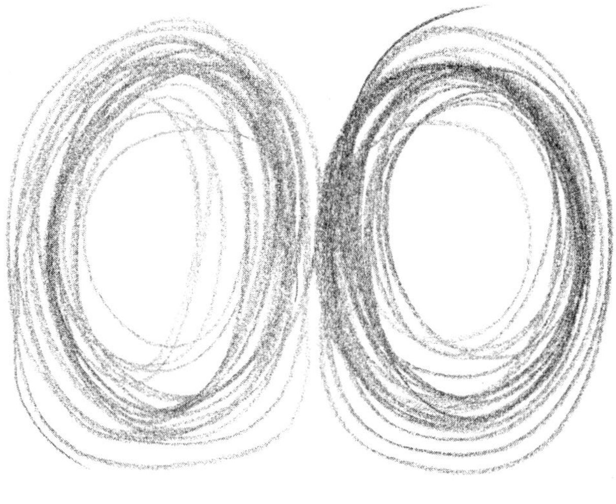

An dieser Stelle soll auf das Konzept von Waltraudt Seydt hingewiesen sein, das beidhändiges Malen, Bewegung und Atem verbindet. Es ist in dem Buch:

Sprechzeichnen
dargestellt und eignet sich besonders zur ganzheitlichen Einzel- und Kleingruppenförderung.

Hände berühren – durchfahren den Sand.
Sie bauen Labyrinthe im Sandkasten.
Sie bauen einen Hohlweg, ein Tunnel.
Wer kann einen langen kurvigen Weg bauen?
Wer kann eine Rennbahn anlegen?

Schattenspiele

Photo: N. Merkens

Illustrationen von Walter Grieder aus: Das Handspielbuch, Blumenthal/Stokes, Verlag Herder 1977

In dem Buch, ***Die kleinen Teppichknüpfer*** von Elfriede Becker, Verlag Jungbrunnen 1989 (3. Aufl.) läßt die Verfasserin hier Türkenkinder, Nepalkinder und Inderkinder von ihrem Leben erzählen mit den von uns so verschiedenen Sitten und Gebräuchen. Wie sie erzählt, so werden deutsche Kinder miterleben können und besser verstehen lernen.
Für Kinder im Schulalter sind die Gegensätze und auch die Probleme dargestellt. Zusätzlich werden Informationen über die Länder gegeben.
Folgenden Auszug aus dem Buch, der die Handfertigkeiten, die Arbeit der Kinder in Indien betrifft, können auch schon Vorschulkinder verstehen, wenn sie selbst „Handarbeiten" ausprobiert haben.

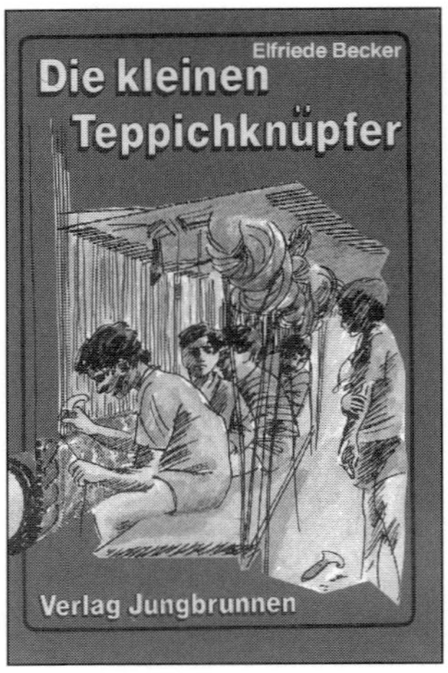

Die kleinen Teppichknüpfer

Drei Jungen knien, zwei Jungen hocken auf ihren Fersen nebeneinander auf einem Brett. Der halbfertige Teppich hängt vor ihnen an einer dicken Holzrolle. Dahinter erhebt sich die Hausmauer. Über ihren Köpfen baumeln an einer langen dünnen Holzstange bunte Wollknäuel in allen Farben von Gelb über Rot und Blau zu Grün und Braun. Auch ein schwarzes und ein lila Wollknäuel hängen da. Von jedem Wollknäuel pendelt ein Fadenende weit herunter. Die Jungen können jedes Fadenende leicht erreichen, wenn sie sich strecken.
Sahsi braucht einen gelben Faden. Er langt nach oben und zieht den Faden herunter. Ein Blick auf die Mustervorlage, und Sahsi knüpft eine Reihe gelber Knoten. Die beiden Enden des Knotens schlägt er mit dem krummen Haumesser geschickt durch. Mit der linken Hand hält er die Fäden, mit der rechten Hand schlägt er sie durch. Der Abstand zwischen den Fingern und dem Teppich ist sehr klein. Sahsi muß genau zielen, damit er die Fäden trifft und nicht in seine Finger hineinhackt.
Die gleiche Arbeit verrichten die anderen vier Jungen an diesem Teppich. Sahsi ist der Jüngste unter ihnen. Er ist neun Jahre alt. Am Ende der Reihe hockt Masihi. Er ist der älteste Junge – er ist zwölf.
Die fünf Jungen haben Glück. Ihr Teppichrahmen ist an der Außenmauer der Halle angebracht. Ein Vordach spendet ihnen Schatten. Sie können im hellen Tageslicht arbeiten, in freier Luft. Hier weht manchmal ein angenehmer Luftzug um die Ecke. Trotzdem macht ihnen die Hitze viel zu schaffen.
Die anderen fünfzehn Jungen des Betriebes arbeiten in der Halle. Dort ist die Luft stumpf und feucht und heiß. Es ist nicht so hell wie draußen, und kein Luftzug bringt etwas Kühlung.
Oft kommen Fremde und schauen die Teppiche an. Sie möchten einen kaufen und wollen sehen, wie ein Teppich entsteht.
Auch heute kommen wieder Besucher. Sie bleiben bei den fünf Jungen stehen. Sahsi hört die Leute reden. Sie sprechen eine fremde Sprache. Eine Dame sagt etwas von: little boy. Das versteht Sahsi. Er weiß, daß er klein und dünn ist. Das meint die Dame.
Sahsi ist froh, hier arbeiten zu dürfen. Der Vater müßte sonst sieben Leute allein ernähren.

Weben mit Kindern

Das Weben wird hier aus vielen Gestaltungsmöglichkeiten herausgegriffen, da es die Kinder phantasievoll tätig sein läßt und Jungen wie Mädchen gleichermaßen zu interessieren vermag.
Weben ist eine sehr alte Kunst, die sich aus dem Flechten heraus entwickelt hat. „Man steckte Äste und Zweige in die Erde und durchflocht sie mit Schilf, Binsen und Reisig, um Hüttenwände und Begrenzungen zu bekommen." 1)

Heute tragen wir Kleidung aus gewebten Stoffen vieler Arten. Auch gibt es sehr schöne und kostbare Teppiche. (Mit den älteren Kindern kann hier besprochen werden, daß in einigen Ländern sogar Kinder die Arbeit des Teppichwebens und -knotens tun müssen. Sie haben geschickte Finger dafür und bekommen sehr wenig Geld für diese Arbeit.)

Die Verbindung von Fäden verschiedener Richtung zu einer Fläche wird im Kindergarten zunächst in „Stopftechnik" auf verschiedenen kleinen Flächen möglich sein, bevor auf die Nutzung käuflicher Webrahmen übergegangen wird.

Einige Anregungen dazu:

Weben auf Bierdeckeln:

Ein viereckiger Bierdeckel wird mit einem Faden fest umspannt und verknotet. Mit einer Webnadel werden die einzelnen Reihen „durchstopft". Dabei ist auf eine feste Bindung durch abwechselndes Heben und Senken der Nadel (auch bei Fadenwechsel) zu achten. Es kann auch auf der Rückseite des Bierdekkels gewebt werden, wenn eine kleine Tasche entstehen soll.

Es eigenen sich als „Kettenträger" auch Pappstücke, die oben eingeschnitten werden, Astgabeln, Reifen, Räder ohne Speichen usw.

Freies Weben am Webhaus:

Eine sehr anregende Möglichkeit, die den Kindern Freude bereitet, ist freies Weben an einem Webhaus, das aus Holzleisten genagelt oder aus Bambusstäben zusammengewickelt wurde.

Wenn es stabil genug steht, können über längere Zeit hin mehrere Kinder von innen oder außen an den vorgespannten Flächen weben.

Die Kettfäden sollten fest sein (Hanfschnur, Baumwolle, Kordel o.ä.). Hineingewebt werden können: Wollreste, Bast, Papierstreifen, Stoffstreifen sowie Naturmaterialien wie Binsen oder Schilf.

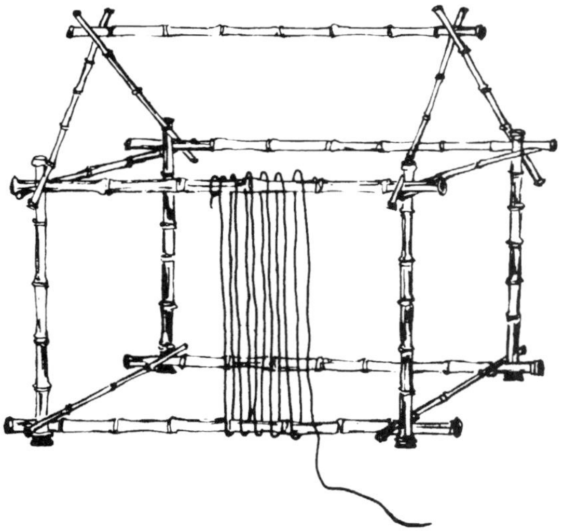

Kreuzweben: (Umwickeln von zwei Holzstäben)

Der ausgewählte Faden wird in der Kreuzmitte angeknotet und der 1. Stab umwickelt. Der Reihe nach werden die Stäbe möglicht eng anschließend jedesmal umwickelt. Bei Fadenende und zum Abschluß ankoten!

1) Zechlin, Werkbuch für Mädchen S. 101 Ravensburger Buchverlag O. Maier GmbH

- Malen mit Fingern und Händen auf verschieden großen Malgründen (Packpapier, Makulatur, Tapetenreste, Wandtafel, Fenster) mit Fingerfarben, Farben mit angerührtem Kleister oder mit kurzen Stiften (Wachsmalblöcke und -stifte, Kohle, Kreide, später Buntstifte und dicke Filzstifte)
- Malfortsetzungsspiele
- Stempeln mit Fingern und Farbe; Spurengehen auf der Papierbahn oder auf der Fensterscheibe
- Drucken mit Händen und Farbe, ungegenständlich und später gegenständlich
- Fingerstempel mit Linoldruckfarbe zum Betrachten und Weiterzeichnen (ältere Kinder)

- Knoten an aufgehängten Fäden (die später ein uriges Gebilde ergeben können!) als Additionsspiel. (Jedes Kind kann daran weiterknoten und etwas hinzufügen!)
- Kordelbilder legen
- etwas verpacken
- Spiel mit (angefeuchtetem) Sand im Freien oder am Sandspieltisch; Bau einer Kugelrollbahn
- Hände in Gips oder Kleistersand abdrücken
- Achterbahn oder andere kurvenreiche Strecke auf eine große Pappe aufzeichnen lassen und zum Weiterspiel mit Autos und Bahnen benutzen
- Händebild aus allen nachgezogenen Handumrissen der Gruppe anfertigen
- Bilder von Händen aus Zeitschriften sammeln und zusammenstellen
- Photogramme von Händen herstellen
- eigene Hand als Puppe verkleiden und damit spielen
- Papiermosaik aus gerissenen Papierstücken herstellen
- Papierhütchen und Fingerpuppen für einzelne Finger herstellen
- Finger bemalen (Mit Filzstiften sind lustige Gesichter ***auf Fingernägel*** zu malen! Einzelne Gesichter reichen für das Spiel der Kinder aus. Gesichter ***auf die Fingerspitzen der Innenhand*** gemalt, sind im Spiel noch besser zu bewegen (jedoch schlechter abzuwaschen).

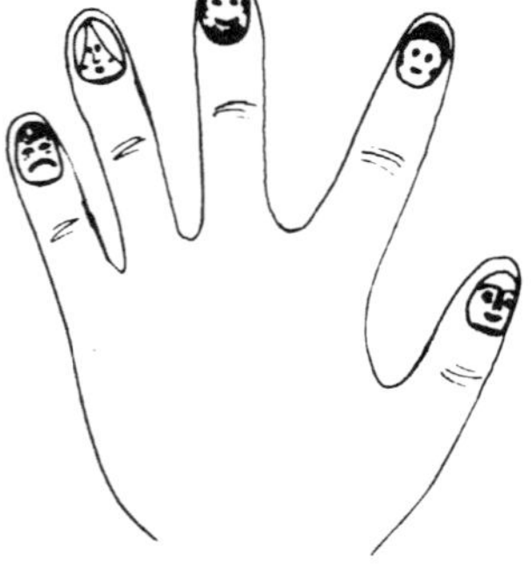

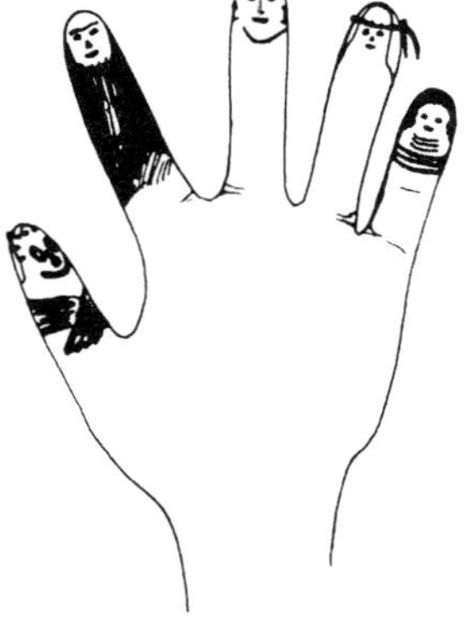

Das freie Werken im Kindergarten

Handwerkliche Tätigkeiten der Kinder können im Nacharbeiten von Basteleien oder Faltgängen und in deren Ausgestaltung geübt werden. Häufig jedoch sollten Werkarbeiten entstehen, die aus kostenlosem Material (Verpackungs-, Abfall- und Naturmaterial) nach eigenen Vorstellungen der Kinder zusammengestellt werden. Hierbei können die Kinder eigene Erlebnisse einbringen und viele Erfahrungen mit Material und Handfertigkeiten machen. Die Erzieherin findet vielseitige Möglichkeiten, dem Verständnis der Kinder entsprechend, auf diese einzugehen.

Werkmaterialien werden hier zum Erlebnis, zum Material, mit dem man umgehen, auch spielen kann.

Das Materialangebot sollte vielfältig veränderbar sein. Günstig ist es oft, jeweils ein Material anzubieten (entweder Holzreste oder Garne oder Wellpappe ...), da jedes Material einen starken eigenen Anreiz ausübt. Die Stücke sollten jedoch von verschiedenen Größen und Formen sein oder auch aus unregelmäßigen Reststücken bestehen. Aus dem für die Kinder zu übersehenden Angebot können diese dann auswählen, das Material ausprobieren und sich auch selbst eine Aufgabe stellen.

Es kann hinzukommen, daß die Erzieherin eine bestimmte Technik erklärt (z.B. mit Korken stempeln).

Sollte einfaches Werkzeug wie Hammer, Messer, Säge zum Ausprobieren von Material und Technik nötig sein, so wird die Handhabung gezeigt, damit nichts Unsachgemäßes eingeübt und keine Gefahrensituation heraufbeschworen wird.

Buchempfehlung:

„Animani", Mario Mariotti/Roberto Marchiori
Alle deutschsprachigen Rechte bei C. Bertelsmann Verlag GmbH, München 1982.
In diesem Buch „Spiele mit bemalten Händen" finden Sie auch weitere Anregungen, um mit Farben, Wasser, Pinsel und eigenen Händen Animani-Tiere zum Leben zu bringen. Durch zusätzliche Materialien wie Glaskugeln, Knöpfe, Handschuhe, lassen sich weitere Spielmöglichkeiten entdecken.

Die folgenden beiden Fotos sind dem Band entnommen!

Mario Mariotti · Animani · Gallina

Mario Mariotti · Animani · Gallo

Was gemeinsam zu schaffen ist

Die Finger einer Hand greifen gemeinsam, fassen zusammen an, verdeutlichen dem Kind durch eine Versprachlichung im Gedicht, wie wichtig es ist, schon einfache Dinge gemeinsam zu tun.

Wer kann das Rätsel raten?
Es gibt fünf Kameraden, -
der eine dick, der andere fein,
der eine groß, der andere klein.
Doch leben sie zu jeder Zeit
in treuer Lieb' und Einigkeit.

Sie zanken nicht und streiten nicht,
und keiner nur ein Wörtlein spricht.
Und was ihr Herr nur haben will,
tun sie zusammen flink und still.

(Die Finger)
Text überliefert

In dem Buch von **Knister/Paul, Maar, Frühling, Spiele, Herbst und Lieder**, Ravensburger Buchverlag GmbH Otto Maier sind viele neue Materialien zusammengetragen, die die phantasievolle Förderung der Kinder unterstützen. Das folgende Fingerspiel und die Schattenspielgeschichte stammen aus dem Kapitel „Solidarität" dieses Buches. Ein weiteres Fingerspiel verdeutlicht ebenfalls die Notwendigkeit des Zusammenhaltens.

Fünf Finger wärmen sich

Fünf Finger sitzen dicht an dicht.
Sie wärmen sich und frieren nicht.
Der erste sagt: „Auf Wiedersehn!"
Der zweite sagt: „Ich will jetzt gehn!"
Der dritte hält's auch nicht mehr aus.
Der vierte geht zur Tür hinaus.
Der fünfte ruft: „He ihr, ich frier!"
Da wärmen ihn die andern vier.

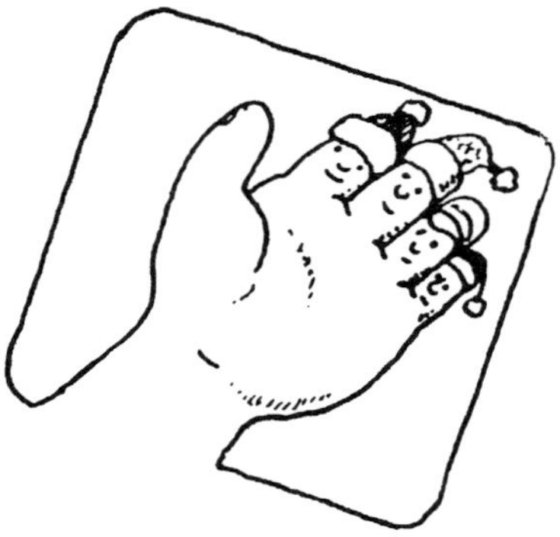

In der Ausgangshaltung umschließen die vier Finger den Daumen. Nacheinander werden dann – bei den entsprechenden Textstellen – alle Finger ausgestreckt: Bei der Textstelle „Der erste sagt ..." beginnt man mit dem Zeigefinger und macht weiter, bis als fünfter Finger der Daumen übrigbleibt. Mit der letzten Textzeile wird die Hand wieder geschlossen, so daß die Finger den Daumen wärmen. Damit ist die Ausgangsposition wieder erreicht und das Spiel kann von vorn beginnen.

Was gemeinsam zu schaffen ist

Gemeinsam sind wir stärker – Schattenspiel

Die Pädagogin kann das folgende Schattenspiel den Kindern vorspielen, um anschließend mit ihnen über das Thema „Gemeinsam sind wir stärker" zu sprechen. Das Spiel kann aber auch zusammen mit den Kindern erarbeitet und später bei einem Elternabend oder einem ähnlichen Anlaß aufgeführt werden. Als Projektionsfläche eignet sich die gebaute Schattenspielbühne oder eine provisorisch aufgehängte Leinwand. Damit die Pädagogin und die Kinder möglichst unverkrampft und frei spielen, ist hier nur ein grober Handlungsablauf vorgegeben. Er kann beliebig verändert werden, allerdings sollte der Spielgedanke „Gemeinsam sind wir stärker" erhalten bleiben.

Figuren:
ein großer Kochlöffel, 13 Wäscheklammern

Spielverlauf

Es gibt im Spiel beliebig viele Rollen. Wichtig ist nur, daß einer großen, starken Figur viele kleine, deutlich schwächere Figuren rivalisierend gegenübergestellt werden.

Die Pädagogin achtet darauf, daß die kleinen Figuren nicht nur im Schattenspiel deutlich kleiner sind als die große Figur, sondern daß man die Figuren auch an der Stimme und der Art ihres Benehmens und Redens deutlich unterscheiden kann (stark typisierte Figuren).
Hier ein möglicher Ablauf:

1. Szene

Die Pädagogin hat sich auf den Zeigefinger und den kleinen Finger der rechten Hand je eine Wäscheklammer geklemmt. Sie bringt die beiden Klammern ins Bild. Die Klammern unterhalten sich und spielen, sind lustig und lachen. Plötzlich unterbricht die eine das Spiel und warnt die andere vor dem „starken Kochlöffel", der zu kommen scheint.Der Kochlöffel kommt. Die Pädagogin führt ihn am Stielende mit ihrer linken Hand von der linken Seite aus ins Bild. Der Kochlöffel wird aber so geführt, daß er nicht in seiner ganzen Größe zu erkennen ist. Er wirkt nicht viel größer als die Wäscheklammern, nur deutlich dicker (durch die Löffelform).
Schon bevor der Kochlöffel richtig im Bild ist, hört man ihn laut schimpfen. Die eine Klammer wird gleich flüchten, aber die andere überredet sie zu bleiben. Der Löffel will die beiden verjagen. Aber die etwas mutigere Klammer will wissen, warum sie verjagt werden sollen.
Der „große Löffel" will mit den „kleinen Klammern" nicht diskutieren. Sie sollen verschwinden.
Als die mutigere Klammer sich auch noch über ihn lustig macht, weil er ja auch nicht größer ist als sie, sondern nur dicker, wird der Löffel immer wütender. Während er laut auf die kleinen Klämmerchen einschimpft, läßt die Pädagogin ihn immer größer werden, bis er in voller Größe im Bild zu sehen ist.
Jetzt kriegen die beiden Klammern es mit der Angst zu tun und flüchten. Auch der Kochlöffel geht. Die Pädagogin läßt ihn immer kleiner werden und führt ihn seitlich aus dem Bild.

2. Szene

Die Pädagogin hat acht Wäscheklammern auf ihre Finger gesteckt, die sie nach und nach ins Bild bringen kann. Immer, wenn sie die Klammern ins Bild bringt, achtet sie darauf, daß die Figuren nicht aus dem Nichts auftauchen, sondern von einer der beiden Seiten oder von unten langsam ins Bild kommen.
Zu Beginn der Szene sind nur zwei Klammern im Bild. Sie beratschlagen, wie man sich gegen den großen rücksichtslosen Kochlöffel zur Wehr setzen könnte.
Da ihnen nichts einfällt, rufen sie ihre Freunde, denn viele Leute haben mehr Ideen. Nach und nach kommen immer mehr Klammern ins Bild und begrüßen sich, bis schließlich alle acht Klammern versammelt sind. Die gemeinsame Beratung beginnt. Jeder berichtet von seinen schlechten Erfahrungen mit dem Kochlöffel. Es werden die verschiedensten Vorschläge gemacht, was man unternehmen könnte (kleinsägen, laut anbrüllen, in den Boden stampfen, den Koch über den Löffel ziehen, in die Wüste schicken usw.). Alle Vorschläge werden diskutiert und wieder verworfen. Erst der letzte Vorschlag wird begeistert angenommen:
Alle Klammern stecken sich übereinander, damit sie so aussehen, als wären sie eine Riesenklammer. So soll der Löffel erschreckt und eingeschüchtert werden. Sie beschließen, dem Kochlöffel aufzulauern und gehen aus dem Bild.

3. Szene

Die Pädagogin trägt noch immer die acht Wäscheklammern an den Finger. Vorher hat sie fünf Wäscheklammern übereinandergesteckt und bereitgelegt.
Zu Beginn der Szene kommt der Löffel von links ins Bild. Noch bevor er zu sehen ist, hört man ihn laut schimpfen. Er ist – wie in der vorigen Szene – zunächst nicht größer als eine Wäscheklammer. Er dreht sich ein paarmal suchend um und stellt befriedigt fest, daß kein einziges „winzeklitzekleines Klämmerchen" zu sehen ist. Er lacht laut und freut sich darüber, daß er sie alle vertrieben hat. Am linken Bildrand (gerade noch zu sehen), legt er sich auf die Lauer, damit er ein Klämmerchen verjagen kann; falls sich überhaupt noch eins hertraut! Jetzt führt die Pädgogin an der rechten Seite die übereinandergesteckten Klammern ins Bild. Vorerst ist aber nur die oberste Klammer zu sehen.
Die Klammer macht nun den Löffel, der gleich nach ihrem Erscheinen bedrohlich in ihre Nähe rückt, wütend. Sie reizt ihn. Schließlich ist er so wütend, daß er zu wachsen beginnt. Aber die kleine Klammer rennt immer noch nicht weg. Zum Entsetzen des Löffels fängt sie jetzt ebenfalls an zu wachsen, bis sie noch größer ist als der Löffel. Der Löffel flüchtet aus dem Bild. Die Klammern lachen. Sie lachen immer mehr, bis sie vergessen, sich festzuhalten und zu Boden stürzen. (Die Pädagogin wackelt mit dem Klammerstab, bis er auseinanderbricht und läßt die Klammern dann fallen.) Sie bringt die acht Fingerklammern von unten gleich wieder ins Bild. Die Klammern freuen sich über ihren Erfolg. Sie unterhalten sich darüber, daß sie nur deshalb den Löffel einschüchtern konnten, weil sie alle zusammengehalten haben. In Zukunft wollen sie immer zusammenhalten.

Eine biblische Hände-Geschichte

Zur Einstimmung in das Gleichnis vom barmherzigen Samariter eignet sich folgendes Lied, das den Kindern bekannt sein sollte:

(Melodie nach einem Gospelsong, Text W. Longardt)

3. Du, ich spüre dich, und du spürst auch mich,
   allein auf der Welt wär's fürchterlich!
4. Schaut, wer noch allein: Jesus lädt uns ein,
   wir könn' alle Brüder sein!

Bei diesem Lied sind folgende Spielbewegungen möglich:

Zur Strophe 1: Taktweise zeigt man seine Hände zum Sitznachbarn nach links und rechts.
Zum Text „Sind wir uns schon gut bekannt?" reicht man sich gegenseitig rechts und links eine Hand, so daß eine Kette entsteht.

Zur Strophe 2: Taktweise zeigt man die Innenseite seiner Hände bald dem rechten, bald dem linken Sitznachbarn.
Zum Text: „Und zusammen singen wir" reicht man sich wieder gegenseitig eine Hand zur Kette.

Zur Strophe 3: legt man mit dem linken und rechten Sitznachbarn die Handflächen behutsam zusammen (ohne zu fassen). Zum Text „Allein auf der Welt wär's fürchterlich" stampft man mit den Füßen.

Zur Strophe 4: Bei den Anfangstakten legt man die flache Hand über die Augen, so als wollte man weit und gegen die Sonne gehen können und schaut nach links und rechts. Zum Text „Wir könn' alle Brüder sein" bildet man wieder die Kette aus gefalteten Händen.

Die 4. Strophe kann überleiten zum Gleichnis. Das Gleichnis wird dann zu Anfang von der Erzieherin erzählt. Dabei ist der Hinweis wichtig, daß diese Geschichte auch heute noch so geschehen kann.
Beispiele mit Kindern gemeinsam suchen und evtl. darstellen lassen (Verkehrsunfall, kleines Kind ist geschubst worden ...)!
Das Gleichnis selbst kann auch im Spiel ohne Worte oder als Schattenpantomime dargestellt werden.

1. Szene Wie die Räuber den Mann umstoßen und liegenlassen,
2. Szene Wie der erste Mann, der Priester, vorbeikommt und nicht hilft,
3. Szene Wie ein anderer vorbeikommt, der Levit, und auch nicht hilft,
4. Szene Wie der barmherzige Samariter kommt und hilft.

Anschließend kann das Gleichnis gemeinsam mit den Kindern als Hände-Geschichte gespielt und nacherlebt werden.

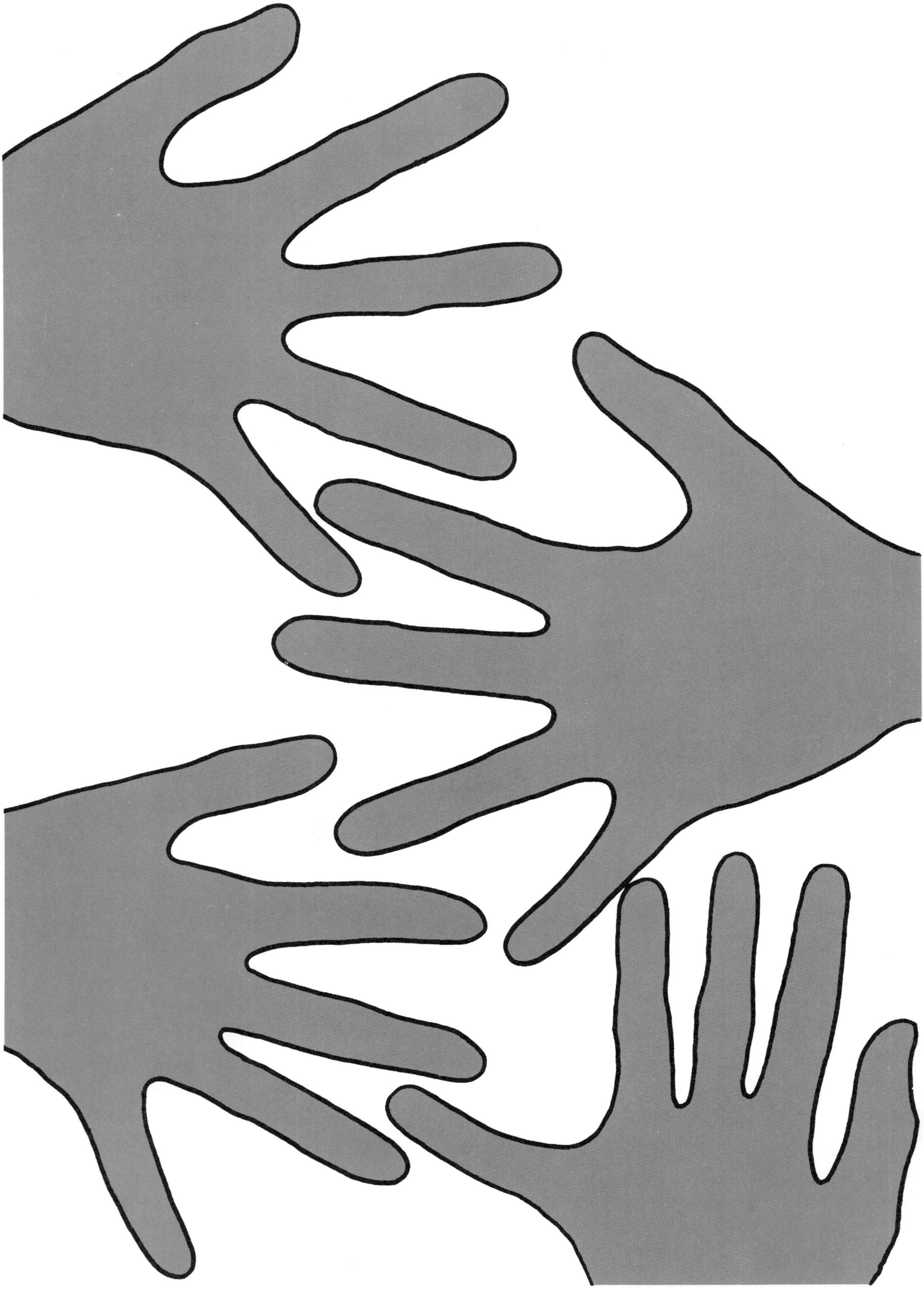

Erzähler:

Da waren zuerst Hände, die schlagen und stoßen, die Schmerz zufügen und rauben.
(Alle Kinder imitieren vom Platz aus das Zu-Boden-Stoßen und Ausrauben.)
Dann lag der arme Mann hilflos am Weg. Er stützte sich den schmerzenden Kopf, er weinte.
(Alle Kinder imitieren das mit den Händen.)
Endlich kam ein Mensch den einsamen, gefahrvollen Weg entlang. Der Verletzte hob ein wenig bittend die Hände, aber der Mann, es war ein Priester, steckte die Hände einfach tief in sein Gewand und ging fort, ohne zu helfen *(Imitation)*.
Wieder lag der Hilflose weinend und voller Schmerzen da *(Imitation)*.
Dann kam ein Levit vorbei. In eiligem Lauf schwenkte er Arme und Hände *(Imitation)*.
Da sah er den Hilflosen am Wegesrand. Nein, auch er wollte sich nicht die Hände schmutzig machen, auch hatte er es eilig. Er steckte seine Hände tief in sein Gewand *(Imitation)* und ließ den blutenden, weinenden Mann liegen.
Jetzt kam ein Samariter darhergeritten, die Hände am Zügel seines Reittieres (Imitation). Um gegen die Sonne besser sehen zu können, wer da am Wegrand lag, legte er eine Hand über die Augen *(Imitation)*.
Der verletzte Mann hob mit letzter Kraft bittend die Hände *(Imitation)*.
Da zog der Samariter die Zügel fest an, um sein Reittier anzuhalten *(Imitation)*.
Er band es an einen Strauch *(Imitation)*, nahm seine Reisetasche und sein Trinkgefäß und lief hin zum hilflosen Mann. Er bückte sich, stützte ihm den Kopf *(Imitation)*, öffnete sein Trinkgefäß und gab ihm zu trinken *(Imitation)*.
Dann wusch er ihm das Blut ab und verband ihn *(Imitation)*.
Er tröstete und beruhigte den Mann, er streichelte ihn *(Imitation)*.
Nun half er ihm hoch, setzte ihn auf sein Reittier und band es los *(Imitation)*.
Mit einer Hand hielt er beim Nebenherlaufen die Zügel, mit der anderen Hand stützte er den Verletzten auf dem Tier *(Imitation)*.
Beim nächsten Gasthof klopfte er an *(Imitation)*, hob den Verletzten vom Reittier *(Imitation)* und übergab ihn dem Wirt zur Pflege. Er bezahlte auch noch Geld für die Pflege *(Imitation)*.
Dies hat Jesus einmal so erzählt und dann am Ende gesagt: „Macht es ebenso, wie der, der geholfen hat. Gott will, daß ihr euch bückt und dem Nächsten mit Hand und Herz Gutes tut."

Es bietet sich an, das Anfangslied zu wiederholen.

In dieser Weise könnten viele biblische Geschichten (Heilungen, Wunderberichte) erzählt werden, denn in den Begegnungen Jesu mit den Menschen spielen die Hände häufig eine sehr zentrale Rolle.

Liedtext, Beschreibung der Spielbewegungen, Szenenaufteilung und Erzählung nach Wolfgang Longardt, Gottesdienste mit Kindern und Jugendlichen, Febr. 82, Hände – Wozu? Verlag Bergmoser + Höller

Anregungen, Zeichensprache zu beobachten und anzuwenden

(Sie eignen sich eher für die Gruppe der 5-6jährigen, da es teilweise nötig ist, Handlungen zu reflektieren.)

Zeichensprache in zwischenmenschlichen Beziehungen

Mit einer kleinen Gruppe können einladende und ablehnende, freundliche und bedrohliche Gesten dargestellt und besprochen werden. Ein Beispiel dazu siehe folgende Bildseite: raufen und sich wieder vertragen (die Hände reichen).
Glückwünsche werden durch einen Händedruck oder eine Umarmung vermittelt. Das Lied „Ich gebe dir die Hand" von Gertrud Lorenz, aus: „100 einfache Lieder Religion", Hrsg. R. Krenzer, Kösel und Kaufmann Verlag, eignet sich dazu auch als Geburtstagsständchen.
Auch beim Schenken spielen die Hände eine wichtige Rolle. Der Schenkende verschenkt mit Hilfe der Hände.

Zeichen geben im Verkehr

Kinder üben Handbewegungen ein, die ihre Absicht deutlich machen, daß sie die Straße überqueren wollen. Sie beobachten auch Handzeichen anderer Verkehrsteilnehmer (Fußgänger; Autofahrer; Polizisten, die den Verkehr regeln). Sie bedienen, wenn in der Nähe vorhanden, Druckampeln für Fußgänger.

Vereinbarte Handzeichen einer Gruppe

Handzeichen können etwas bedeuten, was vorher mit einer Gruppe abgesprochen wurde. Ein Außenstehender versteht sie nicht, sondern kann nur Vermutungen anstellen.
Spielerisch kann den Kindern dies nahegebracht werden, indem sie die Bedeutung von Gesten erraten bzw. selbst solche erfinden.
Das Erlernen der „Zeichensprache der amerikanischen Indianer" kann den Kindern besondere Freude machen. (Siehe: Blumenthal/Stokes, Das Handspielbuch, Verlag Herder 1977)

Religiöse Gesten

Kinder, die in einer religiös geprägten Umwelt aufwachsen, erleben die Hand z.B. beim Beten, beim Segnen und Bekreuzigen, beim Friedensgruß und bei bestimmten Sakramenten.
Die Beispiele zum Spiel einer Trauung (Ringwechsel und Handauflegen) im Werkbuch „Das bunte Jahr", Hrsg. W. Longhardt, Mohn Verlag 1981 S. 47-52, zeigen dies auf.

Hände geben Zeichen

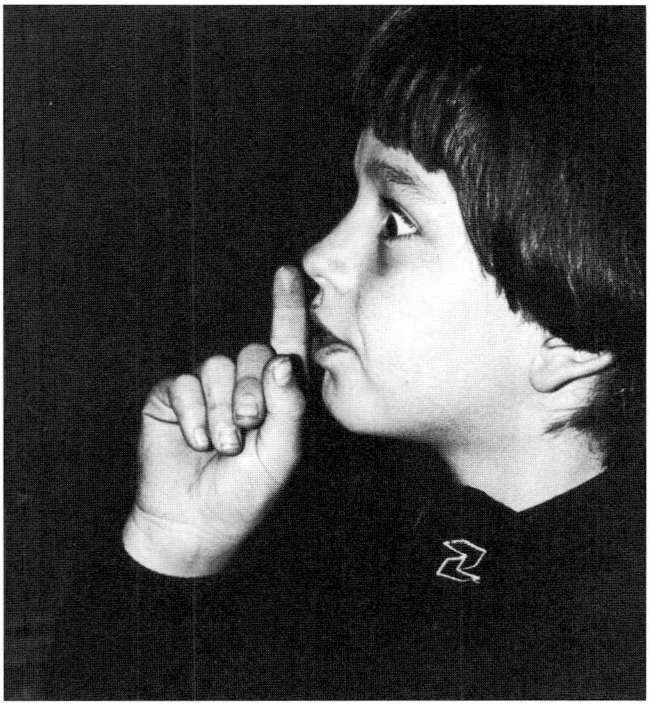

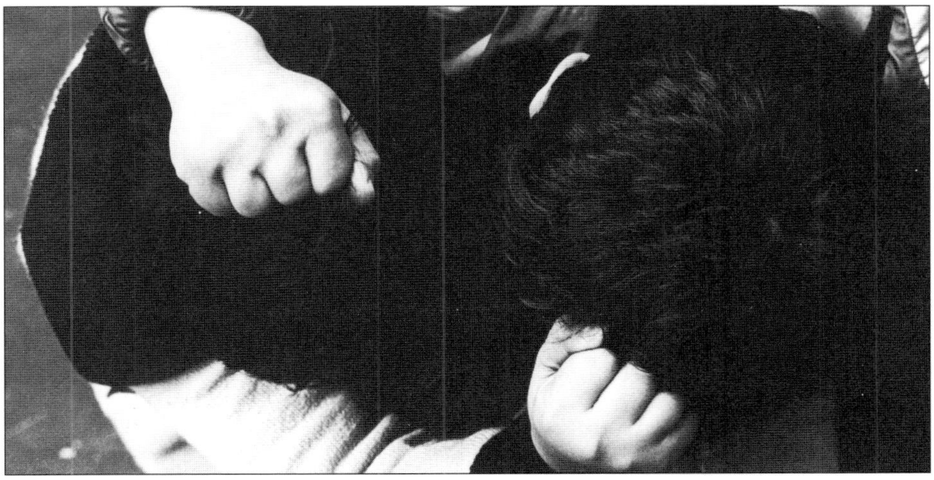

Fotos: Norbert Merkens

Die Geschichte beschreibt eine Situation, in die Kinder beim Einkaufen geraten können. In dieser Situation sollte ihnen bewußt werden, was sie mit ihren Händen tun. Die Besprechung eines solchen Problems soll helfen, verantwortlich handeln zu lernen

Einkauf im Supermarkt

Heute hat Daniels Mutter sehr viel zu tun. Sie erwartet Besuch von den Großeltern. „Kann ich dir helfen, Mama?" fragt Daniel. Er guckt zu, wie seine Mutter die Betten im Gästezimmer bezieht.
„Ich kann doch alles schön mit dem Staubsauger saubermachen", schlägt Daniel vor. Er mag nämlich gern mit dem brummenden Staubsauger arbeiten.
Aber die Mutter sagt: „Kannst du wohl für mich einkaufen, Daniel? Dazu habe ich keine Zeit mehr. Glaubst du, das kannst du schon allein? Im Supermarkt?"
Daniel nickt.
Er war schon oft mit seiner Mutter im Supermarkt und hat ihr geholfen, Mehl und Kaffee und Milch und alles mögliche andere in den kleinen Einkaufswagen zu stellen. Er hat auch zugeguckt, wie die Mutter an der Kasse bezahlt hat.
„Das kann ich!" sagt er vergnügt. Er ist ja auch schon sieben. So kann er alles lesen, ws ihm die Mutter auf den großen Zettel geschrieben hat.
Laut singend geht er die Treppe hinunter. Er hat die Einkaufstasche mitgenommen, darin liegt das Portemonnaie mit dem Geld.
Als er aus der Haustür kommt, steht Egon vor ihm.
„Gut, daß du kommst, Daniel", sagt Egon. „Ich wollte dich gerade holen. Wir wollen zum Spielplatz und Wettrennen machen mit Hans und Klaus."
Daniel schüttelt den Kopf.
„Ich hab keine Zeit", sagt er. „Ich muß einkaufen."
„Gut, dann komm ich mit", sagt Egon.
Die beiden Jungen gehen die ganze Straße entlang. Dort hinten ist der Supermarkt.
„Weißt du was?" sagt Egon. „Du kannst mir eigentlich zwanzig Pfennig leihen, dann kauf ich mir Gummibären und geb dir einen ab."
Daniel ißt Gummibären riesig gern. Aber er schüttelt den Kopf. „Ich hab doch gar kein Geld, Egon", sagt er.
„Doch!" sagt Egon, „Da in deiner Einkaufstasche! Da seh ich doch das Portemonnaie."
„Ja, aber das gehört meiner Mutter", sagt Daniel.
„Und wenn ich es dir nächste Woche wiedergäbe?" sagt Egon.
Daniel fängt an, sich ungemütlich zu fühlen. Wäre Egon nur nicht mitgekommen! Aber jetzt kann er ihn nicht gut wegschicken. Daniel sagt: „Ich darf kein Geld aus dem Portemonnaie nehmen. Weil es mir nicht gehört."
„Na, meinetwegen", sagt Egon und fängt an zu pfeifen.
Jetzt sind sie am Supermarkt angekommen. Sie gehen in das große Haus hinein. Daniel nimmt einen von den vielen kleinen Einkaufswagen und stellt seine Tasche hinein.
Es ist wirklich praktisch: hier in den Wagen kann man alles legen, was man sich aussucht, und zuletzt wird es an der Kasse bezahlt. Daniel und Egon gehen durch das Drehkreuz. Nun können sie nicht wieder hinausgehen, erst, wenn sie alles bezahlt haben, was sie gekauft haben.
Daniel guckt sich Mamas Zettel an: „Schwarzbrot", liest er. Und hier ist ja schon die Bäckerabteilung. Daniel nimmt ein Brot vom Tisch und legt es in den Wagen. Nun kommt „Ein Pfund Zucker", dann „Sahnequark", und so geht es weiter. Daniel ist stolz und froh, daß er alles findet, was er für seine Mutter besorgen soll. Drei Dosen mit Milch sind das letzte. Dann ist er fertig.
Aber Egon hält ihn am Arm fest und flüstert ihm etwas zu.
„Was sagst du..." Ich versteh dich nicht", sagt Daniel.
„Sieh mal, da!" sagt Egon halblaut und zeigt auf das Regal, wo lauter Bonbons in kleinen durchsichtigen Tüten liegen. Auch Schokoladentäfelchen sind dabei – und die bunten kleinen Gummibären.
Egon sieht sich vorsichtig um. Kein Mensch ist in der Nähe.
„Du, Daniel", sagt er. „Nimm doch 'ne Tüte mit Gummibären! Das merkt doch niemand."
Entsetzt sieht Daniel ihn an.
„Die muß ich doch bezahlen, wenn ich sie nehme!" stottert er.
„Ach wo", flüstert Egon. „Steck sie einfach in deine Hosentasche, das merkt keiner."
Daniel kann vor Schreck nichts sagen.
„Ich paß inzwischen auf", flüstert Egon, „ob jemand kommt. Los! Schnell!"
Daniel steht ganz still und sieht die Tüte mit den Gummibären an. Vielleicht merkt es wirklich niemand, wenn er sie in seine Hosentasche steckt ...?

Schlemmerland
Pralinen
Wer kann da schon ja sagen?
I like ... me!
Pudding
Pudding 1.98
Nuß Kuchen
Marmor Kuchen
Kuchenteig Aufrühren fertig!!
Götterspeise
Einfach göttlich
Gummibärchen 1.59
Lakritz 1.98
Zahnfreundliche Lollis! Stck. -.59
Schoko erbsen 1.98
AFTER 12
Bärli Trockenkeks
Pralinchen

„Mach doch, Daniel!“ flüstert Egon. Er steht etwas entfernt und winkt Daniel heftig zu. Aber Daniel muß erstmal nachdenken. Wenn er die Gummibärchen heimlich einsteckt, dann hat er sie doch gestohlen ...
Egon kommt zu ihm und sieht ganz böse aus.
„Warum nimmst du sie denn nicht?“
„Aber dann bin ich doch ein Dieb“, sagt Daniel.
„Och, die paar kleinen Gummibärchen!“ sagt Egon. „Darum bist du noch lange kein Dieb.“
Daniel streckt zögernd seine Hand aus – dann läßt er sie wieder sinken.

Findest du, daß Egon recht hat? Soll Daniel ruhig die Tüte mit den Gummibärchen einstecken?
Egon ist schon acht, er sagt, man darf das ruhig, wenn es keiner sieht. Was soll Daniel tun? Was würdest du tun?

1. Das Problem der Geschichte:

Ein Junge wird von seinem Freund überredet, im Supermarkt etwas zu entwenden.

2. Problemkreise, die man anhand dieser Geschichte mit den Kindern besprechen kann:

- Frage aufwerfen, ob jemand ein Freund ist, der zu Unehrlichkeit und Diebstahl überredet.
- Gemeinsam überlegen, wie verlockend die vielen bunten Angebote im Supermarkt und im Warenhaus sind.
- Notwendigkeit des „Hausdetektivs"!
- Besprechen, daß auch das Entwenden einer geringfügigen „Kleinigkeit" ein Diebstahl ist.
- Folgen derartiger Handlungsweisen – selbst, wenn sie von niemand bemerkt werden.

Schluß der Geschichte:

„Du bist feige!“ sagt Egon.
Nun wird Daniel zornig. „Das bin ich gar nicht!“ sagt er. „Denkst du, ich will ein Dieb sein? Außerdem muß ich jetzt nach Hause – meine Großeltern kommen.“
Ärgerlich schiebt er seinen kleinen Wagen zur Kasse.
Kurz danach kommt Egon hinterher.
„Gehört ihr zusammen?“ fragt die Frau an der Kasse und sieht Egon scharf an.
„Ja“, sagt Daniel. „Das ist mein Freund Egon.“
Plötzlich kommt ein junger Mann auf die Jungen zu und faßt Egon beim Arm.
„Zeig mal her, Freundchen“,sagt er, „was du da eben in deine Hosentasche gesteckt hast“
„N...nichts“, stammelt Egon und wird ganz blaß.
„Ich hab es doch gesehen, daß du etwas eingesteckt hast. Los, laß mich sehen!“ Der Mann greift selbst in Egons Hosentasche. Was holt er heraus? Eine Tüte mit Gummibären.
Mit aufgerissenen Augen steht Daniel daneben.
Er erschrickt furchtbar, als der junge Mann zu ihm sagt: „Und du? Laß mal sehen, was du in deinen Hosentaschen hast!“
Daniel ist so erschrocken, daß er nur den Kopf schütteln kann.
Inzwischen zieht der Mann alles aus Daniels Hosentasche: ein altes kleines Auto, ein Gummiband und eine Muschel. Die hat Daniel neulich am Strand gefunden. Sonst nichts ...
„Entschuldige bitte!“ sagt der junge Mann und sieht Daniel ganz freundlich an. „Aber weil dein Freund gestohlen hat, dachte ich schon, du hättest es auch getan. Sei mir nicht böse! Und du laß dich hier nicht mehr blicken, Freundchen!“ sagt er streng zu Egon.
Der macht, daß er so schnell wie möglich aus dem Superladen herauskommt.
Die Frau an der Kasse packt alles, was Daniel eingekauft hat, in eine große Tüte und gibt sie ihm.
„Das ist kein richtiger Freund für dich, mein Junge!“ sagt sie. Daniel kann gar nichts sagen, er ist noch immer erschrocken. Und je näher er nach Hause kommt, desto froher ist er: was für ein Glück, daß er nicht auf Egon gehört hat! Wie gut, daß er die Tüte mit den Gummibären nicht genommen hat!
Ganz glücklich kommt er zu Hause an.
Gerade sind die Großeltern eingetroffen.
„Da ist ja mein Goldjunge!“ sagt die Großmutter und umarmt Daniel.
Und der Großvater gibt ihm eine Schachtel mit Schokoladenzigarren.
„Jetzt gibt es Kaffee und Kuchen!“ ruft Daniels Mutter. Vergnügt setzt er sich mit an den großen Tisch.
„Hier, Daniel, nimmt dir Kuchen!“ sagt die Mutter freundlich. „Nein, erst rauche ich eine Zigarre!“ sagt Daniel.

Barbara Schwindt, Wie mag das wohl weitergehen? Ravensburger Buchverlag Otto Maier GmbH, Neuaufl. 1992

Ergänzend zu den vorn angegebenen Bausteinen werden hier verschiedene Spielanregungen gegeben, die mit der Einheit in Zusammenhang stehen. Beim Einsatz von Spielen, die vorwiegend den feinmotorischen Bereich und den damit verbundenen Tastsinn der Hände ansprechen, sollte der Zusammenhang zum gesamten Sein des Kindes nicht verlorengehen.

Es ist auch möglich, Spiele zu überlegen (Wahrnehmungs- und Geschicklichkeitsspiele), die ***ohne*** Hände ausgeführt werden sollen.

Hinzuweisen ist noch auf die Mappen Bausteine Kindergarten 3/81 Sammelband 2 S. 152ff. (darin: Wir sind Freunde; Händespiele) und 3/82 Sammelband 3 S. 156 (darin: Übungen des täglichen Lebens).

1. Geschicklichkeitsspiele für ruhige Hände

1.1 Kartoffelplumpsen

gG
gGg

Die Papprolle tragen und vorsichtig umkippen; das Gewicht einschätzen

Spielerisch zählen lernen

Alter:
ab 4 Jahre; 6 Kinder oder Gesamtgruppe

Material:
große Papprolle (an einer Seite geöffnet); mind. 8 Kartoffeln, die in die Rolle passen.

Spielverlauf:
Ein Kind darf versuchen, durch vorsichtiges Kippen der Rolle die Kartoffeln einzeln aus der Rolle plumpsen zu lassen, bis diese leer ist. Fallen mehrere Kartoffeln auf einmal heraus, ist der Versuch beendet und das nächste Kind beginnt.

- Die Rolle kann auch nach jedem Versuch weitergegeben werden.
- Bei zusätzlicher Verwendung eines Würfels versucht jedes Kind, seine gewürfelte Anzahl zu erreichen.

1.2 Spiel mit Lichtspiegelungen

EPG

Alter:
5-6jährige; kleine Gruppe oder einzelne vor allen Kindern

Material:
mind. 2 Taschenspiegel; geeigneter sonnenbeschienener Raum

Spielverlauf:
Die Erzieherin zeigt, wie ein Gegenstand mit einem vom Fenster aufgefangenen Sonnenstrahl zu bespiegeln ist und verteilt dann die Spiegel. Die Zuschauer benennen nacheinander je einen Gegenstand im Raum. Gewonnen hat, wem das Bespiegeln zuerst gelingt.
Die Kinder führen diese Versuche selbständig weiter durch.

Durch Versuche die Handbewegungen steuern: den richtigen Winkel finden; Freude haben an Lichtspielen.

1.3 Packeselspiel

EP

Die Stäbe vorsichtig auflegen bzw. abnehmen und das Gleichgewicht beachten.

Sich an kleinen Leistungen erfreuen.

Anderen Kindern ihren Erfolg gönnen.

Alter:
ab 4 Jahre; kleine Gruppe

Material:
Spielzeugkästen zur Aufstellung eines Packesels (oder eine Brücke); Legestäbchen (oder Bauklötze).

Spielverlauf:
Die Kinder stapeln reihum die Legestäbchen aufeinander. Sie sollen möglichst hoch aufgetürmt werden.

- Bei erreichter Anzahl von z.B. 15 Stäbchen werden diese wieder abgenommen, bis alle „abgeladen" sind.
- Das Spiel kann auch als Wettspiel gespielt werden! (2 Packesel)

1.4 Tragespiele

gG

Sich durch das Material ansprechen lassen und so geschickt wie möglich damit umgehen. Sich selbst kleine Aufgaben (Kunststücke) stellen und diese durchführen.

Alter:
ab 3 Jahre; alle Kinder oder eine kleinere Gruppe

Material:
je nach Aufgabe

Beispiele:
- eine Kartoffel, einen kleinen Ball, eine Kugel auf einem Löffel tragen;
- ein mit Wasser gefülltes Glas tragen;
- einen Stab auf den Fingern tragen;
- einen Ball auf der Hand/auf dem Handrücken tragen;
- eine brennende Kerze (mit Untersetzer) tragen;
- Perlen auf einem flachen Teller tragen;
- Baukötzeturm auf einem Frühstücksbrettchen tragen.

Hinweise:
Die Spielaufgaben lassen sich gut auf die Kinder abstimmen und können auch mit ihnen ausgedacht werden. Die Wegstrecke oder Runde kann vorher markiert werden. Das Spiel eignet sich auch als Spiel im Freien.

1.5 Handschuhspiel

EP
gG

Unter erschwerten Bedingungen die Hölzchen einsammeln.

Sich selbst und den anderen kleine Aufgaben stellen.

Alter:
ab 4 Jahre; ab 2 Kinder

Material:
Fausthandschuhe oder Gummihandschuhe, eine Schachtel Streichhölzer

Spielverlauf:
Das erste Kind zieht einen Handschuh an und versucht, die auf den Tisch geschütteten Streichhölzer wieder in die Schachtel zu legen. Das Spiel wird noch erschwert, wenn die roten Köpfe in einer Richtung liegen sollen.
Viele Spielvariationen sind möglich.

1.6 Stille Post

gGg

Einen „Brief" durch Händedruck im Kreis weiterleiten. „Ich schicke einen Brief zu ...! Abgeschickt! Angekommen" Ein Kind in der Mitte soll durch Beobachtung die Bewegung erkennen. Dann wird gewechselt.

1.7 Verzaubern mit einem Zauberstab

gGg

Ein „Zauberer" verzaubert die Kinder in Tiere oder in Menschen mit besonderen Fähigkeiten, wozu Hände gebraucht werden. (Eichhörnchen sucht Nüsse; Vater strickt; Bäcker formt Brötchen ...) Wer dies am „besten" darstellt, wird vom Zauberer zu seinem Nachfolger benannt!

2. Geschicklichkeitsspiele für flinke Hände

2.1 Handtücher aufhängen

gGg

Mit den Gegenständen möglichst geschickt und schnell umgehen. Sich in der Riege einordnen und bei Verzögerungen nicht aufgeben.

Das Mittun im Spiel wichtiger erachten als Gewinnen und Verlieren.

Alter:
ab 4 Jahre; alle Kinder

Material:
Wäscheleine, 2 Handtücher, 4 Wäscheklammern

Spielverlauf:
Die Wäscheleine wird in Kopfhöhe befestigt.
Die Kinder bilden 2 Gruppen, die sich an der Startlinie nebeneinander aufstellen, damit sie besser zuschauen können.
Das jeweilige 1. Kind der Reihe bekommt ein Handtuch und 2 Wäscheklammern. Nach dem Startzeichen beginnen die ersten beiden Kinder zur Wäscheleine zu laufen und das Handtuch aufzuhängen. Die Kinder laufen zurück und tippen die beiden nächsten an, die die Handtücher wieder abnehmen und diese den folgenden übergeben ...

2.2 Anziehspiel

gGg

Sich um die Wette geschickt anziehen; Spaß haben beim Mitspielen oder Zuschauen.

Alter:
ab 3 Jahre; alle Kinder

Material:
2 Körbe oder Koffer; 2 Jacken, 2 Hüte (weitere Kleidungsstücke möglich); 2 Stühle als Markierungspunkte

Spielverlauf:
Je 2 Kinder laufen um die Wette mit ihren Körben bis zu den Stühlen. Dort ziehen sie die Jacken usw. an und stellen sich – zugeknöpft! – den anderen vor.

gGg

Mit dem Aufwickeln des Fadens den Ball heranziehen.

2.3 Papierbälle aufwickeln

Alter:
ab 3 Jahre; alle Kinder

Material:
3 aus Zeitungspapier geknüllte Bälle, die mit einer Kordel umknotet wurden. Daran sind 2 m lange Fäden angebracht, an deren anderen Enden Toilettenpapierrollen befestigt sind.

Spielverlauf:
Je 3 Kinder versuchen gleichzeitig, möglichst flink den Faden um die Rolle zu wickeln und den Ball so zu sich heranzuholen.

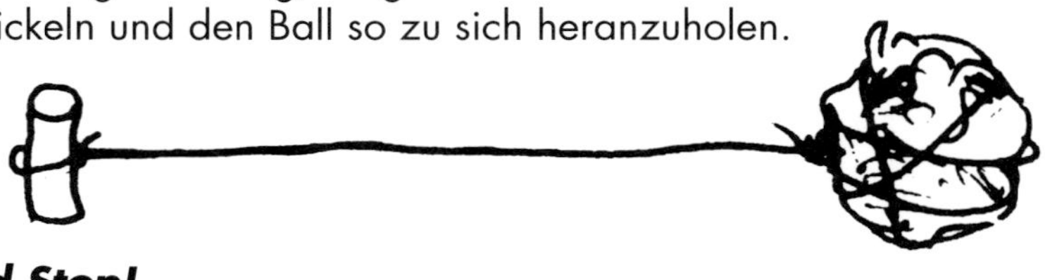

gG

Selbst klatschen, wenn alle klatschen sollen; Zeichen geben können; den Spielablauf bestimmen dürfen; auf die verschiedenen Kinder achten. Auf Handzeichen wie abgesprochen reagieren.

2.4 Klatsch und Stop!

Alter:
ab 3 Jahre; alle Kinder oder kleine Gruppe

Material:
abzuspielende Musik oder Instrumentalbegleitung durch Erzieherin

Spielverlauf:
Ein Kind darf Dirigent sein und die Klatschbegleitung zur Musik bestimmen. Es steht für alle sichtbar vor diesen und kann folgende Angaben machen:
Selbst klatschen zur Musik alle klatschen mit.
Auf ein anderes Kind zeigen dieses klatscht allein.
Hände heben alle hören auf.
Gleichzeitig auf mehrere Kinder zeigen mehrere klatschen.
Einzelnen Kindern -Stop- zeigen einzelne hören auf.
Nach einigem Wechsel der Bewegungen wird ein neuer Dirigent ausgesucht.

Idee nach: A.L. Barlin
Fliegen möcht ich, O. Maier Verlag 1982

G

Freude an der Bewegung haben; spannende Augenblicke abwarten können; flink wegziehen. Den Spielablauf beobachten und auch ausscheiden können.

2.5 Ich hab gefischt ...

Alter:
ab 3 Jahre; bis zu 8 Kindern am Tisch (rund oder quadratisch)

ohne Material

Spielverlauf:
Alle Kinder legen ihre Hände flach auf den Tisch. Die Erzieherin macht mit ihrer Hand kreisende Bewegungen über den Händen und spricht dazu:
Ich hab gefischt,
ich hab gefischt,
ich hab die ganze Nacht gefischt
und hab doch keinen Fisch erwischt!

Bei den letzten beiden Worten spricht sie schneller und versucht dabei mit kurzer Handbewegung, eine Hand zu erwischen; während die Kinder die Hände möglichst schnell, jedoch nicht vorzeitig, wegziehen.
Das Spiel ist beendet, wenn alle Hände = Fische „erwischt" wurden. Einzelne Kinder können nun die Rolle des Fischers übernehmen.

2.6 Hände sind im Haus

EP

Anweisungen verstehen; reagieren; evtl. selbst bestimmen können.

Alter:
3jährige; kleine Gruppe an einem Tisch

ohne Material

Spielverlauf:
Die Kinder sitzen mit der Erzieherin am Tisch und verstecken ihre Hände hinter dem Rücken. Wenn die Erzieherin ruft: „Hände sind im Haus" stützen alle ihre Fingerspitzen gegeneinander und bilden ein Hausdach. Ruft sie: „Hände sind im Bett" legen alle die Hände auf dem Tisch gekreuzt übereinander, und sie verschwinden, wenn sie ruft: „Hände sind weg". Die Angaben können immer schneller gewechselt oder unregelmäßiger gegeben werden.

3. Tast- und Ratespiele

3.1 Sandsuchspiel

G

Aus der Sandmenge den versteckten Gegenstand heraussuchen; evtl. die Hände der anderen dabei treffen.

Alter:
ab 3 Jahre; 3-4 Kinder

Material:
Sandspieltisch oder durch Gegenübersitzen abgegrenzter Teil des Sandkastens; 1 kleines Spielzeug oder Korken

Spielverlauf:
Es wird ein Sandberg aufgehäuft und das kleine Spielzeug darin versteckt. Gleichzeitig beginnen die Kinder, den Sandberg nach und nach abzutragen, bis eines das Spielzeug gefunden und damit gewonnen hat.

Idee nach N. Truns,
Afrikanische Kinderspiele, Jugenddienst Verlag

3.2 Kind erraten

gGg

Mutig werden, im „Dunkeln" vor der Gruppe etwas zu tun; vorsichtig die Kinder betasten und ihre Merkmale wiedererkennen.

Alter:
ab 3 Jahre; alle Kinder

Material:
Tüte aus Papier (kein Plastik!) oder Augenbinde mit Papiereinlage

Spielverlauf:
Ein Kind, das raten möchte, setzt die Papiertüte auf den Kopf und wird zu verschiedenen Kindern hingeführt, die es durch Abtasten erkennen soll.

3.3 Fingerpaare ertasten

gGg

Besonders genau differenzieren.

Alter:
ab 3 Jahre; alle Kinder

Material:
wie bei 3.2

Spielverlauf:
Ein Kind läßt sich die Augen verbinden; die anderen Kinder legen ihre Finger (Hände vermischt) auf die Tischkante. Das suchende Kind soll nun zu dem 1. Finger, den es berührt hat, den passenden 2. Finger (z.B. 2. Zeigefinger ***einer*** Person) suchen.

3.4 Hände erkennen

gGg

Genaues Hinschauen; andere Kinder an einzelnem Körperteil wiedererkennen; Unterschiede feststellen. Sich freuen an der Beachtung durch die anderen.

Alter:
ab 3 Jahre; alle Kinder

Material:
Decke oder Türöffnung oder größere Pappe mit eingeschnittenem Loch Ø 8 cm

Spielverlauf:
Mehrere Kinder (ca. 5) verstecken sich hinter der hochgehaltenen Decke oder hinter der Pappe und strecken nacheinander eine Hand hervor. Von der zuschauenden Gruppe wird erraten, wem die Hand gehört.
Wenn die Türöffnung benutzt wird, so kann die Gruppe geteilt werden, und die Teilgruppen raten abwechselnd.

3.5 Dinge tastend erkennen

gGg

Die Gegenstände fühlend unterscheiden und benennen können; mehrere Teile merken; – abwarten können, bis andere Kinder beendet haben.

„Kuckucksei" herausfinden

Alter:
ab 4 Jahre; alle Kinder

Material:
Naturmaterial (z.B. Eicheln, Kastanien, Blätter, Steine) sowie eine Holzkugel im Beutel oder Gemüse und Obst sowie eine Handpuppe in einer Einkaufstasche

Spielverlauf:
Die Kinder fassen einzeln in Beutel oder Tasche hinein und befühlen die Gegenstände. Sie merken sich die einzelnen Teile, bis alle Kinder an der Reihe waren. Die Kinder flüstern der Erzieherin ins Ohr, was sie sich gemerkt haben.
Anschließend werden die Gegenstände gemeinsam benannt und beim Auspacken verglichen. Es wird auch festgestellt, welcher Gegenstand nicht zu den anderen gehört.

3.6 Briefinhalt erraten

G

Fühlen und beschreiben der einzelnen Gegenstände;

Alter:
ab 4 Jahre; Teilgruppe

Vergleichen von verdeckt und frei befühltem Gegenstand;

sich eine Form merken und diese herausfinden können.

Material:
Briefumschläge, mind. 10 verschiedene Blätter (z.B. von Buche, Eiche, Ahorn, Pappel), Pfennig, Pappstücke verschiedener Form u.a

Spielverlauf:
- Jedes Kind bekommt einen Briefumschlag und beschreibt, wie sich der darin enthaltene Gegenstand anfühlt. Die Teile werden herausgenommen und verglichen.
- Die Kinder befühlen die verschiedenen Umschläge und tragen anschließend zusammen, was sie sich gemerkt haben (Formen, Gegenstände, Namen).
- Ein bestimmter Gegenstand soll herausgesucht werden.

3.7 Weitere Tastspielvariationen mit verschiedenen großen Gruppen; ab 3 Jahre

Tasten im Beutel
Tasten unter einer Decke
(auf Tisch oder Boden)

Ertasten der bedeckten Gegenstände
Tasten hinter dem Rücken
(Gegenstände werden im Stuhlkreis hinter dem Rücken weitergereicht)

- Es eignen sich dazu Gegenstände mit verschiedenartigen Oberflächenstrukturen und Größen.
- Gegenstände mit ähnlichen Verwendungszwecken (z.B. Besteck oder Spielzeug) können einander zugeordnet werden.
  Lustig ist es für die Kinder, wenn wenigstens ein Gegenstand nicht dazugehört.

4. Bewegte Spiele und Kreisspiele

4.1 Katz und Maus

G

Sich im Raum orientieren und wenn nötig, schnell einen Partner suchen;

Strecken auch allein laufen; darzustellende Rollen gern übernehmen.

Alter:
ab 4 Jahre; größere Gruppe bis 15 Kinder

Material:
2 Socken als Katzenpfoten, evtl. Schnurrbart

Spielverlauf:
Die Kinder laufen als Mäuse im Raum herum. Ein als Katze gekennzeichnetes Kind versucht, durch Abschlagen eine Maus zu fangen. Die Mäuse können sich jedoch schützen, indem sie sich schnell zu zweit an Händen fassen. Sie sind jedoch auch mutig und trennen sich schnell wieder. Gelingt es der Katze, ein Kind abzuschlagen, so wechseln sie die Rollen. Das abgeschlagene Kind ist nun die Katze.

- Ab 12 Kindern ist evtl. eine zweite Katze notwendig.
- Die bekannte Form des Katz- und Mausspiels in Kreisform kann eher mit der Gesamtgruppe gespielt werden, da sie den jüngeren Kindern mehr Orientierung bietet!

4.2 Nicht anstoßen!

gGg

Immer mutiger ausschreiten; Raum beanspruchen und gleichzeitig auf andere achten.

Auf andere Kinder zugehen – bzw. sich von einem anderen Kind befreien lassen.

Alter:
3 Jahre; alle Kinder

Material:
evtl. Gong

Spielverlauf:
Die Kinder laufen mit ausgestreckten Armen kreuz und quer durch den ganzen Raum. Jeder achtet darauf, keinen anderen azustoßen. Wer doch anstößt oder angestoßen wird, bleibt angewurzelt stehen. Das Spiel beendet die Erzieherin nach kurzer Zeit mit einem Stop-Zeichen. Die „angewurzelten" Kinder werden erlöst, wenn sie von anderen umarmt werden.

4.3 Ballschule

G

Verschieden große und unterschiedlich schwere Bälle auffangen und zurückwerfen. Schnell reagieren, wenn es nicht der Reihe nach geht.

Alter:
ab 4 Jahre; 6-8 Kinder

Material:
verschieden große Bälle

Spielverlauf:
Die Kinder stehen in einer Reihe nebeneinander und bekommen den Ball zugeworfen, den sie wieder zurückwerfen. Die Bälle werden gewechselt, um das „Ballgefühl" für leichte und schwere, große und kleine Bälle zu entwickeln. Wer mehrfach geschickt fängt, darf einen Schritt zurückgehen und von dort probieren.

4.4 Baggerspiel

G

Sich gut zusammenschließen. Kräfte demonstrieren und messen.

Alter:
ab 5 Jahre; größere Gruppe

Spielverlauf:
Die Kinder legen sich sternförmig auf den Gruppenboden und halten sich gegenseitig an Armen und Händen fest. Nun kommt der Bagger um abzuräumen (1 Kind oder Erzieherin). Er versucht, die Kinder an den Beinen herauszuziehen und so die Gruppe aufzulösen.

4.5 Ball zurollen

G

Alter:
5-6jährige; bis zu 12 Kindern

Material:
Gymnastikball

Spielverlauf:
Die Kinder liegen im Kreis – das Gesicht zur Mitte – mit geschlossenen Augen auf dem Boden. Sie hören und spüren vom Boden, daß der Ball leise rollt. – Wenn ein Kind meint, daß der Ball auf es zurollt, öffnet es die Augen. Wenn es richtig hingehört hat, hält es den Ball auf und rollt ihn einem anderen im Kreis zu.

4.6 Blinde mit Händen führen

gG
Ruhig werden und genau hinhören; Ball vorsichtig rollen. Weiter entfernt liegenden Kindern den Ball zurollen.

Alter:
ab 4 Jahre; bis zu 10 Kindern

ohne Material
(evtl. 5 Augenbinden oder 5 Papiertüten)

Spielverlauf:
5 Kinder suchen sich jeweils 1 Kind, dem sie später etwas zeigen können. Die ausgesuchten Kinder sehen aber nichts (geschlossene oder verdeckte Augen) und werden nach Ansage geführt;
mit Hand, am Arm, mit Fingerspitze, am kleinen Finger usw.
Die führenden Kinder suchen sich jetzt ein Spielzeug oder ein Teil im Raum aus, das sie den anderen zeigen wollen. Sie führen die Hände des geführten Kindes, damit es tasten kann.
Die Kinder sagen, was sie getastet haben.
Wenn die Kinder wollen, wird nun getauscht.

- Nicht alle Kinder haben soviel Vertrauen, sich die Augen verbinden zu lassen!
- Wer die Augen nicht so lange geschlossen halten kann, darf blinzeln.

4.7 Tragesessel

gG
Für einen anderen verantwortlich sein – bzw. sich führen lassen; verschiedene Handkontaktmöglichkeiten erfahren; Tastwahrnehmung verfeinern.

Der Schilderung zuhören – den Tragegriff erproben und gut zufassen.

Schnell reagieren und Eigenschaften erkennen. Als Spielleiter neue Ideen haben.

Vor der Gruppe etwas darstellen – erkennbar wiedergeben.

Alter:
ab 5 Jahre; 3,6 oder 9 Kinder

ohne Material

Spielverlauf:
Die Erzieherin erzählt von einer Situation, in der es notwendig ist, jemanden zu tragen. Sie zeigt mit einem größeren Kind den Tragegriff. Ein weiteres Kind setzt sich auf den entstandenen Sitz und legt die Arme um den Hals der Träger. In Dreiergruppen wird der Griff probiert.

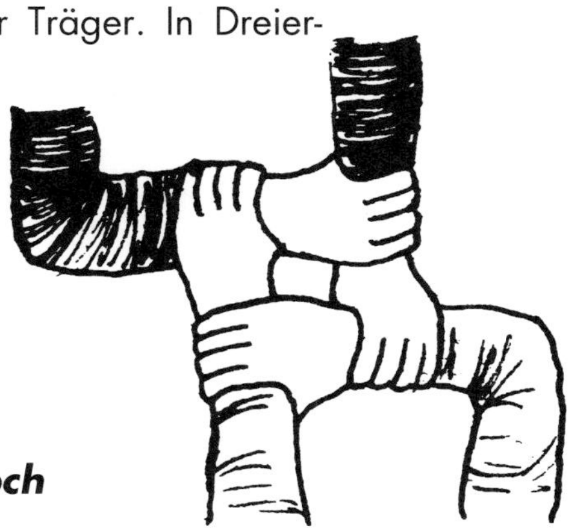

4.8 Alles was Flügel hat, fliegt... hoch

gGg

Vögel fliegen – Hände heben
Bienen fliegen – Hände heben
Bohnen fliegen – (wer da die Hände hebt, hat sich wohl vertan!)

4.9 Ratet, was ich tue!

gG

Vorgespielte Gesten sollen von anderen Kindern erraten und damit gedeutet werden.

Erntedank

Im Herbst feiern wir Erntedank. Es ist das Fest des Dankens, Staunens und Sich-freuens für die Menschen, die Augen haben für das, was ihnen geschenkt ist. Menschen, die miterleben können, wie etwas wächst, wie aus Samen Frucht wird, haben einen selbstverständlichen Zugang zum Erntedankfest. Jedoch kann nicht jedes Kind das Wachsen und Werden, „den bäuerlichen Aspekt" des Erntedankfestes miterleben. Stadtkindern bleiben „Ernte-Erfahrungen" häufig verschlossen, bedingt durch die betonierte Umwelt und durch den Lebensrhythmus der Familien.

Erntedank kann den Kindern unter verschiedenen Aspekten bewußt gemacht und vermittelt werden (s. Hinweis zu Arbeitshilfen!). Hier wird ein Gedanke herausgegriffen, der Bezug hat zur Einheit „Was Hände alles können".

Danken dafür, was die Hände anderer Gutes für uns tun.

1. Aspekt:
Die Eltern sorgen für uns und tun vieles, was uns hilft und uns beschützt. Sie ermöglichen uns unser Leben.

2. Aspekt:
Andere Menschen (Geschwister, andere Kinder, Erzieher, Verwandte ...) tun vieles, was unser Leben schöner und abwechslungsreicher macht.

3. Aspekt:
Menschen arbeiten. Sie stellen Dinge her, die für das Leben nötig sind; sie regeln unser Zusammenleben; sie verrichten Dienste.

Der Lohn (Geld) für geleistete Arbeit, der im übertragenen Sinne die „Ernte" der Arbeit ist, gibt die Möglichkeit, Dinge zu kaufen oder zu bezahlen. In Einkaufssituationen ist dies auch für Kinder erlebbar. (Das auf das Konto überwiesene Gehalt ist dagegen den Kindern nicht anschaulich zu machen.)

Unter diesem Aspekt können die Kinder verschiedene Berufe kennenlernen. „Das selbstverständliche Miteinander von Kindern und Erwachsenen in der Arbeitswelt ist in unserer Gesellschaft nichtmehr möglich. An seiner Stelle muß geplante Vermittlung durch Erzählen aus der Berufswelt, durch bewußte Kontakte zu den Menschen, die im Bereich des Kindergartens ihre Berufsarbeit tun (Putzfrau, Erzieherin, Hausmeister, Müllabfuhr, Pfarrer, Kaufmann, Handwerker ...) durch Besuche an Arbeitsplätzen treten. Kinder können durch solche Erfahrungen anfangen, Zusammenhänge zu verstehen. Wichtig erscheint uns dabei, daß es nicht nur um die naturnahen Berufe geht ('vom Korn zum Brot' war schon oft ein Erntedankfest-Thema), sondern daß die Berufe einbezogen werden, die für die Kinder in ihrer Umwelt jeweils wichtig sind." 1)

In einem Erntedank-Gottesdienst können wir Gott danken für die Arbeit anderer Hände.
Die Berufe, die die Kinder kennengelernt haben, werden dabei von Ihnen vorgestellt.
In oder vor dem Gottesdienst kann ein Wandfries gestaltet werden, in den jedes Kind gute Handlungen anderer hineinzeichnet, die ihm wichtig sind. (Die großen Hände für den Wandfries werden mit einigen Kindern vorbereitet.)

Erntedank, Termin oder Situation, S. 37 Comenius Institut 1980

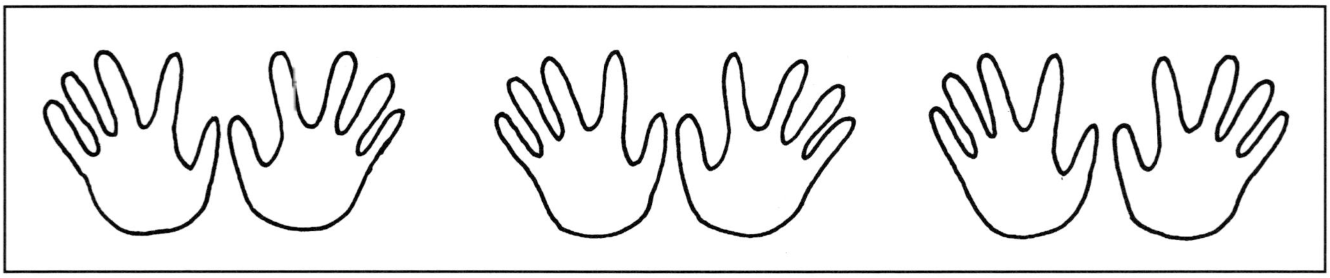

Hände Erwachsener sorgen für uns und arbeiten für sich und für andere

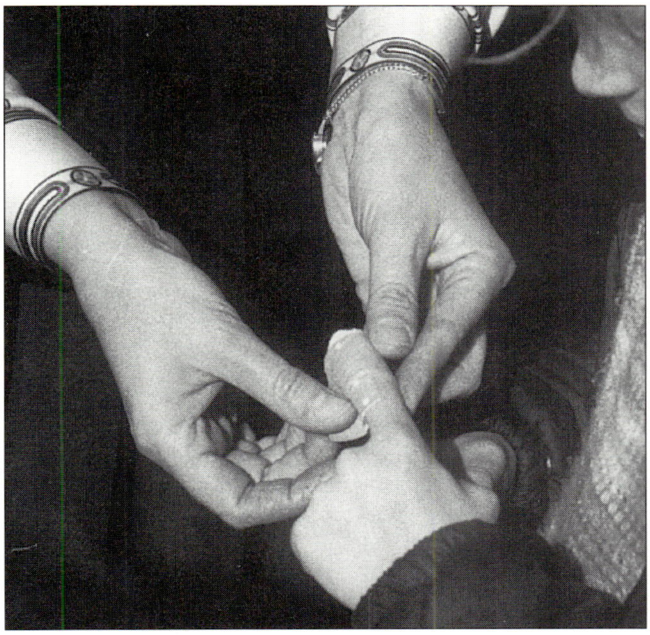

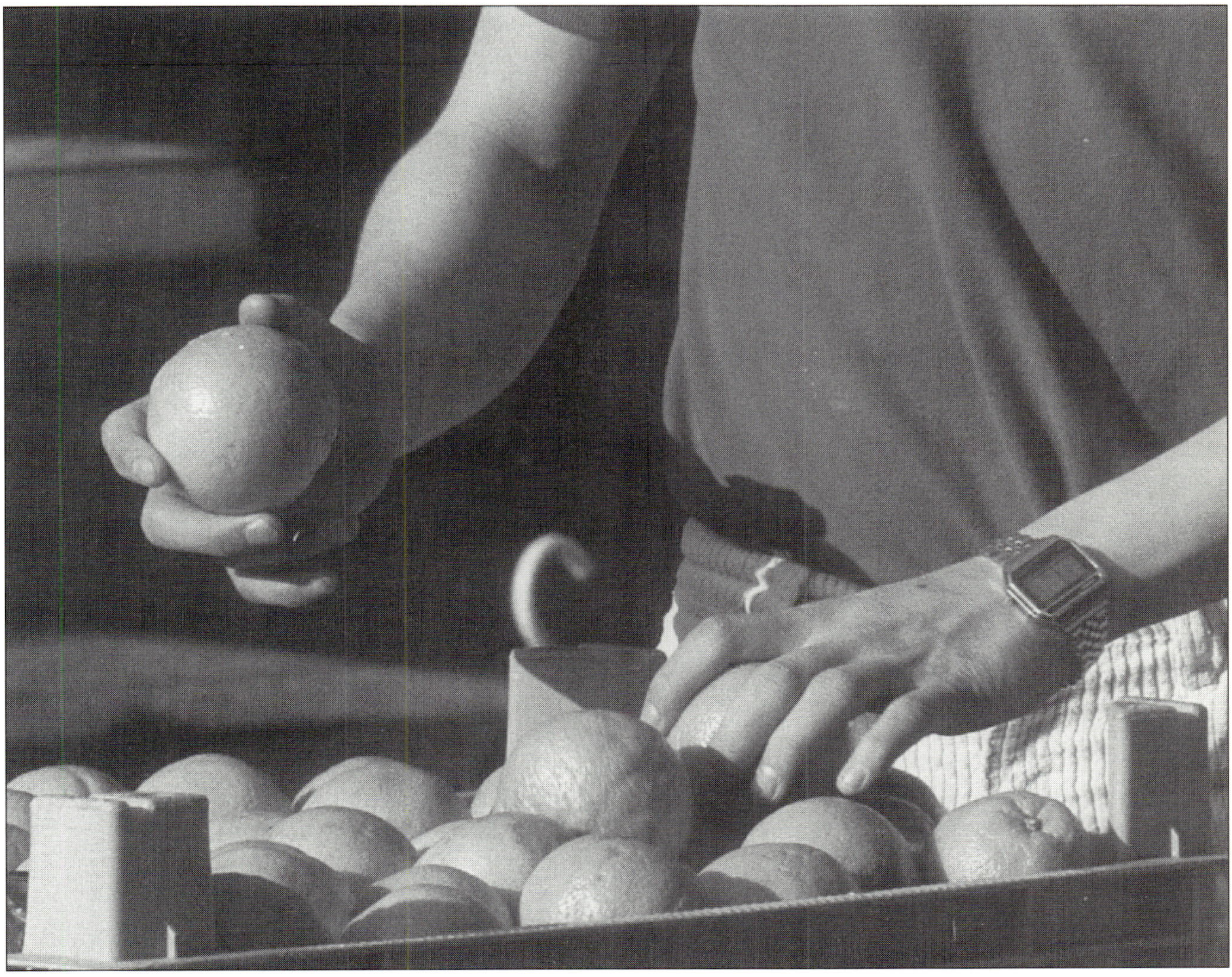

Hände können etwas erzählen

Praxisbericht:

In einem Kindergarten will die Erzieherin die Aufmerksamkeit der Kinder auf die Hände des Menschen lenken. Sie will Kinder erfahren lassen, wie wichtig und kostbar gesunde Hände sind, wie aber auch jede Hand anders ist, und wie sich besonders Kinderhände von denen der Erwachsenen oder gar denen alter Leute unterscheiden. Sie lädt einige Senioren der Nachbarschaft ein, nicht ohne diese zwei Damen und drei Herren – alle über 65 Jahre - etwas auf die Spontaneität und Direktheit der Kinder vorbereitet zu haben. So sitzen an einem Morgen Vorschulkinder und Senioren mit der Erzieherin rund um einen großen Tisch. Jeder wird gebeten, seine Hände auf den Tisch zu legen. Die Senioren, die zu Gast im Kindergarten sind, haben sich zwischen die Kinder gesetzt. So liegen nun erstaunlich unterschiedliche Hände nebeneinander, sechsjährige und fünfundsechzigjährige Hände, fünfjährige und siebzigjährige. Der Vergleich ist verblüffend. Die Kinder sagen, was ihnen auffällt: „Deine Hände sind so verschrumpelt!" – „Deine haben soviel Falten, soviel Kniffe." – „Dir fehlt ja an dem einen Finger ein Stück!" (Anmerkung: ein Fingerglied hatte der alte Herr beim Holzhacken vor Jahren eingebüßt.) – „Hast du das kleine Stück noch zu Hause?" – „Schade, mit dem Finger konntest du dich gar nicht mehr kratzen am Kopf; na ja, hast ja noch die andern."

Am anderen Tag modellierten mehrere Kinder aus Knetmaterial Hände und sprachen – so erzählt die Erzieherin – immer wieder über den alten Mann mit dem „halben Finger". Sie formten seine gesunde Hand, wie sie früher wohl war und dann, wie sie heute aussieht. Bei der jüngeren Hand entschieden sie sich für weniger „Falten", die Hand von heute (die sie gestern gesehen hatten) wurde recht faltenreich dargestellt und eben mit einem halben Finger. Eltern berichteten, daß ihre Kinder nach diesem Beobachtungsimpuls und dieser Begegnung mit den Händen alter Leute die eigenen Großeltern und ältere Nachbarsleute genauer wahrgenommen haben. In mehreren Fällen baten sie: „Kann ich mal deine alten Hände sehen? Sind die vom vielen Arbeiten so geworden, können die was erzählen?" – Bei der geschilderten Runde am Tisch mit den unterschiedlich alten Händen gab es auch andere kleine Gespräche mit alten Leuten: „Kannst du die Hand nicht so gerade, so flach auf den Tisch legen?" – „Nein", sagte die alte Dame, „das kann ich nicht mehr, die Finger sind so steif und alt geworden; kalt sind die ja auch." – Nun erzählen andere Kinder, daß ihre Großeltern auch alte und steife Hände, meist recht kalte haben. – In den folgenden Tagen gab es viel Stoff zum Fragen und gemeinsamen Bedenken. In der Vorstellung der Kinder „erzählten" die alten Hände noch viel. Einige formten schließlich eine ganze Reihe von Händen: Die ganz kleinen eines Babys, dann etwas größere und am Schluß Opas Hände. Es waren keine Kunstwerke, aber das Gestalten beschäftigte die Gedanken- und Vorstellungswelt der Kinder viele Tage. Hände können etwas erzählen.

aus: W. Longardt, Freie Bahn für Phantasie – Anregungen für eine reizvolle Erziehung, Herder Verlag 1979

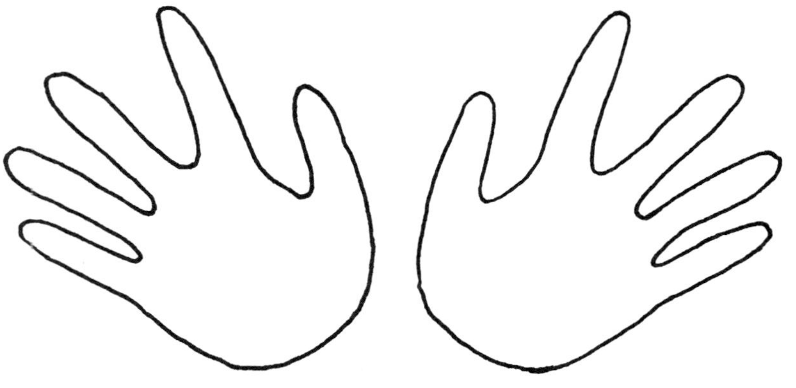

12
1
2
11
10
6
5

Von der Zeit

Und ein Sternenkundiger fragte: „Meister, was ist die Zeit?“
Und er antwortete:
Ihr möchtet die Zeit ermessen, die maßlose, unermeßliche.
Und ich möchte euren Wandel richten und selbst den Lauf eures Geistes lenken nach Stunden und Zeitbegriffen.
Aus der Zeit wollt ihr einen Strom machen, an dessen Ufern ihr euch niederlasset, um ihn im Vorbeifließen zu überwachen.
Doch das Zeitlose in euch weiß um die Zeitlosigkeit des Lebens.
Und es weiß, daß Gestern nur die Erinnerung an Heute ist, und Morgen nur der Traum von Heute,
Und daß, was in euch singt und sinnt, immer noch verweilet in den Grenzen jenes ersten Augenblickes, der die Gestirne in den Raum gestreut.
Wer unter euch fühlte nicht, daß die Macht der Liebe grenzenlos ist?
Und dennoch, wer fühlte nicht, daß diese Liebe, die Unbegrenzte, im Kern seines Wesens eingeschlossen ruht und nicht von einem Liebesgedanken zum andern, noch von einer Liebestat zur andern irret? Und ist nicht Zeit, der Liebe gleich, ungeteilt und raumlos?
Doch könnt ihr es nicht vermeiden, die Zeit in eurem Denken nach Zeitbegriffen zu messen, so lasset eine jegliche Zeiteinheit alle übrigen umfassen.
Und das Heute halte die Vergangenheit umschlungen mit der Erinnerung, und die Zukunft mit der Sehnsucht.

Kahlil Gibran, Der Prophet, Walter Verlag, CH 4601 Olten

Erfahrungsfeld der Kinder

Kinder erleben das Jetzt, den Augenblick; sie sind beschäftigt mit dem, was sie umgibt. Zeiten, die in Freude und interessiertem Tätigsein verbracht werden, sind für sie zeitlos – kurzweilig. Erst bei Wartezeiten oder bei Zeiten, in denen sie emotional hin- und hergerissen sind, wird ihnen eine Dauer bewußt: Die Zeit wird ihnen lang.

Warten müssen, um an die Reihe zu kommen – zu Hause, beim Einkauf, im Kindergarten – vermittelt zunächst unangenehme Gefühle. Wenn das Kind jedoch sicher ist, auch „dran zu kommen", stellt es sich darauf ein.

Warten müssen auf einen Menschen, den das Kind mag (z.B. auf den Vater, der von der Arbeit heimkommt, auf die Großeltern, die zu Besuch kommen), beinhaltet Ungeduld und Vorfreude.

Kinder zählen die Tage, wenn ein Ereignis bevorsteht, auf das sie sich freuen. Kalenderblätter teilen die Tage und Wochen ein und vermitteln einen Eindruck von Begebenheiten, die sich voneinander abheben. Adventskalender steigern die Erwartung der Kinder auf Weihnachten.

Schon Säuglinge bemerken das Kommen und Gehen von Personen, die sich mit ihnen beschäftigen.

Später kennen die Kinder gewohnte Tagesabläufe, sie wissen, was nacheinander getan wird. Bei Dreijährigen können zu häufige Umstellungen des Ablaufes im Kindergarten Ängste auslösen. Später werden solche Besonderheiten, z.B. Ausflüge, mit Freude erwartet und mit geplant.

Im Winter erleben die Kinder besonders den Unterschied von Tag und Nacht. Sie stehen morgens im Dunkeln auf; die Tage sind kurz. Abends erleben sie, daß künstliches Licht benutzt wird.

Den durch die Witterung bedingten Jahresrhythmus der Natur können die Kinder nachvollziehen.

Erschwert ist für viele Kinder die Zuordnung des natürlichen Wachstums – Ernte- und Ruheperioden, wenn zu jeder Jahreszeit Blumen und Gemüse aller Arten zu kaufen sind.

Kinder sind umgeben von Menschen, die älter und jünger sind als sie selbst. Sie hören ältere Menschen von früher oder später sprechen, auch vom Alter und vom Tod. Wenige Kinder können zu Hause die natürlichen Lebensabläufe, den Lebensanfang und das Lebensende miterleben.

Zum Kindergarten legen die Kinder einen Weg zurück; es ist ihnen vertraut, einmal später anzukommen; es kommt vor, daß sie früher abgeholt werden etc.

Laufen, Hüpfen, Gehen, Rennen sind einige Bewegungsformen, bei denen Kinder Geschwindigkeiten erleben, mit denen sie Wegstrecken überwinden. Im Spiel – beim Überholen und Fangen – machen sie sich unterschiedliche Geschwindigkeiten zunutze.

Bei Wettspielen, beim Herstellen von Dingen, kann den Kindern selbst deutlich werden, daß sie verschieden viel schaffen, daß sie etwas schneller oder langsamer tun als andere.

(Wenn es darum geht, dem Kindergartenkind den Eigenrhythmus zu bewahren, sein Selbstvertrauen zu stärken, können Spiele, in denen der Wettbewerbscharakter überwiegt, nicht zu dem gehören, was die Erzieherin anbietet).

Häufig genug werden Kinder mit den von der Uhr bestimmten Zeitmaßen der Erwachsenen konfrontiert, z.B. bei Öffnungszeiten, Busfahrten, Arbeitszeiten, Zeitansagen und Sendezeiten. Dadurch bleibt es den Eltern oft nicht erspart, ihre Kinder zu drängen, sie zur Pünktlichkeit anzuhalten oder sie vom Jetzt auf das Später zu verweisen.

An ihrem Geburtstag erleben sich Kinder herausgehoben aus der Gruppe und besonders beachtet. Sie erfahren auch, daß andere Kinder an ihrem Festtag gefeiert werden. Der Tag ist für sie wesentlich, weil sie mit steigender Jahreszahl älter und damit größer werden.

In Märchen und anderen Geschichten erfahren Kinder von vergangener Zeit, die neu hervorgeholt und damit im Zuhörer aktualisiert wird.

In jedem Rollenspiel wird Erlebtes und Zukünftiges aktuell. Kinder planen, was sie tun wollen, sie spielen nach, was sie an Erwachsenen gesehen und mit ihnen erlebt haben und nehmen damit gleichzeitig voraus, wie sie sich ihr Leben vorstellen.

Dimension des Themas

Zeitliche Abläufe bestimmen unser Leben, alle Lebensäußerungen sind in zeitlichen Dimensionen eingefangen. So ist jede Bewegung, jedes Tun zeitlich begrenzt. Unser Leben hat eine Zeitspanne von der Geburt bis zum Tod.
Diese eingrenzende Zeit geht vorüber, und gleichzeitig beinhaltet diese Zeiterfahrung auch, selbst vergänglich zu sein.
Eine Wortsammlung soll dazu beitragen, die in alle Lebensbereiche eingreifende Zeitperspektive aufzuzeigen.
Märchenauszüge und Textzitate verdeutlichen auf nachdenklich machende Weise, wie sich Zeitliches existentiell auswirken kann.
Räumliche, materielle sowie zwischenmenschliche und zeitliche Erfahrungen sind voneinander nicht zu trennen. Nur den Gesichtspunkt „Zeit" zu beachten, wäre für Kinder dieses Alters zu abstrakt – jedoch können alle Unternehmungen das Zeiterleben vertiefen. Das bewußte Leben im Kindergarten ermöglicht es gerade und in erster Linie, das direkte Tun, die intensiv erlebte Zeit zuzulassen und aus dem so wichtigen Augenblick vorauszuschauen und zurückzublicken.
Die Sorge der Erwachsenen für die Zukunft der Kinder darf sich nicht gegenwärtig negativ auswirken, wie von H. v. Hentig beschrieben: „Kindheit heute ist Zukunftskindheit. Sie wird nie ganz in der Gegenwart gelebt, ist immer auf morgen, auf die (von anderen) geplante Welt bezogen." 1)
Zeit läßt sich nur aus der Wahrnehmung von Ereignissen, aus Bewegungen und Geschwindigkeiten erschließen.
Dabei sind die Zeitbegriffe des Klein- und Vorschulkindes ganz von anschaulichen Gegebenheiten, besonders von räumlichen Vorstellungen abhängig. Über Gegenwärtiges hinausgehend beginnt das Kind, zuerst Wünsche zu äußern und weist damit auf künftiges, beabsichtigtes Handeln hin. Weiterhin zeigt es Verständnis für einfache zeitliche Abfolgen; es weiß, daß es erst das eine und dann das andere tun muß. Unbestimmte Zeitangaben wie „vorher – nachher", „früher – später" werden schon benutzt. Jedoch fällt den Kindern das Verständnis für Zurückliegendes am schwersten. – „Selbst das Fünfjährige vermag sich kaum vorzustellen, daß vieles von dem, dessen Nachwirkungen es jetzt erfährt, zu einer Zeit geschah, von der es nichts mehr weiß ode rzu der es noch gar nicht geboren war." 2)
Die Einschätzung des Lebensalters mag Kindern bei gleichaltrigen oder älteren und jüngeren Kindern noch gelingen. Altersunterschiede bei Erwachsenen sind für Kinder jedoch weitgehend nicht festzustellen. Durch Beziehungen zu älteren Menschen erhalten sie aber einen lebendigen Einblick in die Vergangenheit und Tradition.
Für die Wahrnehmung von Zeit kann die emotionelle Gestimmtheit ausschlaggebend dafür sein, wie etwas erlebt wird und wie die erlebte Zeit gedeutet wird.
(Verschiedene Einschätzung inhaltlich ausgefüllter und unausgefüllter Zeiträume, wie Zeiten des Wartens, des Erwartens, der Langeweile, des interessierten Tuns).
Der erlebten Zeit steht die physikalische, die meßbare Zeit gegenüber. Meßbare Zeiteinheiten in Form von Signalen, Kalendern und Uhren finden die Kinder an vielen Stellen vor, sie können aber nur zum Teil in kindliches Verständnis eingeordnet werden.
Eine Teileinheit beschäftigt sich mit dem Versuch, metrische Zeiteinheiten selbst aufzustellen und dabei unterschiedliche Möglichkeiten nachzuempfinden, wie alte einfache Zeitmaße (Sonnen-, Sand-, Wasser- und Feueruhren).
Ein in der heutigen Zeit erstrebenswertes Ziel ist es, dem eigenen inneren Zeitmaß und dem periodischen Wechsel von Bewegung und Ruhe nachzugeben. Deshalb sollten erste Anforderungen an das Kind seinem Tempo angemessen sein, bevor es sein Tempo einem gegebenen oder vereinbarten Zeitmaß angleichen kann. So besteht die Möglichkeit, den Eigenrhythmus wie die zeitliche Anpassung des Kindes zu beeinflussen.
Die Winterzeit ist besonders geeignet, eine Erwartungshaltung aufzubauen, bedingt durch die Ruhe der Jahreszeit, sowie durch die in dieser Zeit liegenden Feste.

1) H. Müller, P. Oberhuemer, Die Welt, die uns umgibt, S. 32, Herder-Verlag, Freiburg 1982
2) Vgl. H. Nickel, Entwicklungspsychologie des Kinder- und Jugendalters, S. 280, Band 1, Verlag H. Huber, Bern 1979

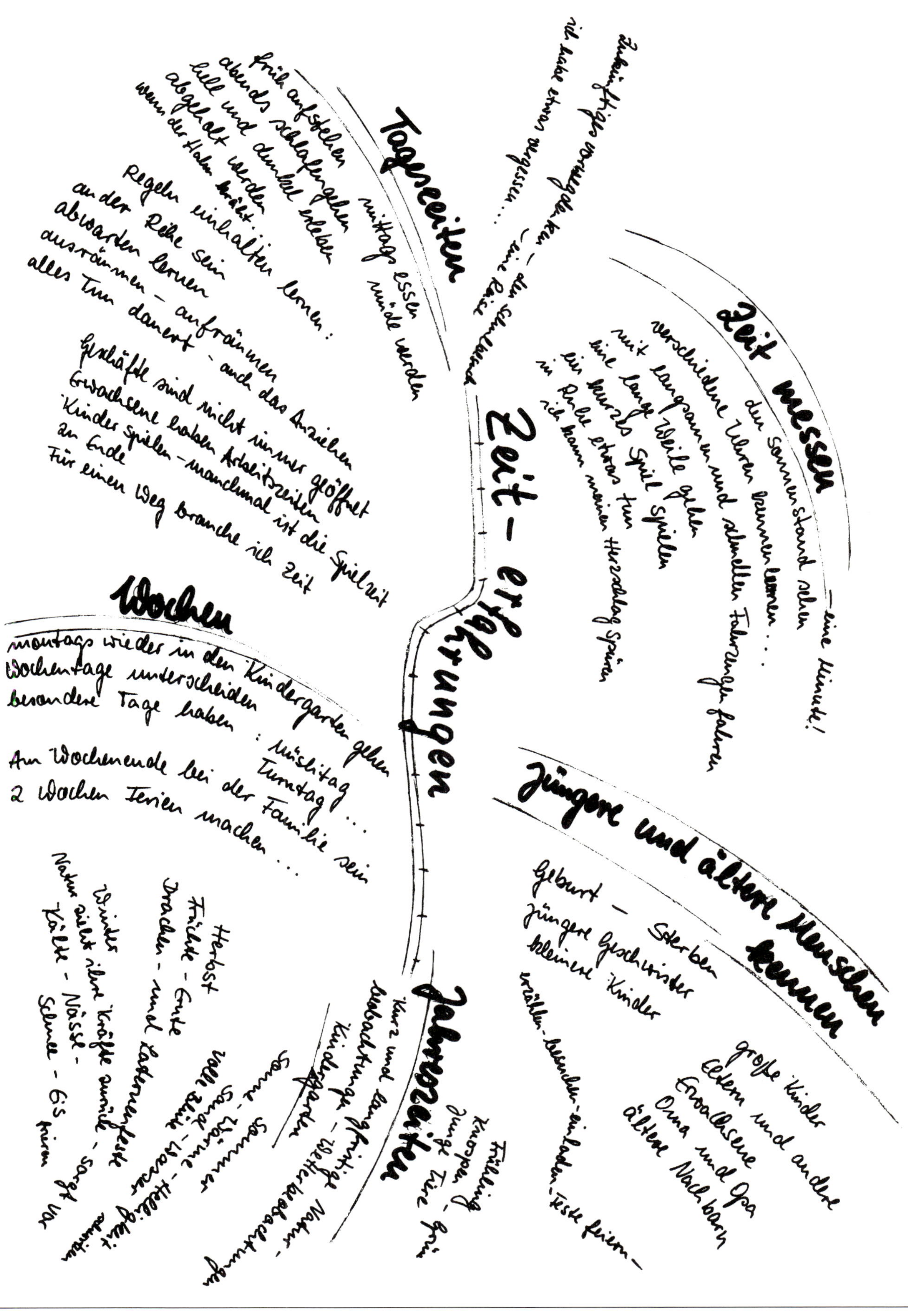
Zeit-erfahrungen
Tageszeiten
früh aufstehen
abends schlafen gehen
hell und dunkel erleben
abgeholt werden
wenn der Hahn kräht
mittags essen
müde werden
Zukünftiges vorausdenken – den Schulranzen
ich habe etwas vergessen … – eine Reise
Regeln einhalten lernen:
an der Reihe sein
abwarten lernen
ausräumen – aufräumen
alles Tun dauert – auch das Anziehen
Geschäfte sind nicht immer geöffnet
Erwachsene haben Arbeitszeiten
Kinder spielen – manchmal ist die Spielzeit zu Ende
Für einen Weg brauche ich Zeit
Zeit messen
verschiedene Uhren
den Sonnenstand sehen
mit langsamen und schnellen Fahrzeugen fahren
– eine Minute!
ein kurzes Spiel spielen
in Ruhe etwas tun
ich kann meinen Herzschlag spüren
Wochen
montags wieder in den Kindergarten gehen
Wochentage unterscheiden
besondere Tage haben: Mittwoch Turntag …
Am Wochenende bei der Familie sein
2 Wochen Ferien machen …
Jüngere und ältere Menschen kennen
Geburt – Sterben
jüngere Geschwister
kleinere Kinder
große Kinder
Eltern und andere Erwachsene
Oma und Opa
ältere Nachbarn
erzählen – besuchen – einladen – Feste feiern –
Jahreszeiten
Frühling
Knospen – Junge Tiere – Grün
Kurz und langfristige Beobachtungen – Wetterbeobachtungen
Sommer
Sonne – Wärme – Helligkeit
Herbst
Früchte – Ernte
Drachen – und Laternenfeste
Winter
Kälte – Nässe –
Schnee – Eis – frieren

Modellziel

Fähigkeit entwickeln,

- mit allen Sinnen den Augenblick zu erleben – sich Menschen und Gegenständen sowie anderen Lebewesen zuwenden zu können, diese zu erfahren; sich im Spiel treiben zu lassen;
- den eigenen Rhythmus, das eigene Tempo bei allen Tätigkeiten (Lebensäußerungen) zu bewahren bzw. zu finden;
- sich sicher und ausgeglichen im Raum / in der Gruppe zu bewegen, dabei räumliche und zeitliche Ordnungen aufzunehmen und dadurch Sicherheit zu erfahren;
- Veränderungen wahrzunehmen und zu beobachten, die sich auf Wachstum – sichtbar im Wechsel der Jahreszeiten in der Natur, bei jüngeren Geschwistern – und Umgestaltung der Umwelt beziehen;
- allmählich zwischen vergangenen, gegenwärtigen und zukünftigen Ereignissen zu unterscheiden und damit eine Voraussetzung für geschichtliches Zeitverständnis zu schaffen;
- kleinere Zeiträume abwarten zu können, sich in einer Reihenfolge einordnen zu können, unterschiedliche Schnelligkeiten zu akzeptieren und Langsameren gegenüber eine geduldige Haltung zu erlangen;
- etwas zu erwarten, sich auf etwas zu freuen, zu planen, sich etwas vornehmen zu können, auch für ungewohnte Zeitstrukturen (z.B. veränderte Tagesabläufe bei Höhepunkten und besonderen Unternehmungen) offen zu sein;
- unterschiedliche anschauliche Zeitmaße kennenzulernen;
- zu erfahren, daß die Menschen verschieden alt sind, daß alle gleichmäßig älter werden;
- zu erleben, daß Kinder mit zunehmendem Alter an Körpergröße und Fähigkeiten wachsen;
- in vielfältigem Spiel den Wechsel von Bewegung und Tätigsein sowie Ruhe und gesammelter Konzentration als wohltuend und ausgleichend zu erfahren;
- wichtige persönliche Daten zum Anlaß zu nehmen, diese zu feiern bzw. an andere zu denken.

Elternbrief

Liebe Eltern,

nehmen Sie sich einen Augenblick Zeit, um diesen Brief zu lesen! (Oder haben Sie gerade keine Zeit?)

Um erfahrbare Zeit drehen sich folgende Gedanken, die damit einen Aspekt des Lebens mit den Kindern, des Lebensraumes Kindergarten, aufzeigen sollen.
Sie selbst haben gewiß schon einmal, wenn Sie Ihrem Kind beim Spielen zugesehen haben, wenn Sie es abends in seinem Bett liegend betrachtet haben, gedacht: „Wie schnell doch die Zeit vergeht." Wie schnell ist aus Ihrem hilfebedürftigen Säugling ein Kindergartenkind geworden, das Fragen stellt und vieles ausprobiert.

Ihre eigene Kindheit liegt weit zurück; vielleicht erinnern Sie sich aber an Erlebnisse, die Sie etwa mit drei Jahren hatten.

Das Wort „Zeit" ist für die Kinder zunächst nicht mit Inhalt gefüllt. Erst Situationen, in denen Erwachsene es gebrauchen, prägen sich den Kindern ein. „Keine Zeit haben" wird dann als Ablehnung eines Wunsches erlebt, der vom Kind aus gesehen sofort – so bald wie möglich – erfüllt werden sollte.

Nur im Erleben von Veränderungen wird den Kindern dieses Alters Zeitliches anschaulich: im Wechsel der Jahreszeiten, im Tagesablauf vom Aufstehen bis zum Zu-Bett-Gehen; im Erleben von Geschwindigkeiten, im Wechsel von „ruhen" und „rennen", von „langsam" und „schnell". Im Gehen von einem Ort zum anderen können sie Zeitabläufe mitvollziehen und erleben. Die meßbare Zeit kann von den Kindern noch nicht genau eingeordnet werden. Die Unterscheidung von Minuten und Stunden hat für sie noch wenig Bedeutung.

Zeit, die Kinder im vertieften Spiel verbringen, ist „zeitlos", Wartezeiten können „ewig" dauern. Dem Erleben der Kinder im Augenblick, dem, was das Kind jetzt empfindet, was es jetzt ist, haben Eltern und Erzieher zuerst Rechnung zu tragen.

Wenn die Kinder sich jedoch erinnern an das, was gestern geschah, wenn sie Märchen hören oder Erlebnisschilderungen von Eltern und Großeltern zuhören, wenn sie für morgen etwas planen, wenn sie Weihnachten erwarten und das Neue Jahr mitfeiern, bahnt sich bei ihnen ein Verständnis an, das über das Jetzt, das Heute hinausgeht.

Wir wünschen Ihnen eine gute kommende Zeit.

Ein Schnurps grübelt

Also, es war einmal eine Zeit,
da war ich noch gar nicht da. -
Da gab es schon Kinder, Häuser und Leut'
und auch Papa und Mama,
jeden für sich -
bloß ohne mich!

Ich kann mir's nicht denken. Das war gar nicht so.
Wo war ich denn, eh es mich gab?
Ich glaub, ich war einfach anderswo,
nur, daß ich's vergessen hab',
weil die Erinnerung daran verschwimmt. -
ja, so war's bestimmt!

Und einmal, das sagte der Vater heut,
ist jeder Mensch nicht mehr hier.
Alles gibt's noch: Kinder, Häuser und Leut',
auch die Sachen und Kleider von mir.
Das bleibt dann für sich -
bloß ohne mich.

Aber ist man dann weg? Ist man einfach fort?
Nein, man geht nur woanders hin.
Ich glaube, ich bin dann halt wieder dort,
wo ich vorher gewesen bin.
Das fällt mir dann bestimmt wieder ein.
Ja, so wird es gewesen sein!

ALLZEIT · JEDERZEIT · SEINERZEIT · ZU
ZEITEN · BEIZEITEN · VORZEITEN · JETZT
DERZEIT · MANCHMAL · PFLANZZEIT
WEIHNACHTSZEIT · MITTAGSZEIT ·
VERKAUFSZEIT · ZEITABSCHNITT
ZEITBILD · ZEITDRUCK · SPAET
UHRZEIT · FRÜHLINGSZEIT
ARBEITSZEIT · SPIELZEIT ·
ZEITKARTE · NACHTZEIT
ZEITSCHRIFT · SELTEN
ZEITVERGEUDUNG
ZEITERSPARNIS ·
GESCHÄFTSZEIT
ZEITENWENDE
PILZZEITEN

EWIG

OBSTZEIT
MAHLZEIT
ZEITPUNKT ·
ZEITGEWINN ·
HALBZEIT · OFT ·
SENDEZEIT · LAHM
DAUERND · LANGSAM
DAVOR · DANACH · ALT
N E U
JUNG K URZ LA NG
IMM ER · FRE IZE IT ·
WAR TE ZEIT · ZEI TIG
ZEIT LO S · ZEI TW EISE
SCH UL ZE IT · F RÜH
REIF EZE IT · LEH RZEI TEN
FAST ENZ EIT · ZE ITLU PE.
ZEIT MAN GEL · ZE ITW ORT
SCH ONZE IT · ZEIT GEF ÜHL
ZEIT GEMÄ SS · BLU ETEZ EIT.
TAG ESZEI T · ERNT EZEIT · ZEIT
GES CHICH TE · REK ORD ZEIT ·
JUG E N DZEIT · KURZ
KINDERGARTENZEIT · TAGESZEIT · ZWISCHENZEIT

F. Dedden

Von der Zeit: Texte

Dann sprach Gott: Lichter sollen am Himmelsgewölbe sein, um Tag und Nacht zu scheiden. Sie sollen Zeichen sein und zur Bestimmung von Festzeiten, von Tagen und Jahren dienen; sie sollen Lichter am Himmelsgewölbe sein, die über die Erde hin leuchten. So geschah es. Gott machte die beiden großen Lichter, das größere, das über den Tag herrscht, das kleinere, das über die Nacht herrscht, auch die Sterne. Gott setzte die Lichter an das Himmelsgewölbe, damit sie über die Erde hin leuchten, über Tag und Nacht herrschen und das Licht von der Finsternis scheiden. Gott sah, daß es gut war. Es wurde Abend und es wurde Morgen: vierter Tag.

So wurden Himmel und Erde vollendet und ihr ganzes Gefüge. Am siebten Tag vollendete Gott das Werk, das er geschaffen hatte, und er ruhte am siebten Tag, nachdem er sein ganzes Werk vollbracht hatte, und Gott segnete den siebten Tag und erklärte ihn für heilig; denn an ihm ruhte Gott, nachdem er das ganze Werk der Schöpfung vollendet hatte.

Gen 1,14-19; 2,1-3

„Ein alter Mann pflanzte kleine Apfelbäumchen.
Da lachten die Leute und sagten zu ihm:
„Warum pflanzest du diese Bäume? Viele Jahre vergehen bis sie
Früchte tragen, und du selbst wirst von diesen
Bäumen keine Äpfel mehr essen können."
Da antwortete der Alte: „Ich selbst werde keine Äpfel ernten,
wenn aber nach vielen Jahren andere die Äpfel
von diesen Bäumen essen, werden sie mir dankbar sein."

Leo Tolstoi

„Wir müssen etwas unternehmen", hieß es, „denn es geht nicht an, daß immer mehr und mehr Kinder allein sind und vernachlässigt werden. Den Eltern ist kein Vorwurf zu machen, denn das moderne Leben läßt ihnen eben keine Zeit, sich genügend mit ihren Kindern zu beschäftigen. Aber die Stadtverwaltung muß sich darum kümmern."

❀ ❀ ❀

Und abermals andere meinten: „Kinder sind das Menschenmaterial der Zukunft. Die Zukunft wird eine Zeit der Düsenmaschinen und der Elektronengehirne. Ein Heer von Spezialisten und Facharbeitern wird notwendig sein, um alle diese Maschinen zu bedienen.
Aber anstatt unsere Kinder auf diese Welt von morgen vorzubereiten, lassen wir es noch immer zu, daß viele von ihnen Jahre ihrer kostbaren Zeit mit nutzlosen Spielen verplempern. Es ist eine Schande für unsere Zivilisation und ein Verbrechen an der künftigen Menschheit!"

❀ ❀ ❀

Das alles leuchtete den Zeit-Sparern ungemein ein. Und da schon sehr viele Zeit-Sparer in der großen Stadt waren, gelang es ihnen in ziemlich kurzer Zeit, die Stadtverwaltung von der Notwendigkeit zu überzeugen, etwas für die vielen vernachlässigten Kinder zu tun.

aus: M. Ende, Momo, S. 186, K. Thienemanns Verlag, Stuttgart-Wien

Von der Zeit: Texte

Der Fuchs verstummte und schaute den Prinzen lange an:
„Bitte ... zähme mich!“ sagte er.
„Ich möchte wohl“, antwortete der kleinen Prinz, „aber ich habe nicht viel Zeit. Ich muß Freunde finden und viele Dinge kennenlernen.“
„Man kennt nur die Dinge, die man zähmt“, sagte der Fuchs. „Die Menschen haben keine Zeit mehr, irgend etwas kennenzulernen. Sie kaufen sich alles fertig in den Geschäften. Aber da es keine Kaufläden für Freunde gibt, haben die Leute keine Freunde mehr. Wenn du einen Freund willst, so zähme mich!“
„Was muß ich da tun?“ sagte der kleine Prinz.
„Du mußt sehr geduldig sein“, antwortete der Fuchs. *(S. 50)*

❧

Und es rollte der Donner eines dritten funklenden Schnellzuges vorbei.
„Verfolgen diese die ersten Reisenden?“ fragte der kleine Prinz.
„Sie verfolgen gar nichts“, sagte der Weichensteller. „Sie schlafen da drinnen oder sie gähnen auch. Nur die Kinder drücken ihre Nasen gegen die Fensterscheiben.“
„Nur die Kinder wissen, wohin sie wollen“, sagte der kleine Prinz. „Sie wenden ihre Zeit an eine Puppe aus Stoff-Fetzen, und die Puppe wird ihnen sehr wertvoll, und wenn man sie ihnen wegnimmt, weinen sie ...“
„Sie haben es gut“, sagte der Weichensteller.
(S. 54)

❧

Am nächsten Morgen kam der kleine Prinz zurück.
„Es wäre besser gewesen, du wärst zur selben Stunde wiedergekommen“, sagte der Fuchs.
„Wenn du zum Beispiel um vier Uhr nachmittags kommst, kann ich um drei Uhr anfangen, glücklich zu sein.
Je mehr die Zeit vergeht, um so glücklicher werde ich mich fühlen. Um vier Uhr werde ich mich schon aufregen und beunruhigen; ich werde erfahren, wie teuer das Glück ist. Wenn du aber irgendwann kommst, kann ich nie wissen, wann mein Herz da sein soll ...
Es muß feste Bräuche geben.“
„Was heißt ‘fester Brauch’?“ sagte der kleine Prinz.
„Auch etwas in Vergessenheit Geratenes“, sagte der Fuchs.
„Es ist das, was einen Tag vom andern unterscheidet, eine Stunde von den anderen Stunden.“ *(S. 51)*

❧

„Guten Tag“, sagte der kleine Prinz. „Guten Tag“, sagte der Händler.
Er handelte mit höchst wirksamen, durststillenden Pillen. Man schluckt jede Woche eine und spürt überhaupt kein Bedürfnis mehr, zu trinken.
„Warum verkaufst du das?“ sagte der kleine Prinz.
„Das ist eine große Zeitersparnis“, sagte der Händler.
„Die Sachverständigen haben Berechnungen angestellt. Man spart dreiundfünfzig Minuten in der Woche.“
„Und was macht man mit diesen dreiundfünfzig Minuten?“
„Man macht damit, was man will ...“
„Wenn ich dreiundfünfzig Minuten übrig hätte“, sagte der kleine Prinz, „würde ich gemütlich zu einem Brunnen laufen...“ *(S. 54/55)*

❧

aus: Antoine de Saint-Exupéry, Der kleine Prinz, Rauch Verlag Düsseldorf 1956

Ein Südseehäuptling sagt:

„Der weiße Mann ist immer unzufrieden mit seiner Zeit. Er klagt dauernd, daß er keine Zeit hat. Und doch gibt Gott ihm täglich 24 Stunden.
Es gibt in Europa nur wenige Menschen, die wirklich Zeit haben. Vielleicht gar keine. Daher rennen auch die meisten durchs Leben, wie ein geworfener Stein. Fast alle sehen im Gehen zu Boden und schleudern die Arme weit von sich, um möglichst schnell voranzukommen. Wenn man sie anhält, rufen sie unwillig: ‘Was mußt du mich stören? Ich habe keine Zeit.’ Sie tun geradeso, als ob ein Mensch, der schnell geht, mehr wert sei als der, der langsam geht. Ich glaube, daß dem weißen Menschen die Zeit um so schneller entschlüpft, je krampfhafter er versucht, sie festzuhalten. Immer rennt und jagt er hinter ihr her. Die Zeit aber ist still und friedfertig, sie liebt das Gleichmaß und die Ruhe. Weil der Weiße die Zeit nicht erkennt und versteht, darum mißhandelt er sie dauernd.“

nach: Gottesdienste mit Kindern und Jugendlichen, Zeit, Dez. 82, Bergmoser + Höller Verlag, Aachen

- Einen möglichen Einstieg, der die Gegenwart und naheliegende Erlebnisse des Kindes einbezieht, bietet ein Gespräch über Ereignisse des Tages.

  Die Kinder können berichten, wie sie am Morgen aufgestanden sind, wer sie geweckt hat, wie sie sich bereit gemacht haben zum Fortgehen, was ihnen auf dem Weg zum Kindergarten begegnet ist, was vielleicht passiert ist.
  Mit wem und womit haben sie am heutigen Morgen gespielt;
  was hat sie fröhlich oder traurig gestimmt?

  Gemeinsam wird überlegt, was jeden Tag vorkommt. Die Kinder berichten, was sie jeden Tag wieder tun und was ihnen am heutigen Tag besonders aufgefallen ist.

  Damit wird der Blick geschärft für regelmäßig wiederkehrende Dinge.

- Die Erzieherin könnte eine kleine ***Unsinngeschichte*** erfinden, die vom Tagesablauf eines Kindes handelt. Dabei sind einige Begriffe lustig verdreht oder nicht für die Tageszeit passend.
  Die Kinder finden diese falschen Beziehungen heraus und machen bessere Vorschläge.
  Die Kinder werden ermuntert, sich spontan zu äußern. Sollten dabei ruhigere Kinder nicht zum Sprechen kommen, könnte ein Zeichen vereinbart werden,das die Kinder geben, wenn sie etwas entdeckt haben.

  Beispiel für den Beginn der Unsinngeschichte:
  Katja liegt heute morgen wach in ihrem Bett.
  Da singt der Wecker ihrer Eltern.
  Kurz darauf hört sie, daß Mutter ins Bett geht.
  In der Küche klappert es.
  Sicher kocht Mutter wie jeden Morgen Klöße mit Milch.
  Katja springt langsam aus dem Bett. Sie schlüpft in ihre Gummistiefel und läuft ins Badezimmer. ...

● *Gedichte*

Woran ich täglich denken muß

Morgen, Morgen, Zeit zum Aufstehn! Zum Zähneputzen noch ins Bad geh'n!
Mittag, Mittag, gleich gibt's Essen! Händewaschen nicht vergessen!
Abend, Abend, Dunkelheit! Auszieh'n, bald ist Schlafenszeit!
Nacht, Nacht, geh zur Ruh! Zum Schlafen deck dich schön warm zu!

Leise Geräusche

Nachts, wenn es ganz leise ist
und niemand mehr die Ruhe stört,
dann hört man all die leisen Dinge,
welche man am Tag nie hört:

Leise knackt der Küchenstuhl,
im Kühlschrank klirrt ein Einmachglas,
es tropft der Wasserhahn im Bad,
und draußen streicht der Wind durchs Gras.

Tags, wenn viele Menschen reden
und dazu das Radio spricht,
tags, wenn all die Autos fahren,
hört man diese Sachen nicht.

Gedichte aus: Knister/P. Maar, Frühling, Spiele Herbst und Lieder, Ravensburger Buchverlag Otto Maier GmbH

Bildgeschichte: Wie ein Tag verläuft

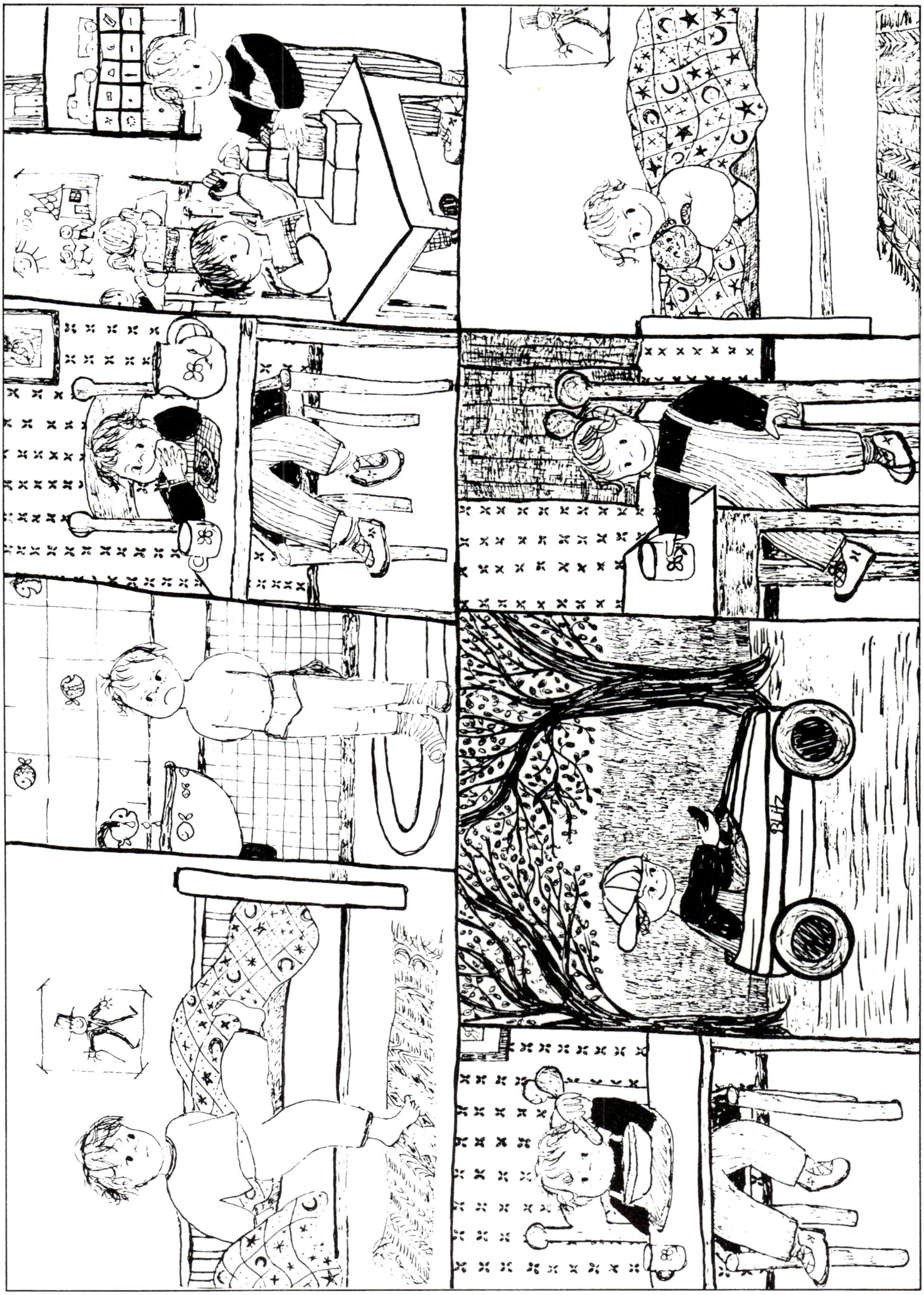

Gunhild Merkens

In der folgenden Reihe rhythmischer Übungen werden die elementaren Zeitbegriffe „Tag und Nacht" aufgenommen und weiterdifferenziert. Dabei werden lebenspraktische Tätigkeit auf den Tageslauf der Kinder bezogen.

Die Übungen sind entnommen: Knister/Paul Maar, Frühling, Spiele, Herbst und Lieder, Ravensburger Buchverlag Otto Maier GmbH

Tag und Nacht

Im Gymnastikraum hat die Pädagogin eine Handtrommel mit Schlegel und eine Triangel bereit gelegt. Sie erklärt den Kindern das Spiel: „In der Nacht schlafen alle Menschen. Am Tage spielt ihr verschiedene Tätigkeiten. Wenn ihr die Trommel hört, ist es Nacht. Wenn ihr die Triangel hört, ist es Tag. Wir beginnen mit der Nacht, also legt euch bitte schlafen!"
Wenn alle Kinder sich hingelegt haben, beginnt die Übung. Mit sanften, metrischen Schlägen (weicher Klöppel) auf die Handtrommel begleitet die Pädagogin folgenden Text. Dabei geht sie ruhigen Schrittes durch den Raum.

Dunkel wird es, es ist Nacht, die Augen werden zugemacht.

Der Nachtspruch wird mehrmals gesprochen, bis die Kinder zur Ruhe gekommen sind. Jetzt hört die Pädagogin auf zu sprechen, schlägt aber die Handtrommel immer weiter metrisch und geht gemessenen Schrittes durch den Raum (Ruhepause).
Um einen möglichst nahtlosen Übergang vom Nacht- zum Tagsignal zu erreichen, hält die Pädagogin sowohl die Handtrommel als auch die Triangel in einer Hand. Jetzt wechselt sie die Schlegelseite und schlägt die Triangel metrisch mit dem Schlegelstiel. Dazu spricht sie:

Die Sonne scheint, der Tag beginnt. Jetzt ist es hell, steht auf geschwind!

Die Pädagogin wiederholt den Spruch, bis alle Kinder aufgestanden sind.
Dann fragt sie, was man tagsüber alles tun kann (z.B. Rasen mähen, Schreibmaschine schreiben, kochen, ein Haus bauen. Autofahren usw.)
Hierauf einigen sich die Kinder auf eine Tätigkeit, die sie heute ausführen (= spielen) wollen.

Ein Pädagogin reicht einem Kind die Triangel und bittet es, den Tag zu schlagen. (Sie wählt möglichst ein Kind aus, das bei den verschiedenen Übungen sprachlich oder körperlich sehr benachteiligt ist.) Das Kind schlägt so lange, bis die Tagphase beendet ist. Die Pädagogin verbalisiert noch einmal den Vorschlag, auf den sich die Kinder geeinigt haben und spielt mit. Sie selbst versucht, dem Spiel nondirektiv neue Impulse zu geben und regt die Kinder an, gemeinsam Aufgaben zu lösen.
Wenn sich die Spielidee erschöpft hat, beginnt die Pädagogin die Handtrommel zu schlagen und nimmt dem Kind die Triangel aus der Hand.
Dann spricht sie den Nachtspruch. Alle legen sich wieder hin, bis nach der Ruhepause (Nacht) eine Aktionsphase (Tag) mit einer neuen Tätigkeit beginnt. Dieser folgt wieder eine Nacht usw.
Es folgen nun drei rhythmische Übungen, deren Reihenfolge nicht verändert werden sollte. Die Übungen können aber nicht alle an einem Tag durchgeführt werden.
Bevor die Pädagogin die erste Übung anbietet, versammelt sie die Kinder um sich und reflektiert die Übung „Tag und Nacht". Sie macht die Kinder darauf aufmerksam, wie still es in der Nacht und wie laut es im Gegensatz dazu am Tag war. Sie weckt bei den Kindern Interesse, ein Spiel zu spielen, bei dem es auf Geräusche ankommt. Die Pädagogin sammelt mit den Kindern Ideen für typische Tagesgeräusche.

Tagesgeräusche – Nachtgeräusche – stimmlich

Die Kinder probieren verschiedene typische Tagesgeräusche aus (Stimmen, Autolärm, Rattern von Motoren und Maschinen usw.) und versuchen, diese stimmlich zu imitieren. Wenn ihr Repertoire groß genug ist, erläutert ihnen die Pädagogin den Übungslauf:
Morgens beginnt der Tag mit wenigen, leisen Geräuschen, die im Laufe des Tages dichter und lauter werden, um am Abend wieder leiser zu werden und in der Nacht schließlich fast ganz zu verstummen.
Diesmal wird sie nicht ein akustisches Signal, sondern ein visuelles Signal einführen.
Sie erklärt: „Die Sonne ist die Handtrommel. Wenn ihr die Trommel nicht seht, ist es Nacht und man hört kein Geräusch. (Handtrommel hinter dem Rücken versteckt).

Hinweis:
Die Pädagogin führt die Trommel bei ausgestrecktem Arm, beginnend an der rechten Körperseite. Die Trommel beschreibt eine Kreisform. Über dem Kopf wechselt sie ihre Hand, um die Trommel langsam auf der anderen Seite hinter ihrem Rücken verschwinden zu lassen. Dadurch hat sie immer eine Hand frei, die sie gegebenenfalls als zusätzliche visuelle Hilfe einsetzen kann (wenn es zu laut wird, Finger auf den Mund oder umgekehrt ermunternd zuwinken).
Bevor der eigentliche Ablauf der Übung beginnt, vergewissert sich die Pädagogin, ob die Kinder den Sinn des visuellen Signals verstanden haben. Bei der Übung ist nicht daran gedacht, daß alle Kinder gruppenmäßig dasselbe Geräusch machen, sondern daß jedes seine eigene Vorstellung stimmlich in ein Geräusch umsetzt. Dadurch, daß jedes einzelne Kind das visuelle Signal beachtet, entsteht trotzdem ein Gruppenergebnis, was von allen als deutlich wahrnehmbares Laut- und Leiserwerden erlebt wird (crescendo – descrendo).
Die Übung wird nur einmal durchgeführt und anschließend reflektiert.

Tag- und Nachtgeräusche – instrumental

Diese Übung unterscheidet sich von der vorangegangenen dadurch, daß die vorher stimmlich erzeugten Geräusche nun durch Orffsches Instrumentarium hervorgebracht werden. Die Pädagogin teilt die verschiedene Instrumente aus und läßt den Kindern genügend Zeit, um sich im freien Spiel mit den Instrumenten vertraut zu machen. Das erfordert zwar von der Pädagogin eine große Portion Geduld und gute Nerven, zahlt sich aber später bei der eigentlichen Übung aus.
Nachdem die Pädagogin die Aufgabenstellung noch einmal formuliert und auf die Funktion des visuellen Signals hingewiesen hat, führt sie diese Übung methodisch wie die vorige Übung durch. Erfahrungsgemäß schwillt bei den ersten Versuchen der Geräuschpegel zu schnell an. Um die Einheit von visuell und aktustisch Wahrgenommenem zu wahren, wird sie in diesem Fall ihre Bewegung dem schnellen An- und Abschwellen angleichen. Sie wird also das rhythmische Prinzip von „führen und folgen" bei den ersten Übungsversuchen so gestalten, daß sie eher den Kindern folgt. Nach mehrmaliger Durchführung aber wird sie mehr und mehr wieder die Rolle des Führens übernehmen und ihre Bewegungen beharrlich langsamer werden lassen.
Um den spielerischen Charakter der Übung zu unterstreichen, ist die Pädagogin bemüht, möglichst nonverbal zu arbeiten.
Wenn die Kinder darin geübt sind, das Geräusch gleichmäßig an- und abschwellen zu lassen und einige Sicherheit bei der Beachtung des Signals erlangt haben, kann die Pädagogin die ganze Übung mit einem Lernspruch koppeln.
Während sie die Übung wie vorher durchführt, spricht sie jetzt folgende Verse dazu:

Am Morgen steht die Sonne tief

Am Morgen steht die Sonne tief,
weil sie bis grade ja noch schlief.

Zur Mittagszeit, wirst du gleich sehn,
da wird sie hoch am Himmel stehn.

Abends kommt sie schließlich dann
am Himmel unten wieder an.

Nachts siehst du die Sonne nicht,
drum schlafe, bis der Tag anbricht!

Am Morgen steht die Sonne tief

Immer mehr Tagesgeräusche
Elementares polyphones Musizieren

Die Pädgagogin erinnert die Kinder an die vorangegangene Übung und spricht mit ihnen über den Geräuschablauf. Sie faßt zusammen, daß alle Geräusche gleichzeitig am Morgen leise begannen, dann immer lauter wurden und zum Schluß alle auf einmal wieder verstummten. Sie läßt die Kinder von den Geräuschen erzählen, die sie tagsüber begleiten. Dabei macht sie gegebenenfalls darauf aufmerksam, daß in Wirklichkeit nicht alle Geräusche gleichzeitig auftreten und schon gar nicht alle gleichzeitig laut und leise werden.
Sie erläutert: Der Tag beginnt mit leisen Geräuschen. Die Vögel zwitschern, ein erstes Auto fährt vorbei. Dann setzt der Berufsverkehr ein.
Immer mehr Autos brummen durch die Straße. Auf der nahen Baustelle beginnt der Bagger zu arbeiten. Ein Flugzeug fliegt vorbei usw. Zum Abend hin wird es wieder leiser. Die Baustelle wird abgeräumt. Die Autofahrer sind wieder zu Hause usw.

Durchführung:
Die Kinder dürfen jetzt mit ihren Instrumenten ausprobieren, ob sie mit ihnen verschiedene Geräusche machen können.

Beispiel Handtrommel:
normal mit allen Fingern gleichzeitig anschlagen; mit Handballen anschlagen; nur mit Fingernägeln anschlagen; mit Fingernägeln über Fell kratzen; mit Fingerkuppen über Fell streichen; auf den Holzrand schlagen usw.
Nachdem die Kinder ausreichend probiert haben, führt jedes Kind einzeln sein Tonrepertoire auf seinem Instrument vor.
Daraufhin teilt die Pädagogin die Kinder in „Geräuschgruppen" ein.

Zum Beispiel:
Eine Gruppe Handtrommeln, eine Gruppe Triangeln, eine Gruppe Hölzer usw. Die Gruppen beginnen nicht gleichzeitig, sondern bekommen nacheinander ihren Einsatz von der Pädagogin.

Der Ablauf könnte so gestaltet werden: Es ist Nacht. Nur eine „schnarchende" Fingerkuppe über einem Fell ist zu hören. Ein Vogel „triangelt" sein Morgenlied. Die anderen Spatzen fallen ein. Dazu gesellen sich nacheinander Hölzer, Felle, Glocken, Rasseln, Pauken, Chinakracher usw.
Die Instrumente werden leiser. Nach und nach wird ein Instrument nach dem anderen ganz weggenommen.

Während des Ablaufes gibt die Pädagogin den einzelnen Kindern und Instrumentalgruppen durch Gesten ihre Einsätze und das Zeichen zum Aufhören. Das wünschenswerteste Ergebnis wäre es, wenn die Kinder schließlich nach mehreren Versuchen ohne die helfenden Einsätze der Pädagogin auskommen könnten. Damit ist nicht gemeint, daß die Pädagogin die Kinder in diese Richtung drillen sollte, die Spielfreude muß immer im Vordergrund stehen.

Im Dezember ist es lange dunkel

Im Winter sind bei uns die Tage kurz und die Nächte lang. Der Dezember hat die kürzesten Tage. Da hört die Nacht erst am Vormittag auf. Und der Abend beginnt schon am Nachmittag. An manchen Tagen wird es gar nicht richtig hell. Die elektrischen Lampen bleiben dann fast die ganze Zeit eingeschaltet. In den Häusern, auf den Straßen, in den Parks ...

aus: Der Winter ist kalt, Kunstreich Ekker, Tschinkel, Verlag Jugend und Volk, Wien 1979, S. 18

Bewegungsspiel: Blätter fallen

nach einer alten Melodie: Greensleeves auf Srato ZL 30520 IAF, S. 2, mit Jean-Pierre Rampal

Ich sehe einen Baum
Er wächst. -
Viele Jahre braucht er,
bis er groß und mächtig ist. -
Weit ragen seine Zweige-Äste.

Im Frühjahr bekommt er
Blätter – Tausende von Blättern.
Sie leuchten in der Sonne.
Sie schenken Schatten.

In seinen Ästen und Zweigen
wohnen Vögel –
Sie fliegen fort
und kommen wieder.
Sie bauen Nester.
Sie singen ihr Lied.

Wird es Herbst, fliegen sie,
nochmals um den Baum.
Dann nehmen sie Abschied,
fliegen fort – weit fort,
in den warmen Süden.

Nachts wird es jetzt kalt.
Der Baum gibt seinen Blättern
keinen Saft mehr.
Ein Blatt löst sich ab.
Es fällt zur Erde.

Noch ein Blatt fällt,
dann wieder eins.
Jetzt sind es viele
sie tanzen zur Erde.

Wind kommt
Er wirbelt die Blätter hoch.
Wie kleine Drachen tanzen
sie in der Luft.

Dann fallen sie alle wieder
zur Erde.
Sie bleiben ganz ruhig liegen
Müde sind sie und welk.

Bewegungsspiel: Blätter fallen

Der Hamster kommt.
Er sucht Blätter für seinen Bau.
Er baut sich ein warmes Nest.

Das Eichhörnchen sammelt
Blätter und polstert sich
seinen Kobel damit aus.

Der Igel rollt sich unter die
wärmenden Blätter und
beginnt seinen Winterschlaf.

Die Waldmaus richtet sich
mit den Blättern ein
warmes Nest.

Der Siebenschläfer kuschelt
sich in warme Blätter ein
und fängt zu schlafen an.

Winter ist es geworden.
Der Baum hat alle Blätter
verloren.
Kahl steht er da.
Seine Äste frieren im Wind.

aus: Religionspädagogische Praxis, Heft 2/1978 Verlag, RPA Landshut

Die Veränderung des Baumes und seiner Umgebung lädt zur Nachgestaltung im Rollenspiel ein.

- Der veränderte Baum und die Vielzahl der mit Wintervorbereitungen beschäftigten Tiere eignen sich auch zur bildlichen Darstellung mit Farben oder mit Papier (Schneide- oder Reißarbeit), die in Gemeinschaftsarbeit hergestellt werden könnte.
- Es könnte der Baum entsprechend den Strophen in 3 (oder 4)Wandlungsphasen dargestellt werden. Die Tiere kommen hinzu.

- Ein großer Ast eines Laubbaumes wird in einer Ecke des Raumes befestigt. An ihm lassen sich die jeweiligen Veränderungen aufzeigen. (Welkende Blätter, kahler Ast, evtl. neu angeklebte Blätter ...).

Wie sich der Mond verändert

Jeden Monat ist der Mond bei klarem Himmel einmal ganz und einmal gar nicht zu sehen. Besonders im Winter ist er gut zu beobachten!

aus: Der Winter ist kalt, Kunstreich, Ekker, Tschinkel, Verlag Jugend + Volk, Wien 1979, S. 20/21

Der Mond leuchtet nicht selbst, sondern nur jenes Stück, das von der Sonne beschienen wird. Deshalb sieht man den Mond manchmal nicht ganz. Diese Mondsichel nimmt langsam zu ...

Jetzt sieht man den Mond ganz. Der Vollmond schaut aus wie eine runde Scheibe. Aber er ist eine Kugel so wie die Erde. Einmal waren schon Menschen droben auf dem Mond ...

Der Mond nimmt ab. Nun sieht man seinen anderen Rand. Von Nacht zu Nacht wird die Mondsichel dünner. Aber in Wirklichkeit verändert sich der Mond überhaupt nicht.

Jetzt ist der Mond unsichtbar. Wenn es so dunkel ist, kannst du die Sterne besonders klar sehen. Und vielleicht siehst du auch einen hellen Punkt, der am Himmel dahinzieht: einen Satelliten ...

Zeit in der Rhythmik

Brigitte Kather

Die Grundelemente des Lehrstoffes in der Rhythmik sind Raum, Zeit, Kraft und Form. In allen rhythmischen Aufgaben ist also das Element Zeit enthalten, und wir können es durch Schwerpunktsetzung besonders hervorheben.
Das Kind erlebt Zeit in der Rhythmik in vielfältiger Weise.

- *Es hat Zeit, seine eigenen Vorstellungen zu einer Aufgabe zu verwirklichen.*
- *Es lernt, sich an ein Zeitmaß anzupassen.*
- *Es erfährt durch die Bewegungsgestaltung, daß Zeit in Musik, Sprache und Tanz enthalten ist.*
- *Es kann dynamische Ordnungen in der Zeit wie schnell – langsam, kurz – lang, gleichmäßig – ungleichmäßig, schneller und langsamer werdend vollziehen.*

Bei all diesen Aufgaben der Zeit werden besonders die akustischen und motorischen Fähigkeiten des Kindes angesprochen.

Übungen zum Thema Zeit

- Freies Bewegen in langsamen und schnellen Bewegungsarten (gehen, laufen, hüpfen, kriechen, krabbeln usw.)

  Variation:
  Wechsel von langsamen und schnellen Bewegungen auf ein akustisches Signal hin.

- Freie Bewegung der Kinder im Raum. Nach einer gewissen Zeit aufnehmen der Bewegung mit der Handtrommel durch den Lehrer und eine allmähliche Steigerung des Tempos.

  Variation:
  Später auch Verlangsamung hinzunehmen.

- Reagieren auf verschiedene, musikalisch gegebene Tempi durch Bewegung im Raum, am Platz, im Sitzen, im Liegen, nur mit den Beinen, den Armen usw.

- Bewegen zur Musik durch den Raum in allen Gangarten. Wenn die Musik aufhört, wird die Bewegung sofort unterbrochen.

- Die Kinder gehen im eigenen Zeitmaß durch den Raum. Ein optisches Signal gibt das Zeichen zum Anhalten und weitergehen.

  Variation:
  Die Kinder begleiten sich klatschend oder mit einem Instrument beim Gehen.

- Jedes Kind hat einen Reifen und einen Tennisball (oder Vollgummiball in gleicher Größe). Der Ball wird im Reifen gerollt. Er kann zu jeder Zeit an jeder Stelle des Reifens angehalten werden.

  Nach einer Beobchtungszeit auch auf beidhändiges Üben aufmerksam machen.

  Variation:
  Der Ball rollt nur am inneren Reifen.

  Variation:
  Auf akustisches Zeichen den Ball stoppen und in die entgegengesetzte Richtung rollen.
  Vorschlag: Gong gleichmäßig angeschlagen
  Handtrommel ungleichmäßig angeschlagen

- Jeweils zwei Kinder arbeiten an einem Reifen. Je nach Größe desselben stehen sich die Kinder im Reifen gegenüber oder sie halten ihn von außen.
  Der Reifen mit den Kindern soll sich nun erst langsam, dann immer schneller drehen. Ist der Höhepunkt erreicht, soll er sich wieder langsamer drehen und zum Stand kommen.

Vorstellungshilfe für Kinder: Karussell

Variation:
Die Bewegung mit der Stimme begleiten
a) von den sich bewegenden Kindern
b) von zuschauenden Kindern
c) Begleitung mit einem Instrument

- Zwei Schlangen werden gebildet und stellen Züge dar. Das jeweils erste Kind führt den Zug (Raumweg und Tempo). Alle Kinder können die Fahrt stimmlich begleiten.
  a) Es kann immer nur ein Zug fahren.
  b) Darstellen unterschiedlicher Zugarten durch das Tempo (Güter-,Eil-, Personenzug usw.)
  c) Den Zügen wird ein Instrument zugeordnet. Zwei Kinder übernehmen z.B. Trommel und Hölzchen. Die Instrumente geben an, welcher Zug fahren darf, wobei auch beide Züge fahren können.
  d) Die Züge sollen mit Tempoveränderung fahren.
  Vorstellungshilfe für die Kinder: Von einem Bahnhof zu einem anderen.

- Namen klatschen und dazu gehen.
  Bei zweisilbigen Namen 2 Schritte usw.

Variation:
Nur klatschen und nur gehen.

Variation:
Dasselbe auch mit anderen Wörtern.

- Zu einem Reim oder Abzählvers gehen die Kinder durch den Raum.
  Den Reim oder Vers in unterschiedlicher Weise einsetzen.
  Hier einige Möglichkeiten:
  - alle sprechen mit
  - einzelne Kinder sprechen
  - der Lehrer spricht
  - eine kleine Gruppe spricht und begleitet mit Körperinstrumenten oder Schlagwerk.
  - die Handtrommel gibt den Sprechrhythmus des Verses an
  - der Vers wird „stumm" gesprochen

  a) Von einem gewählten Platz aus gehen alle Kinder bis zum Versenden und bleiben dann stehen. Neubeginn immer vom gleichen Ausgangspunkt.
  b) Ein Kind geht oder hüpft zwischen den stehenden oder sitzenden Kindern durch den Raum. Beim Versende stellt es sich neben ein anderes Kind. Dieses übernimmt nun die Rolle des Umhergehenden.
  Bewegungsart wechseln.
  c) Die Kinder gehen von ihrem gewählten Platz durch den Raum und sollen am Ende des Verses wieder an diesem Platz ankommen.

- Eine kurze Melodie wird gespielt oder gesungen. Die Kinder stehen und hören zu. Bei Melodieende gehen sie in der gleichen Zeitspanne durch den Raum. Dann wieder Melodie in gleicher Länge usw.

Variation:
Auch mit Sprechvers möglich

- Der Lehrer spielt eine Melodie. Die Kinder sollen den Taktschwerpunkt betonen.
  a) Mit dem Körper (Hände, Füße, Finger, Kopf, usw.)
  b) Mit einem Instrument

- Musik in AB-Form
  Die Kinder können sich zum A-Teil frei im Raum bewegen, zum B-Teil wird eine Bewegungsform vorgegeben.

Variation:
Den Musikteilen werden bestimmte Raumformen oder Raumwege zugeordnet. Z.B. A = vorwärts gehen, B = auf der Stelle drehen.

Variation:
Kinder haben Luftballons (in zwei Farben bei zweiteiliger Form)
Jedem Musikteil wird eine Ballonfarbe zugeordnet.

Variation:
Dasselbe ist auch mit Musikstücken in ABA-Form und bei Ergänzung in ABC-Form möglich.

Variation:
Auch Sprechstücke in den genannten Formen lassen sich in gleicher Weise gestalten.

Variation:
Jedem Teil eines Sprechstückes wird ein Instrument zugeordnet. Im Sprechrhythmus begleiten die Instrumente den entsprechenden Teil. (Gleiche Teile = gleiche Instrumente).

Meditative Übungen

Maria Alferding

Das Kindergartenkind macht, wenn auch mehr unbewußt, in seinem Alltag die Erfahrung, daß es in der Zeit lebt: daß es Dinge gibt, die vorbei sind, und solche, auf die es noch wartet.
Schon vergangene Situationen können meditativ betrachtet und nacherlebt werden, um sie so von der Oberfläche in eine tiefere Erlebensweise zu führen. Ich greife einige Möglichkeiten beispielhaft heraus.
Bei allen meditativen Übungen ist es wichtig, eine kurze Stille – Phase vorausgehen zu lassen.

1) Vergehen in der Natur: Welke Blätter

Die Kinder sammeln einige vom Baum abgefallene Blätter, wenn möglich vom Kindergartenhof oder -garten. Die Kinder sitzen im Kreis, und jedes Kind hat ein welkes Blatt in der Hand.
Die Kinder beschreiben, was sie an dem Blatt sehen und entdecken. (rauhe, harte Oberfläche, Verfärbungen, Blattadern, ...)

Erzieherin:
Wenn das Blatt sprechen könnte, was würde es uns dann aus seinem Leben erzählen? Was hat es alles gesehen und erlebt, als es hier auf unserem Hof am Baum hing? Hat das Blatt viel Schönes und Frohes gesehen oder mehr Trauriges?

Indem die Kinder aus der Erinnerung bestimmte Ereignisse aus dem Kindergartenalltag wieder aufleben lassen, machen sie die Erfahrung, daß Zeit vergangen ist, wir Menschen aber die Erinnerung haben.
Die welken Blätter könnten nachher gemeinsam an einer Wand befestigt oder auf einen Karton geklebt werden.

2) Ein totes Tier wird gefunden

Kinder kommen oft ganz aufgebracht und erschrocken angelaufen, wenn sie ein totes Tier gefunden haben. Diese Situation kann einmal bewußt aufgegriffen werden, um dabei ausgelöste Gefühle auszusprechen und zu verarbeiten. (Kleinere, tote Tiere können in die Mitte des Kreises gelegt werden.)

Erzieherin:
Der Vogel ist tot. Er kann nicht mehr fliegen, nicht mehr singen, kein Nest mehr bauen, keine Eier mehr legen, keine jungen Vögel mehr füttern. Was kann passiert sein mit ihm? (Krankheit, Alter, erforen, verhungert).

Was fühlt ihr, wenn ihr diesen toten Vogel hier seht? Was möchtet ihr tun?

Die Erzieherin kann ausgedrückte Gefühle, Wünsche und Vermutungen zusammenfassen, und anschließend kann das Tier gemeinsam begraben werden.

Meditative Übungen

Maria Alferding

3) Ein Kind geht fort

Viele Kinder machen die Erfahrung, daß ein anderes Kind aus der Gruppe wegzieht, vielleicht sogar ein Kind, das sie besonders mögen. Es ist nicht mehr da, nicht mehr greifbar. Die damit verbundenen Gefühle könnten z.B. so angesprochen werden:

Erzieherin:
N. ist heute nicht mehr da. Wir haben mit ihm Abschied gefeiert. Was haben wir zusammen mit N. erlebt, gespielt? Was war sein Lieblingsspiel? Was konnte N. besonders gut?
Was fühlt ihr jetzt, wenn ihr an ihn denkt und wißt, daß er nicht mehr kommt? Was wünscht Ihr ihm? Was würdet ihr ihm sagen, wenn er euch hören könnte? ...
Die von den Kindern ausgesprochenen Wünsche können in Form einer Gemeinschaftsarbeit symbolisch ausgedrückt und gemalt werden, um sie z.B. dem Kind als Erinnerung zu schicken.

4) Dunkelheit – Licht

Im Winter, in der Vorweihnachtszeit und Weihnachtszeit spielen Dunkelheit und Licht für die Kinder eine große Rolle. Es ist eine Zeit der Kerzen. Dieser Brauch kann einmal bewußt aufgegriffen werden.
Die Kinder sitzen im dunklen Raum und sind ganz still.

Erzieherin:
Wie fühlt ihr euch? Woran denkt ihr? Welche Erlebnisse fallen euch ein? (Angst, unwohl, kalt, unheimlich, allein, einsam, Nacht, dunkler Keller, Wald, Gewitter, ...)
Die Erzieherin zündet eine Kerze an und stellt sie in die Mitte.

Erzieherin:
Was seht ihr und was fühlt ihr jetzt? Woran denkt ihr, wenn ihr diese Kerze seht? (Kerze erhellt den Raum, erwärmt ihn, Flamme flackert, Schatten sind zu sehen, die anderen sind zu sehen, keine Angst mehr, gemütlich, froh, Erinnerungen an Feste und Feiern, Gottesdienste, ...)
Anschließend bekommt jedes Kind eine kleine Kerze und darf sie an der großen anzünden.

Erzieherin:
Manchmal sind wir Menschen auch wie eine Kerze. Wenn wir gut zueinander sind, wird es für die anderen Menschen hell.
Sie fühlen sich dann wohl. Sie freuen sich, weil wir da sind.

Diese Übung kann mit einem kleinen Lichtertanz abgeschlossen werden, der auch auf einer Weihnachtsfeier vorgeführt oder gemeinsam mit den Eltern getanzt werden könnte. Es wäre gut, wenn die einzelnen Figuren vorher kurz geübt würden, um die Atmosphäre nicht durch Üben zu stören.

Es ist auch möglich, Dunkelheit und Licht mit Instrumenten „darzustellen": Dunkelheit mit dunklen Tönen auf Xylophon und Pauke, Licht mit hellen Tönen auf Glockenspiel, Triangel, Becken.

Meditative Übungen

Maria Alferding

Idee für einen Lichtertanz

(Kerzen mit Wachsschutz oder Teelichter in Glasschälchen)

1. Figur:
im Kreis gehen, Kerzen ruhig halten

2. Figur:
im Kreis gehen, Kerzen langsam heben und senken

3. Figur:
zur Mitte gehen, dabei Kerzen heben, so daß sie in der Mitte oben zusammenkommen, einen Augenblick verharren

4. Figur:
rückwärts gehen und Kerzen senken

Wiederholung von Figur 3 und 4
Wiederholung von Figur 2
Wiederholung von Figur 1

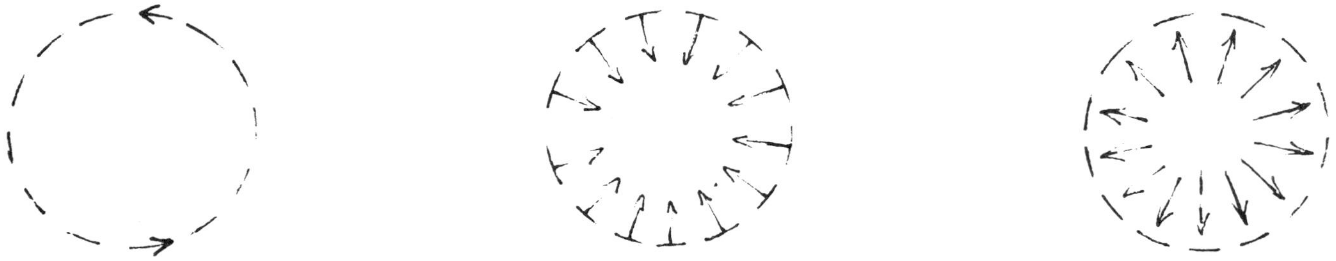

Bei diesem Tanz ist keinen feste Anzahl von Schritten nötig, da es ein meditativer Tanz sein soll. Die Erzieherin kann den Tanz mitmachen und einfache Hinweise auf veränderte Figuren geben.
Als Musik eignet sich jede ruhige, getragene Musik

Beispiele:
Langsame Sätze aus Flöten-, Gitarren- oder Klavierkonzerten
Musik von Theodorakis (To Perigiali, Un fuine amaro, Doxa to Theo)
Langsame Stücke von James Galway Platten
Kanon von Pachelbel

Bemerkung:
Machen Sie sich einmal die Mühe, verschiedenste ruhige und getragene Musikstücke aus dem Hintergrund zu hören, inwieweit sie sich für einfache Schrittfolgen (ohne festes Muster) eignen. Sie werden erstaunt sein.

Die Geschichte vom eiligen Mann

Einmal war ein Mann so eilig, daß er am liebsten gar keine Zeit für irgend etwas brauchen wollte. Morgens ist er aus dem Haus gerannt und in den Autobus gestiegen. Aber der Autobus ist ihm viel zu langsam gefahren. An der nächsten Haltestelle ist der Mann wieder auf die Straße gesprungen und vor dem Autobus hergerannt. An der Kreuzung war gerade die Ampel rot, aber der Mann hatte gar keine Zeit, irgend etwas zu merken. Er ist weitergerannt. Die Autos haben gehupt, die Leute haben geschrien. Aber das hat der Mann nicht mehr gehört. Er war schon an der nächsten Straßenkurve, und vor Eile ist er einfach geradeaus weitergelaufen, mitten durch ein Haus!

Eine Familie wollte gerade frühstücken, und der Mann ist über den Tisch gesprungen und hat die Tassen und Teller hinuntergeworfen, und schon war er wieder zur Tür hinaus.

Eine andere Familie hat noch geschlafen, da ist der eilige Mann über die Betten getrampelt, und schon war er wieder zum Fenster hinaus. Er hatte auch gar keine Zeit: „Entschuldigen Sie bitte!“ zu sagen. Jetzt war er in einem Hof, der hatte ringsum hohe Mauern, und der Mann hat vor Eile das Tor nicht gesehen. Aber er hatte ja keine Zeit, über irgendetwas nachzudenken, darum hat er sich einfach nur umgedreht, und ist wieder zurückgerannt: durch das Haus, über die Kreuzung und die Straße entlang, bis er auf einmal wieder zu Hause war.

Da hat er sich gewundert!

aus: Ursula Wölfel, „Achtundzwanzig Lachgeschichten“, Hoch Verlag, Stuttgart-Wien

Die Geschichte wird der Kindergruppe gut betont vorgetragen.
Damit wird den Kindern die Gehetztheit verdeutlicht, die von dem Mann ausgeht, der in seiner Eile sein Ziel längst verloren hat. Die ins Groteske gesteigerten Vorfälle der Geschichte geben Anlässe zu weiteren Ideenverbindungen durch die Kinder.

gG

- Im anschließenden Gespräch kann dann überlegt werden, was der eilige Mann alles übersehen hat. Der eilige Mann hat auch keine Zeit, mit anderen Menschen zu sprechen.
  Seine Eile auf der Straße führt dazu, daß andere auf ihn aufpassen müssen. Er paßt nicht auf sich selbst auf und ist dadurch in Gefahr.
  Was könnte der eilige Mann tun, nachdem er sich gewundert hatte, daß er wieder zu Hause ankam? Habe ich auch schon Leute gesehen, die schnell etwas besorgen mußten, oder sich keine Zeit genommen haben?

gG

- ***Mögliche Vertiefung***
  – eiliges Umhergehen im Raum (ohne Ziel);
  – schnell eine bestimmte Stelle erreichen;
  – ruhiges Gehen, dabei andere ansehen und begrüßen.

Advent – Weihnachten erwarten

Die Zeit des adventlichen Erwartens ist bezogen auf die Zeit der weihnachtlichen Freude.
Für Christen kann dieses Erwarten immer gegenwärtig sein, jedoch ist diese Grundhaltung für Kinder am ehesten in Festvorbereitungen, insbesondere auf Weihnachten, spürbar.
Die religiösen Bezüge, die Botschaft vom Kommen Gottes, die auch in unserer Zeit lebendig ist, können nur im gemeinsamen Hören und Erleben von Erwachsenen und Kindern erschlossen werden.

Mögliche Hinführungen:

- Unterhaltung darüber, wo und wie die Kinder schon einmal gewartet haben (auf die Eltern, auf Besuch, auf eine Fernsehsendung, auf einen Freund, beim Arzt, an einer Kasse, an der Ampel ...).

  Durch Nachfragen werden sich die Kinder in Ansätzen bewußt, wie sie diese Situationen des Wartens erfahren haben. Sie finden vielleicht heraus, daß sie beim Warten ungeduldig, gelangweilt, freudig oder geängstigt sein können.

- Die Kinder können auch angeregt werden zu malen, wie sie einmal gewartet haben. Dabei sollten sie auswählen können, ob sie sich – etwas Freudiges erwartend – darstellen oder ob sie eine Situation wählen, die für sie nicht angenehm war.

- Die Geschichte „Nebel" von U. Wölfel, Vorlesebuch Religion 1, S. 46-48, Kaufmann Verlag, eignet sich in diesem Zusammenhang, das angstvolle Warten von zwei Kindern bis zur Heimkehr der Eltern zu schildern.

Das Warten auf Weihnachten ist oft gleichgesetzt mit einem Zeitraum, in dem wir viel zu tun haben. Es liegt an den Erwachsenen, wie sie die Kinder diese Zeit erleben lassen. An Ratschlägen, die vorweihnachtliche Hektik nicht aufkommen zu lassen, mangelt es nicht, ebenso an Beteuerungen, machtlos gegenüber diesem Zwang der Zeit dazustehen.

❧

Im Kindergarten könnte zu Beginn der Adventzeit gesammelt werden, was sie alles zur Vorbereitung des Weihnachtsfestes tun wollen. Die gemeinsam überlegten Möglichkeiten können (auch von Kindern) aufgemalt, zu einer Collage, zu einem Wandfries zusammengestellt werden. – Sie verdeutlichen unsere Absichten. Was wir im Rahmen der Zeit umsetzen können, wird gemeinsam getan. -

❧

Die Gestaltung des Raumes, die Vorbereitung von Feiern sind konkrete Zeichen der Kinder, die eigene (Vor-?) Freude auszudrücken und weiterzuvermitteln.

Überraschungen, die vorbereitet werden, sind wichtig für die Kinder, werden von den Eltern erwartet. Was wollen die Erzieher/innen den Kindern dazu sagen?

Ein Austausch über das Schenken könnte zustande kommen.

Wem möchten die Kinder etwas schenken? Überlegen Sie genau, um etwas Passendes für die Person zu finden?

Warum geben sie sich Mühe, wenn sie das Geschenk herstellen?

Gelingt es der Erzieherin, eine Beziehung zum Weihnachtsfest herzustellen?

❧

Vorbereitung auf Weihnachten

Mit dem folgenden Textausschnitt des Buches von ***M. Dömer, „Zur Krippe wollen wir gehen", Patmos Verlag*** *Düsseldorf 1982, wird eine Möglichkeit aufgezeigt, den Kindern in Verbindung mit dem Alten Testament das Weihnachtsgeschehen nahezubringen. In einer erfundenen Rahmenhandlung wird von dem Jungen Jonathan berichtet, der mit seinem Vater auf dem Weg nach Jericho ist, dort von Johannes hört und sich taufen läßt. Durch gestalterisch-spielerische Methoden kann diese Begebenheit an Aktualität gewinnen. Die Erzieherin sollte auch auf ihre Gruppe hin Texte abändern oder erweitern.*

Es ist z. B. vorher schon zu erarbeiten, wie die Menschen damals in Israel lebten: Viele sind arm und haben kaum etwas zu essen. Viele sind traurig und wissen nicht, wie es weitergehen soll. Einige wenige sind reich und können sich alles kaufen. Sie sind aber nicht bereit, den anderen zu helfen, die nichts haben. Die Menschen in Israel warten sehr darauf, daß ein König kommt, der ihnen hilft, der sie erlöst, der gerecht ist. Sie hoffen auf diesen König, den sie Messias nennen.

In diese Zeit des Wartens gehört die Geschichte von Johannes! (Im angegebenen Buch sind weitere Schriften des AT hineingekommen), die auf den Messias hinweisen – Amos 5,7,10-12, Jesaja 11,1-9, Jeremia 31,31-34). Für den Kindergarten eignet sich auch eine Auswahl, die in die gesamte Tätigkeit zu integrieren ist.

Gut zu übertragen ist die Idee, mit den Kindern eine Kulisse des eigenen Ortes – mit bekannten Straßen und Häusern – herzustellen und dazu Puppen anzufertigen, die ein improvisiertes Rollenspiel veranschaulichen. Die Puppen = Leute der Stadt, können weiterverwendet werden im Spiel, das die Menschen auf dem Weg, zur Krippe hinführt.

Damit ist auch der Bezug hergestellt, Weihnachten, den Geburtstag Jesu, in unsere heutige Zeit hineinzunehmen.

JOHANNES ruft: Macht euch für den Messias bereit!

Fröhlich reitet Jonathan auf seinem Eselchen. Er pfeift ein kleines Lied. Das Eselchen spitzt die Ohren. Es findet mein Lied sicher auch gut, denkt Jonathan. In der Hand hält er die Zügel von zwei Maultieren. Die übrigen Lasttiere führt der Vater, der neben ihm reitet. Früh am Morgen sind sie von der Stadt Tiberias aufgebrochen. Sie liegt am See Genesareth. Hier kommen Straßen von überallher zusammen. Die führen Kaufleute aus fernen Ländern in die Stadt. Jonathans Vater kennt viele von ihnen. Einigen hat er die Waren verkauft, die sie mitgebracht haben. Bei anderen haben sie selbst Waren gekauft. Die sind für Vaters Geschäft in Jericho bestimmt. Nun sind sie auf dem Heimweg. Schon liegt der See Genesareth hinter ihnen. Die Straße verläuft jetzt am Jordan entlang. Es ist das erste Mal, daß Jonathan den Vater auf einer Handelsreise begleiten darf. Deshalb freut er sich so. Und er ist ganz stolz. Seine Freunde in Jericho werden staunen, was er alles erlebt hat! Plötzlich sieht Jonathan weiter vorn eine Menge Menschen. Dichtgedrängt stehen sie am Ufer des Jordan. Ein Mann spricht zu ihnen; schon von weitem kann man seine Worte verstehen. Er spricht davon, daß bald der Messias kommen wird. Jonathans Vater hört aufmerksam hin. Nach einer Weile sagt er nachdenklich: Hier geschieht, was beim Propheten Jesaja geschrieben steht:

> Eine Stimme ruft in der Wüste:
> Bereitet dem Herrn den Weg, ebnet ihm die Straßen!
> Die Täler sollt ihr auffüllen und die Berge abtragen!
> Was krumm ist, soll gerade, was holprig ist, zu ebenem Weg werden.
> Denn der Messias kommt! Gott will den Menschen ganz nahe sein!

Jonathan ist jetzt richtig neugierig geworden. Auch der Vater will mehr erfahren. Deshalb lassen sie die Tiere zurück. Die Zügel legen sie um die Zweige einer Tamariske. Dann reihen sie sich in die Gruppe der Menschen am Jordan ein. Neben einem jungen Mann ist noch Platz für sie. Er bemerkt sie zuerst gar nicht, so aufmerksam hört er zu. Jonathan faßt sich ein Herz: „Wer ist der, dem all die Menschen hier zuhören?" fragt er. „Das ist Johannes", antwortet der junge Mann, und seine Augen leuchten vor Begeisterung, „er bereitet uns auf den Messias vor." Zunächst ist Jonathan ein wenig sprachlos. Er denkt daran, mit welcher Sehnsucht der Vater oft von dem verheißenden Messias gesprochen hatte. Dann stellt

Jonathan sich auf die Zehenspitzen. So kann er über die Schultern der Erwachsenen gucken. Und jetzt sieht er ihn richtig, den Johannes! Groß und machtvoll steht er da. Er trägt ein Gewand aus Kamelhaaren und einen ledernen Gürtel um die Hüfte, so wie es von den Propheten berichtet wird. Und wie die Propheten rüttelt Johannes die Menschen auf. Sie sollen sich ändern. Deshalb fährt er sie an:

Böse Menschen seid ihr! Ihr lebt nicht nach Gottes Gebot! Aber Gott wird euch richten! Es wird euch gar nichts nützen, wenn ihr sagt: Wir gehören doch zu Gottes Volk. Denn das reicht nicht aus. Ihr sollt sein wie gute Bäume, die gute Früchte bringen. Sosnt geht es euch wie morschen Bäumen, die abgeschlagen und ins Feuer geworfen werden. Laßt euch von mir im Jordan taufen. Das ist das Zeichen. Es zeigt, daß ihr euer Leben ändert und euch für den Messias bereitet.

Als Johannes geendet hat, ist es zunächst ganz still. Dann treten einige Leute zu ihm, um sich taufen zu lassen. Immer mehr kommen hinzu. Jonathan schaut den Vater an. Sie fassen einander bei der Hand. Sie gehen zu Johannes. Auch sie wollen sich taufen lassen und sich für den Messias bereithalten.

An der Hand des Vaters steigt Jonathan ins Wasser. Gemeinsam werden sie von Johannes etauft. Er taucht sie unter im Jordan. Dann gehen sie zurück ans Ufer. Dort sind schon viele, die getauft wurden. Sie warten noch; sie möchten noch manches wissen, bevor sie nach Hause zurückkehren.

Dann kommt Johannes. Einige fragen ihn: Wie können wir jetzt gute Früchte bringen? Was sollen wir tun? Johannes antwortet: Es gibt Menschen, die haben nicht genug zum Anziehen. Teilt eure Kleidung mit ihnen! Ebenso gibt es Menschen, die Hunger haben. Teilt euer Essen mit ihnen!

Da wenden sich auch Zolleinnehmer an Johannes. Denen sagt er: Betrügt niemanden! Nehmt so viel Zoll, wie festgesetzt ist, nicht mehr.

Auch Soldaten kommen und fragen: Was sollen denn wir tun? Ihnen gibt Johannes zur Antwort: Tut niemandem Unrecht oder Gewalt an und seid zufrieden mit eurem Lohn!

Die Menschen hören die Worte des Johannes. Sie sind erstaunt und denken: Ob er vielleicht selbst der Messias ist? Johannes aber sagt: Ich bin es nicht. Ich taufe euch mit Wasser. Doch nach mir kommt einer, der wird euch mit dem Geist Gottes wie mit Feuer taufen. Vor ihm bin ich gering. Ich bin nicht einmal wert, ihm die Riemen seiner Sandalen zu öffnen.

So spricht Johanens vom Messias. Und die Menschen freuen sich. Sie sind jetzt voller Hoffnung, daß bald der Retter kommen wird. Auch Jonathans Augen strahlen, als er mit dem Vater wieder losreitet. Daheim will er alles sofort erzählen. Dann können die Menschen in der Stadt sich ebenfalls vorbereiten. Denn der Messias wird sicher auch nach Jericho kommen, denkt Jonathan bei sich.

- *Die Szene am Jordan kann leicht mit Reißbildfiguren dargestellt werden: Aus evtl. vorher mit Filzstift bemaltem Zeitungspapier oder aus buntem Klebepapier werden einfache Figuren gerissen. Indem man die Figuren gruppenweise (Jonathan mit seinem Vater und der kleinen Karawane, die Menschen am Jordan usw.) auf einzelne Kartons klebt, kann die Erzählung nachgespielt werden. – Ältere Kinder können die Aussage über die Wegbereitung für den Messias aufgreifen und konkretisieren, in dem sie das Bild einer Straße oder einer ein Tal überspannenden Brücke malen, deren „Bausteine" Beispiele der persönlichen Vorbereitung (z.B. mit anderen teilen, sich versöhnen, usw.) nennen.*

- *Die heilsgeschichtliche Bedeutung Johannes des Täufers läßt sich gut auch anhand künstlerischer Darstellungen vermitteln; vgl. dazu das Täuferbildnis vom Isenheimer Altar (Diaserie: M. Grünewald, Kreuzigung, Verlage Burckhardthaus/Christophorus) oder Th. Zacharias, Johannes der Täufer, aus: Farbholzschnitte zur Bibel (Kösel-Verlag), Dia 12 • Ergänzende Liedertexte finden sich in 9 x 11 KL: Gott schickt mich her (Nr. 28); Johannes war in der Wüste (Nr. 57); Enttäuschtes Israel (Nr. 56).*

- *Der Ablauf der Erzählung ist gut zur Wiedergabe in einem Rollenspiel geeignet. Dabei können die Kinder evtl. weitere Adressatengruppen und entspechende Inhalte für die Aussagen des Johannes einfügen. Darüber hinaus läßt sich die Szene in die heutige Zeit übertragen, wobei die Kinder dann auch darüber sprechen könnten, was Johannes ihnen wohl raten würde.*

Fotos alter Uhren

Stundenglas
(aus Italien um 1700)

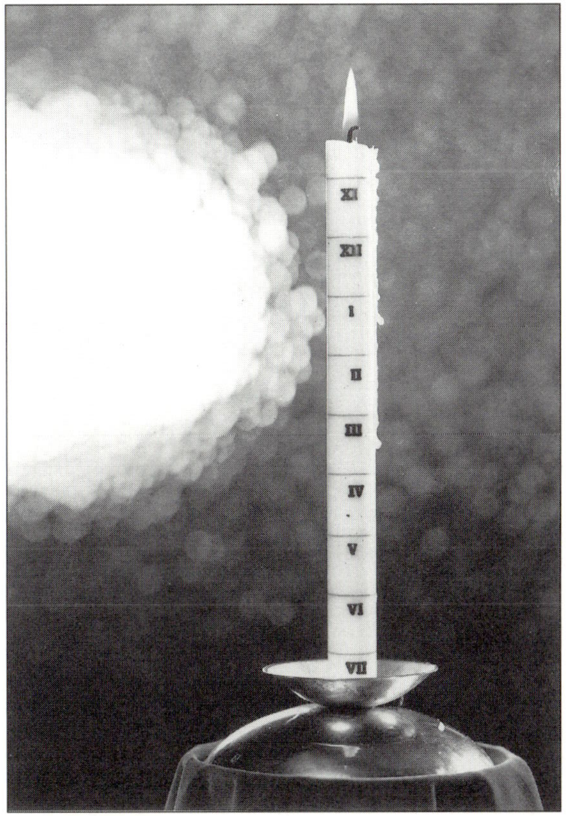

Kerzenuhr
(um 750 in England eingeführt)
Sie ersetzte die in kalten Wintern häufig einfrierenden Wasseruhren.)

Auslauf-Wasseruhr
(Abguß nach einem ägyptischen Vorbild aus der Zeit um 1400 vor Chr.)

Die Abbildungen wurden mit freundlicher Genehmigung des Historischen Uhren-Museums Abeler, Wuppertal 1, Poststraße 11, veröffentlicht

Von verschiedenen Uhren

Gerhard Kern

Was es für Uhren gibt

Rathausuhren
Kindergartenuhren
Spieluhren
Musikuhren
Flötenuhren
Sanduhren
Wanduhren
Tischuhren
Bilduhren

Wagenuhren
Zimmeruhren
Aufziehuhren
Gewichtsuhren
Federuhren
Kuckucksuhren
Standuhren
Kaminuhren
Parkuhren

Turmuhren
Bahnhofsuhren
Tauchuhren
Radiouhren
Damenuhren
Herrenuhren
Taschenuhren
Räderuhren
Stopuhren

Wozu braucht man Uhren

Um zu wissen, wann die Pause um ist.
Um zu wissen, wann der Kindergarten beginnt
Um zu wissen, wann ich nach Hause gehen muß
Um zu wissen, wann der Kindergeburtstag anfängt
Um zu wissen, wann der Zug fährt
Um zu wissen, wann der Zug kommt
Um zu wissen, wann die Eltern von der Arbeit kommen
und wozu noch

Woher die Uhren kommen

Die Techniker und Ingenieure überlegen sich die Uhren.
Die Uhrmacher und Mechaniker in der Uhrenfabrik bauen die Uhren.
Mit dem Lastwagen oder dem Zug werden die Uhren zu den Uhrgeschäften geschickt.
Im Uhrenladen werden die Uhren verkauft.
Wenn die Uhr nicht mehr geht, repariert sie der Uhrmacher.

Vor vielen Jahren, als die Leute noch keine Werkzeuge, keine Werkstatt, keine Fabrik hatten, wurden auch schon Uhren gemacht. Sie sahen aber ganz anders aus als heute.

Um 2000 v. Chr.
Wasser- und Sonnenuhren in Ägypten und im Zweistromland

um 1100 vor Chr.
Ägyptischer Schattenstab

China
Feueruhr

Wir bauen uns eine Uhr

Gerhara Kern

Wasseruhr

In einem gorßen Blumentopf aus Ton wird am unteren Rand ein dünnes Loch (mit einem Handbohrer) gebohrt. Weil das Loch nun noch zu groß ist, kann es mit Kitt oder Knete verklebt werden. In die Knete wird mit einer Stricknadel ein dünnes Loch eingestochen. Der Topf wird nun mit Wasser gefüllt – das Loch dabei zuhalten – und so auf einen Stuhl gestellt, daß das Wasser mit einem darunter stehenden Eimer aufgefangen werden kann.

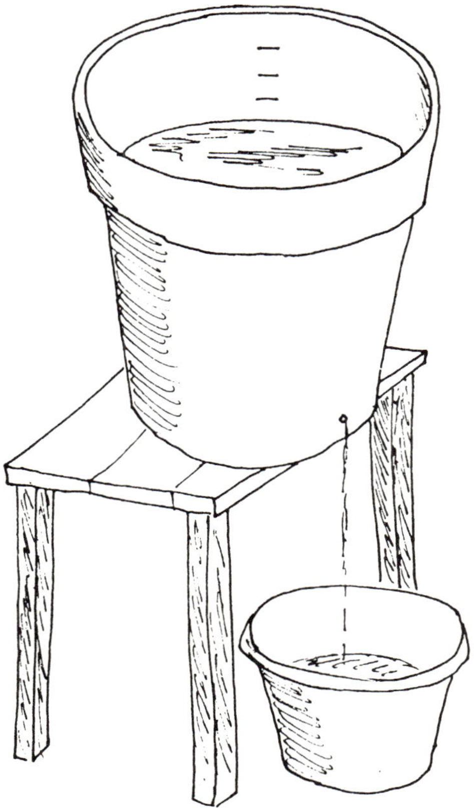

Bevor nun das Wasser aus dem Loch fließt – oder tropft – wird der Wasserspiegel mit einer Ölkreide an der Innenseite des Topfes markiert.
Das Wasser kann nun wegfließen. Nach 5 oder 10 Minuten wird ein neuer Strich gemacht.
Und dann wieder ein Strich, und wieder ein Strich, bis der Blumentopf – die Wasseruhr – leer ist.
Der Topf wird nun wieder gefüllt. An den Strichen kann nun abgelesen werden, wieviel Zeit jeweils vergangen ist.

Sonnenuhr

Eine flache Schüssel wird halb mit Sand gefüllt, und in die Mitte der Sandfläche wird ein Stab gesteckt. Diese Sonnenuhrschüssel braucht nun einen Platz auf der Fensterbank oder auch draußen, der möglichst lange von der Sonne beschienen wird. Der Schatten, den der Stab auf den Schüsselrand wirft, wird wieder mit Kreide markiert – je nach Größe der Schüssel halbstündlich oder stündlich. Natürlich darf diese Sonnenuhr nicht verrückt und auch nicht weggetragen werden. Am nächsten Sonnentag kann am Schatten die Zeit abgelesen werden.

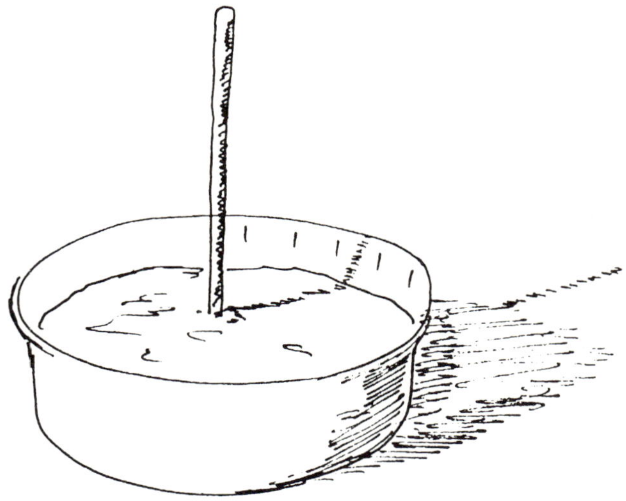

Wir bauen uns eine Uhr

Gerhard Kern

Feueruhr

In eine Schale – am besten aus Metall – wird eine Kerze gestellt. In diese Kerze werden nun im Abstand von je einem Zentimeter Nägel eingedrückt. So wie die Kerze abbrennt, fällt ein Nagel nach dem anderen in die Schüssel und gibt einen Ton. Wenn der Abstand der Nägel untereinander gleich ist, wird auch der Zeitliche Abstand, in dem die Nägel fallen, etwa gleich sein. Wenn die Kerze abgebrannt ist und die Zeiträume zwischen den Tönen mit der Armbanduhr gestoppt sind, kann die nächste Kerze – mit genau gleichen Abständen der Nägel – als Feueruhr benutzt werden.

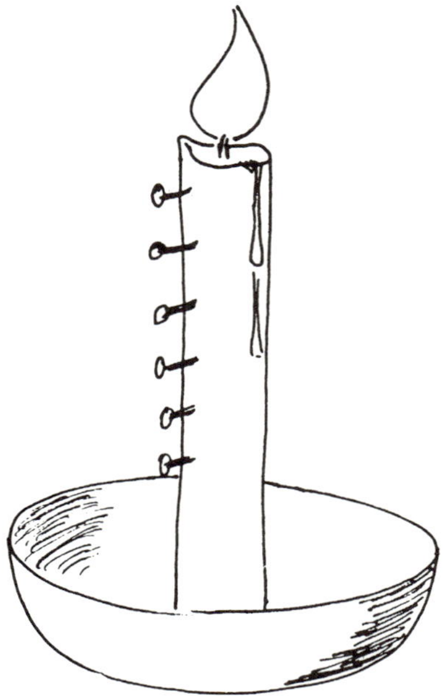

Duftuhr – Chinesischer Wecker

Auf eine metallene Fläche – Stahllineal, Blechstreifen o.ä. – wird ein Räucherstäbchen gelegt. Damit es nicht wegrutscht, kann es an einem Ende mit einer Wäscheklammer oder Kitt fixiert werden. So wie das Stäbchen abbrennt, wird das Fortschreiten der Glut zeitlich bestimmt und an der Unterlage des Stäbchens markiert.

Zu einem Wecker wird diese Uhr, wenn über das Räucherstäbchen ein Faden gehängt wird, an dessen Ende je eine Kugel, oder ein Schlüsselring, oder sonst ein nicht zu schwerer metallener Gegenstand gebunden ist.

Unter die hängenden Fadenenden kommt eine Schüssel. Sobald die Glut den Faden erreicht, brennt er durch, und die Kugeln fallen in den Gong.

Dies ist eine alte hölzerne Taschenuhr, die vor etwa 150 Jahren von dem Uhrmacher Bronikow in Rußland angefertigt wurde. Sie ist aufgeklappt, so können wir gut ihre einzelnen Teile erkennen!

Photo aus dem Historischen Uhren-Museum Abeler, Wuppertal 1, Poststraße 11

Das Uhrenlied
Die Zeiger der Uhr kennenlernen

Die Pädagogin spricht mit den Kindern über die verschieden schnellen Zeigerbewegungen der Uhr. Sie bringt den Kindern das folgende Lied bei:

1. Strophe

2. Strophe

Großer Zeiger, wie ich weiß,
drehst du öfter deinen Kreis.
Drehst du einmal deine Runde,
ist vorbei erst eine Stunde.

3. Strophe

Schneller Zeiger an der Uhr,
du zählst die Sekunden nur.
Dritter Zeiger flitz herum,
schon ist die Minute um!

Wenn die Kinder das Lied singen können, schließt sich ein Liedspiel an.

Die Kinder bilden einen Kreis und schauen zur Kreismitte. Während alle die erste Strophe des Liedes singen, klatschen sie metrisch und stampfen dazu mit den Füßen.
Nach der ersten Strophe folgt nun der erste Kehrvers. Während die Kinder den Kehrvers singen, beschreiben sie mit ihrer Hand ganz langsam eine große Kreisform in der Luft. (Die langsam beschriebene Kreisform entspricht dem sehr langsamen Stundenzeiger.) Jetzt folgt die zweite Strophe, bei der die Kinder ihr Singen wieder durch metrisches Klatschen und Stampfen unterstützen. Beim Singen des anschließenden Kehrverses zeigen die Kinder wieder die große Kreisbewegung mit der Hand.
Diesmal wird der Kreis aber schon bedeutend schneller „gemalt" (entsprechend der schnelleren Bewegung des Minutenzeigers).
Das Singen der dritten Strophe wird ebenfalls wieder vom Klatschen und Stampfen begleitet. Beim letzten Kehrvers wird der Kreis möglichst schnell „gemalt" (Sekundenzeiger).

Hinweis:
Die Pädagogin achtet darauf, daß die Kinder die Kehrverse immer gleich schnell singen. Das ganze Lied wird in einem Tempo gesungen.
Sie kann den Kindern folgenden Vorschlag machen:
Beim Singen des ersten Kehrverses dauert die Kreisbewegung so lange, wie der ganze Kehrvers gesungen wird.
Beim zweiten Kehrvers wird auf jede Zeile ein Kreis „gemalt".
Beim letzten Kehrvers werden auf jede Zeile zwei Kreise „gemalt".

aus: Knister/Paul Maar, Frühling, Spiele, Herbst und Winter, Ravensburger Buchverlag, Otto Maier GmbH

Von verschiedenen Uhren

Wer sehen will, wie spät es ist, schaut auf die Uhr.
Oder du fragst jemanden.
Die meisten größeren Kinder und fast alle Erwachsenen habe eine Armbanduhr.
Mit der gleichen Uhrzeit kann man gemeinsam zu einem Treffen ankommen.
Was solltest du morgens um fünf schon im Kindergarten? Kein anderer wäre dann dort.
In den meisten Familien klingelt morgens ein Wecker. Zeit zum Aufstehen!
So regelt die Uhr unseren Tag.

Die Kuckucksuhr

Um eins, um zwei, um drei und um vier,
um fünf und um sechs geht auf die Tür,
dann kommt aus einem hölzernen Haus
ein kleiner hölzerner Kuckuck heraus.

Der Kuckuck ist schlau und klug und gescheit.
Er sagt uns genau die richtige Zeit.
Er springt heraus mit einem Ruck
und schreit, „Kuckuck, kuckuck, kuckuck,
kuckuck, kuckuck, kuckuck, kuckuck!“

Wenn der Kuckuck siebenmal kuckuck schreit,
dann sagt die Mutter: „Es ist soweit.“
Dann ruft die Mutter: „Elisabeth,
marsch ins Bett!“

aus: J. Guggenmos,
Was denkt die Maus am Donnerstag,
G. Bitter Verlag, Recklinghausen

Rätsel

?
Ich geh’ am Tag und in der Nacht,
geh’ ohne Hast, geh’ mit Bedacht.
Ich gehe, pünktlich, wie ich bin,
zwar immerzu, doch nirgends hin.
Ich schlage auch aus gutem Grund,
ich schlage zu – zu jeder Stund.
Ich schlage, weil es meine Pflicht.
Ihr aber, Freunde, schlagt mich nicht!
(Die Uhr)

?
Wer sagt euch die Zeit,
damit ihr pünktlich seid?
(Die Uhr)

?
Ich hab’ ‘nen kleinen Rattermann,
der rattert, was er rattern kann.
Am Abend, wenn ich schlafen geh’,
ich stets an seinem Bäuchlein dreh’.
Am Morgen hilft er mir sodann,
daß niemals ich’s verschlafen kann.
(Der Wecker)

?
Sie hat keine Ruh’
bei Nacht und Tag
wir tragen’s am Arm,
sie macht: ticktack.
(Die Armbanduhr)

Der große Zeiger – Fingerspiel

Wenn unsre Uhr schlägt eine volle Stunde,
beginnt der große Zeiger seine Runde,
vorüber an der 1 und an der 2.
Die Viertelstunde ist bei 3 vorbei.
Jetzt kommt er unten bei der 6 schon an.
Da steht er, wenn die halbe Stunde schlägt,
und wieder weiter er sich dann bewegt.
Zur 7 geht er, zu der 8 und 9,
dreiviertel Stunden müssen das nun sein.
Und weiter geht’s, zur 10 und dann zur 11,
und endlich ist er oben bei der 12.
Da steht er wieder, wo er erst begann,
die Uhr schlägt uns die nächste Stunde an.

Der rechte Arm ist der Uhrzeiger und wird senkrecht hochgehoben. Er beugt sich entsprechend den Zahlen jeweils um ein Stück weiter. Bei 3 zeigt er waagerecht über den Körper hinweg nach links, bei 6 senkrecht nach unten, bei 9 steht er ausgestreckt nach rechts und bei 12 wieder senkrecht nach oben.

Die Unzertrennlichen, – Neue Fingerspiele 1, Don Bosco Verlag, München 1990, 40. Aufl.

Uhrenlieder

Meine kleine Armbanduhr

2. Als ich sie dann wieder holte,
hielt ich sie sogleich ans Ohr,
da macht sie nur tacke ticke
und geht zehn Minuten vor.

3. „Nein, mein Herr, ich muß schon sagen:
Solche Art ist gar nicht fein!
Wenn ich ihnen das bezahle,
muß die Uhr in Ordnung sein!"

4. „O, entschuldigen Sie bitte!
Das ist mir noch nie passiert!
Wenn Sie morgen wiederkommen,
ist sie bestens repariert."

aus: Mosaik Blatt 106 (Ortfried Pörsel) Fidula Verlag, Boppard/Rhein
Didaktisch-methodische Bemerkungen zur Liedvermittlung sind enthalten in Heft 7, Musikpraxis, Hrsg. H. Große Jäger, Fidula Verlag, Boppard/Rhein, 1980

Die Uhren

Worte und Weise: Karl Karow

Die Stellen „tik, tak" bzw. „tike, take" können auf Schlaginstrumenten (z.B. Holzblöcken, Klangstäben) als Ostinato mitgespielt werden.

aus: R. R. Klein, Willkommen lieber Tag 1, Verlag Diesterweg, Frankfurt

Buchempfehlung:

In dem Bilderbuch „Wo die Zeit wohnt" sucht ein kleines Mädchen, von den Äußerungen der Erwachsenen verwirrt, der Tatsache „Zeit" auf die Spur zu kommen. In märchenhafter Weise macht es Erfahrungen im Umgang mit ihr!

Vladimir Skutina /Marie-José Sacré, bohem press 1989, 4. Aufl.

Gedanken

Ich weiß, was gestern gewesen ist.
Ich bin im Augenblick da.
Ich weiß nicht sicher, was morgen sein wird.

Während wir hier zusammen sind – in der gleichen Minute – passiert anderswo vieles:
Es wird nebenan getobt! (Das höre ich.)
Zu Hause da sind ...
Im Kaufpark, da ...
Auf der Straße, da ...
In der Post, da ...
Am Bahnhof, da ...
In Amerika ...

Die alte Uhr

Meine Großmutter hat versucht, mir beizubringen, wie man die Uhrzeit abliest.
Mich interessierte aber mehr das Räderwerk der Uhr.
Neugierig beobachtete ich, wie die vielen kleinen und großen Räder ineinandergreifen und sich drehen, wie das große Rad immer wieder mit einem kleinen Ruck den großen Zeiger ein Stückchen weiter bewegt. Dann ist eine Minute vergangen, erklärte meine Großmutter.
Und wenn der große Zeiger sich einmal im Kreis gedreht hat, ist eine ganze Stunde verronnen.
Und wie oft muß er sich drehen, bis ein ganzer Tag vergangen ist?
Meine Großmutter wußte auch das. Wenn ich nun einfach an den Zeigern so lange drehe, bis es morgen ist, dann weiß ich schon, was morgen sein wird, meinte ich.
Und wenn ein vergangener Tag besonders schön war, dann drehe ich die Zeiger einfach zurück, bis der Tag wieder da ist.
Die Zeit läßt sich nicht zurückdrehen, behauptete meine Großmutter. Die Zeit geht immer weiter.

aus: A. Boratynski, Das Rad der Zeit, Sellier Verlag, München-Eching 1982

Eine „Alles-vorbei-Geschichte
Was gestern passierte
Eine „Morgen ist-auch-ein-Tag-Geschichte"
Was wir morgen vorhaben...
Eine „Im-Nu-Geschichte"
Was jetzt geradelos ist...
Heute na...
... und so geht's uns auch mit dem alten und mit dem neuen Jahr!

Jahreszeiten wechseln

Ein Jahr vergeht langsam. Dieser Eindruck mag aus der Sicht eines 4 oder 5jährigen Kindes, das gern älter sein möchte, verständlich sein. Kleinere Einheiten, in die das Jahr aufgeteilt ist, kann es wesentlich besser übersehen. Die Merkmale einzelner Jahreszeiten und ihren Wechsel können Kinder intensiv miterleben.

Das Jahresrad

Text und Melodie überliefert

2. Der Frühling bringt Blumen,
der Sommer den Klee.
Der Herbst, der bringt Trauben,
der Winter den Schnee.

3. Das Klatschen, das Klatschen,
das muß man verstehen,
dazu kann ich dreimal
im Kreise mich drehen.

Vier Kinder umschreiten im Kreis ein in der Mitte stehendes Kind. Dazu singen die übrigen Kinder und klatschen im Takt.

Anregung für eine Gestaltung,
in der die Kinder Wünsche und Hoffnungen für das kommende Jahr ausdrücken!

Im Frühjahr da möcht' ich	**Im Herbst da möcht' ich**
Im Sommer da möcht' ich	**Im Winter da möcht' ich**

Die Kinder bekommen große Blätter (ca. DIN A3), die eingeteilt werden. Sie bringen ihre Wünsche für das Jahr zu Papier.
– Nicht alle Wünsche können aufgezeichnet werden; nicht alle Wünsche werden erfüllt. Sicher passieren auch überraschende Dinge in diesem Jahr! Vielleicht soll auch vieles so bleiben, wie es im letzten Jahr war.

Irene Scharwächter-M.

Wir wünschen allen ein frohes Jahr

Wir begrüßen das Neue Jahr im Kindergarten

Zum neuen Jahr

Das alte Jahr geht nun zur Ruh
und zieht den weißen Vorhang zu,
und zeigen die Uhren auf Mitternacht,
so sei dem Neujahr ein Hoch gebracht!

Horst Bull,
Aus dem Kinderwunderland,
S. 189, Herder Verlag, Freiburg, 1968

Das Neue Jahr hat angefangen. Viele Menschen haben seinen Beginn besonders gefeiert. Die Kinder können davon berichten, was sie in der Silvesternacht und am nächsten Morgen gesehen, gehört oder erlebt haben.

Vom Neuen Jahr an wird die Zeit neu eingeteilt; die Tage, Wochen und Monate werden wieder von vorn gezählt. Ein neuer Kalender kann davon einen anschaulichen Eindruck vermitteln.

Es bietet sich auch an, einen neuen Geburtstagskalender
mit der Gruppe anzufertigen.

Hängt im Zimmer mit zwölf Blättern;
mancher hat auch noch viel mehr.
Geht das Jahr zu seinem Ende,
hat er keine Blätter mehr.

(Der Kalender)

„Von guten Mächten wunderbar geborgen,
erwarten wir getrost, was kommen mag.
Gott ist mit uns am Abend und am Morgen
und ganz gewiß an jedem neuen Tag!"

Dietrich Bonhoeffer

Der 1. Monat des Neuen Jahres, der Januar, hat seinen Namen von dem römischen Gott Janus, der Haus und die Tore beschützte. Er wird immer mit zwei Gesichtern dargestellt. Eines der Gesichter blickt in die Vergangenheit und eines in die Zukunft. Für uns ist der Beginn des Jahres auch die Zeit der Rückschau und gleichzeitig die der guten Vorsätze und des Neubeginns. 1)

Neujahrsnacht

Diese Nacht ist ein Fluß.
Mein Bett ist ein Kahn.
Vom alten Jahr stoße ich ab.
Am neuen lege ich an.
Morgen spring ich an Land.
Dies Land, was ist's für ein Ort?
Es ist keiner, der's weiß.
Keiner war vor mir dort.

aus:
J. Guggenmoos,
Was denkt die Maus am Donnerstag,
G. Bitter Verlag, Recklinghausen

Wünsche für das Neue Jahr

Kinder erleben, daß sich Erwachsene zur Weihnachtszeit und zum Beginn des Neuen Jahres Glückwünsche übermitteln und damit auf eine gute Zukunft hoffen.

Was können Kinder aus dieser Sitte ableiten? Was verstehen sie unter dem Neuanfang eines Jahres? Es lohnt sich, die Vorstellungen der Kinder zum Neuen Jahr einmal zu sammeln.

Eine konkrete Umsetzung wäre möglich, indem die Kinder ihre Wünsche für Eltern, Geschwister oder Kinder der Gruppe in Farben und Formen ausdrücken. Wunschkarten zum Neuen Jahr lassen sich sicher auch in den ersten Wochen des Januar noch weiterverschenken – evtl. mit einem brieflichen Gruß vom Kindergarten.

1) aus:
B. Bull, Fröhlich durch das Kinderjahr,
S. 5, Tosa Verlag, Wien 1982

1. In Ruhe und Aufmerksamkeit

1.1 Pulsschlag sehen

gG

Ruhig werden; den Pulsschlag wahrnehmen; das Streichholz balancieren.

Alter:
ab 5 Jahre; kleine Gruppe

Material:
Reißzwecke mit fest aufgestecktem Streichholz

Verlauf:
Die Kinder werden ruhig und suchen am Handgelenk die Stelle, an der sie ihren Puls fühlen können. Wenn sie das Klopfen ihres Pulsschlages erfühlt haben, können sie auf diese Stelle die Reißzwecke mit dem Streichholz legen, die sich nun leicht sichtbar hin und her bewegt.

1.2 Mit dem Plattenspieler

gG

Zuhören üben: Bewegungen zur Musik machen; langsam und schnell unterscheiden.

Alter:
ab 4 Jahre; kleine Gruppe

Material:
Plattenspieler, Schallplatten, Klebepunkte

Verlauf:
Die Kinder hören Musik und versuchen, den Takt mitzuklatschen. Die Musik wird in verschiedenen Zeitmaßen abgespielt.
Auf den Plattenteller wird ein Klebepunkt aufgeklebt. Dieser Punkt kann bei den Drehbewegungen beobachtet werden (günstig 78 Umdrehungen/Min.).

1.3 Minutenspiel

gGg

Einen kurzen Zeitraum abschätzen; Gefühl für die Dauer von Tätigkeiten erlangen.

Alter:
ab 6 Jahre; 4 oder mehr Kinder

Material:
Küchenwecker oder Uhr

Spielverlauf:
Die Kinder werden eingestimmt, einmal zu erleben, wie lang eine Minute ist. Sie warten diesen Zeitraum ab und schätzen ihn selbst ein – lang – kurz.
Anschließend überlegen sie, was sie innerhalb einer Minute alles tun könnten. Jeweils ein Kind darf dies ausprobieren. (Durch den Raum gehen, Puppe anziehen ...).

1.4 Zählen

EPG

Einprägen von Zahlbegriffen

Alter:
ab 3 Jahre; bei verschiedenen Gelegenheiten anwesende Kinder
Beim Tischdecken, Würfeln, Abzählen usw. wird mit den Kindern laut gezählt. Die Anzahl von Körperteilen, Spielgegenständen kann erfragt werden (1-10).

1. In Ruhe und Aufmerksamkeit

1.5 Tellerdrehen

gG

Eine Zeitdauer wahrnehmen; langsam und schnell vergleichend erfahren; den Teller in der Drehbewegung loslassen.

Alter:
ab 4 Jahre; bis zu 15 Kinder

Material:
ein Teller, evtl. Handtrommel

Spielverlauf:
Die Erzieherin dreht in der Kreismitte einen Teller. Die Kinder beobachten zunächst die gleichmäßige, dann im Fallen ruckartige Bewegung. Durch Reiben und Klatschen der Handflächen kann das Geräusch nachgeahmt werden. Jedes Kind kann den Teller einmal drehen. Eine Handtrommel kann begleitend eingesetzt werden.

1.6 Fahrstuhlspiel

gG

Langsame und gleichmäßige Bewegung einüben; unterschiedliche Geschwindigkeiten vergleichen.

Alter:
5 – 6 jährige; 6-12 Kinder

Material:

Spielverlauf:
Die Kinder stehen im Raum verteilt. Sie berichten zunächst von ihren Erfahrungen beim Fahrstuhlfahren. Nun schließen sie die Augen: Sie sind ein Fahrstuhl, der ganz langsam vom 5. Stockwerk herunterfährt. Dabei gehen sie ganz langsam in die Hocke. Sagt die Erzieherin zwischendurch: stop (z.B. im 2. Stock), soll sich niemand mehr bewegen. In welcher Höhe haben die Fahrstühle angehalten?

1.7 Stillespiel

gGg

Sich bemühen, das Spiel zu überdauern; Rücksicht auf die anderen nehmen.

Alter:
ab 3 Jahre; alle Kinder

ohne Material:

Spielverlauf:
Die Kinder stehen im Kreis und sind ganz ruhig, bis nacheinander jedes Kind so leise wie ihm möglich ist, im Kreis herumgegangen ist. Wird die Stille unterbrochen, so ist das Spiel beendet. Erst am mächsten Tag das Spiel wiederholen!

Weitere Beobachtungsaufgaben:
- Das Schmelzen von Schnee oder Eisstücken beobachten; dabei kann auch ein kleiner vorher eingefrorener Gegenstand freigelegt werden;
- versteckten Wecker suchen; Ticken des Weckers mitklopfen;
- zu eigenen Schritten klatschen; schneller – langsamer
- entspannt auf dem Boden liegen und horchen;
- vom Fenster aus oder an einer geeigneten Stelle das Vorbeifahren der Autos beobachten;
- Blinksignale entdecken, z.B. an Ampeln, Uhren, Reklame. Sendezeichen erkennen und über deren Zweck sprechen.

gGg
gG

Sich die Abfolge der Tätigkeiten merken; Zahlen 6-12 einprägen;

2. in schneller Bewegung

2.1 Morgens früh um sechs ...

Alter:
ab 3 Jahre; alle Kinder

Material zur Vertonung:
Klanghölzer, Handtrommel, Glocke, Rassel, Triangel, Pfeife o.a.
Sprechreim oder Lied wird von den Kindern mitgesprochen/-gesungen und prägt sich durch Wiederholung ein.

Text und Melodie überliefert

2. Morgens früh um acht wird Kaffee gemacht.
   Morgens früh um neun geht sie in die Scheun'.
3. Morgens früh um zehn holt sie Holz und Spän'.
   Feuert an um elf. Kocht dann bis um zwölf.

Schluß:

Reihenfolge von Geräuschen und Klängen festlegen und einhalten; sich an der Phantasie-Geschichte erfreuen.

Die Erzieherin zeigt den Kindern die vorhandenen Instrumente und überlegt gemeinsam mit ihnen, welche Geräusche und Klänge die Tätigkeiten der kleinen Hexe am besten darstellen.
Vor jedem Satz wird nun z.B. die Triangel 6-12 mal angeschlagen. Nach dem Text setzen die Kinder, wie vorher abgesprochen, mit je einem anderen Instrument ein.
Variation: Nur zum Vorspiel der Uhrzeit wird ein Tamburin eingesetzt. Die Verklanglichung erfolgt mit Körperinstrumenten.

gGg

2.2 Laurentia

überliefert

In der Gemeinschaft die wiederholten Bewegungen durchführen

Laurentia, liebe Laurentia mein,
wann werden wir wieder beisammen sein?
Am Montag!
Ach wenn es doch erst wieder Montag wär',
und ich bei meiner Laurentia wär ...

Die folgenden Wochentage werden zusätzlich eingesetzt, bis jeder Wochentag an der Reihe war. Zu dem in Kreisfassung gesungenen Lied werden bei dem Wort „Laurentia" und bei den Namen der Wochentage Kniebeugen gemacht.

gGg

2.3 Um elf da pocht's

überliefert

Sich den Spielablauf einprägen und die Spannung des Fangspiels aushalten können.

Ein Kind spielt das wilde Tier und hat seine Höhle in einer Ecke der Halle. Die anderen Kinder laufen herum und gehen beim Zählvers (Teil II) gemeinsam auf das wilde Tier zu. Um 12 versucht dieses, einzelne Kinder zu fangen. Die Kinder versuchen, in die gegenüberliegende Ecke in „ihr Haus" zu laufen. Wenn alle Kinder gefangen wurden, ist das Spiel beendet.

2.4 Schlangenlaufen

Alter:
ab 4 Jahre; ab 6 Kinder

Material:
ca. 10 Kegel oder Flaschen als Hindernisse

Spielverlauf:
Die Kinder fassen sich zu einer Schlange an und laufen in Schlangenlinien um die im Raum verteilt stehenden Kegel herum. Das 1. Kind führt den Lauf an und führt, wenn alle Kegel einbezogen wurden, zum Ausgangspunkt zurück. Bei weiteren Spielen wechseln die „Schlangenköpfe".

Vorsichtigen Bewegungslauf einüben; unterschiedliche Laufrhythmen vereinbaren; darauf achten, keine Kegel anzustoßen.

gG

Sich in der bewegten Gruppe zurechtfinden.

2.5 Reise mit Pferden

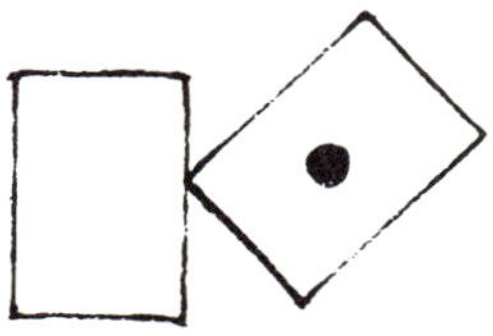

Alter:
ab 4 Jahre; mind. 14 Kinder

Material:
Musik; kleine Karten entsprechend der Teilnehmerzahl – zur Hälfte mit Markierungspunkten versehen.

Spielverlauf:
Jedes Kind bekommt ein Kärtchen ausgeteilt. Zur Musik gehen alle im Raum umher und tauschen bei jeder Begegnung mit anderen

die Kärtchen. Beim Aussetzen der Musik gehen alle, die ein markiertes Kärtchen haben, in Pferdehaltung. Die anderen suchen sich schnell ein freies „Pferd", um aufzusitzen. Beliebige Wiederholungen sind möglich.
Variation für ältere Kinder: Pferd und Reiter, die sich zuletzt gefunden haben, scheiden jeweils aus.

2.6 Mutter, wann darf ich verreisen?

gG
In den Spielrollen etwas erlauben bzw. um Erlaubnis fragen; zukünftige Zeitangaben machen können.

Alter:
ab 4 Jahre; 10-15 Kinder

ohne Material:
evtl.mit Ball

Spielverlauf:
Die Kinder stehen der „Mutter" in einer Reihe – ca. 10-15 m entfernt – gegenüber. Das 1. Kind fragt nun: „Mutter, wann darf ich verreisen?" Die Mutter antwortet mit: „heute", „morgen" oder „übermorgen". Hat die Mutter „heute" gesagt, fragt das Kind nach der Uhrzeit. Hat die Mutter eine Uhrzeit genannt, geht das Kind die entsprechende Zahl von Schritten nach vorn. Die Kinder fragen der Reihe nach. Wer in Höhe der Mutter ankommt, darf nun ihre Rolle übernehmen. Variation: Mutter, wann darf ich wiederkommen?

2.7 Katz und Maus

gG
Sich in die Spielform neu einfinden.

Bekannte Form mit dem Vorspiel:
„Ist die Maus zu Haus?"
„Ja, sie schläft noch!"
„Wann steht sie auf?"
„Um sechs Uhr!"
Nun zählt die Katze sechs ... Kinder ab und beginnt das Fangspiel, indem sie beim ausgezählten Kind in den Kreis hineinläuft.

2.8 Ringlein, Ringlein, du wirst wandern

von dem einen Ort zum andern – geht du jetzt von Hand zu Hand, bist du allen wohlbekannt.
(Nach einfacher Melodie zu singen)

gGg
Den Ring gut versteckt halten; Änderungen bemerken.

Aufmerksam sein bei ständiger Bewegung.

Alter:
ab 3 Jahre; alle Kinder

Material:
ein Ring (Wollfaden ca. 8 m lang)
Ein Kind soll den Ring suchen und verläßt zunächst den Stuhlkreis. Ein anderes Kind mit dem Ring zwischen den Handflächen streicht, während gesungen wird, jedem Kind durch die zusammengelegten Hände. Ein Kind erhält dabei den Ring. Dieser Ring wird nun von dem 1. Kind gesucht, das dreimal raten darf.
Variation: Der Ring hängt in einem an den Enden zusammengeknoteten Wollfaden. Alle Kinder im Kreis fassen den Faden an und schieben ihre Hände so weiter, als ob sie den Ring weitergäben. Das Kind in der Mitte sucht den Ring und tauscht den Platz mit dem Kind, bei dem es tatsächlich den Ring gefunden hat.

3. Spiele mit verschiedenen Dingen

3.1 Ein Ball flitzt über das Blatt

gG

(Blatt Papier auf ein Tablett legen, dieses mit etwas flüssiger Farbe beträufeln. Ein Tischtennisball wird nun darauf hin- und herbewegt.)

3.2 geblasene Bilder

EP

(mit einem Strohhalm Wasserfarbenkleckse auf einem Blatt verteilen.)

3.3 Perlen fädeln

3.4 alte Wecker zerlegen

(evtl.neu zuordnen)

3.5 Wir gehen heute nachmittag zu ...

G

Sich etwas vorstellen, etwas planen können.

Den anderen Kindern das Vorhaben darstellen.

Alter:
5-6jährige; 6-12 Kinder

Vorstellungen

Spielverlauf:
Die Erzieherin sammelt mit den Kindern Spielideen; z.B. wir gehen heute nachmittag ins Schuhgeschäft, zum Zahnarzt, zur Rodelbahn; wir gehen heute abend ins Kino ...
Paarweise stellen die Kinder diese Situationen pantomimisch dar.

3.6 Uhrengeschäft

gG

Sich für ein Signal entscheiden und dieses in der Spielrolle variabel einsetzen.

Alter:
5-6jährige; 6-12 Kinder

Material:
Orff-Musikinstrumente, Glocken, Geschirr, Stäbe und Deckel und andere Materialien, mit denen Klänge erzeugt werden können.

Spielverlauf:
Zunächst überlegen und probieren alle gemeinsam, welche Uhrengeräusche sich mit den Gegenständen und mit der eigenen Stimme darstellen lassen. Dann teilen die Kinder verschiedene Arten von Uhren unter sich auf (Armbanduhr, unterschiedliche Wecker, Wanduhr, Kuckucksuhr, etc.). Der Verkäufer (diese Rolle könnte einführend die Erzieherin übernehmen) stellt dem Käufer die einzelnen Uhren vor, bis dieser die richtige für sich gefunden hat.

Zusatz:
Verkäufer und Käufer suchen an den Uhren den Knopf zum Aufziehen oder Abstellen zu finden!

Rätsel für Märchenkundige, die mit der Zeit zu tun haben

In welchem Märchen tanzt ein Männlein um ein Feuer und ruft: „Heute back' ich – morgen brau' ich, übermorgen ..."
(Rumpelstilzchen, Grimm 55)

Wer machte einem armen Schuster über Nacht ein Paar Schuhe fertig?
(Die Wichtelmännlein, Grimm 39)

In welchem Märchen war die Mutter der Kinder in den Wald gegangen,um Futter zu holen? „Seid auf der Hut", hatte sie zu den Kindern gesagt. Es dauerte nicht lange, so klopfte es an der Haustür.
(Der Wolf und die sieben Geißlein, Grimm 5)

Zwei Kinder gingen den ganzen Tag über Wiesen, Felder und Stein. Am Abend waren sie so müde vom Jammer, Hunger und langem Weg, daß sie in einem hohlen Baum einschliefen. Am anderen Morgen wurden sie von der Sonne geweckt.
(Brüderchen und Schwesterchen, Grimm 11)

Ein Junge sagte zu einem Mädchen: „Wir werden den Weg schon finden". Aber sie fanden ihn nicht. Sie gingen die ganze Nacht und noch einen Tag von Morgen bis Abend, aber sie kamen aus dem Wald nicht heraus.
(Hänsel und Gretel, Grimm 15)

Welche Königstochter sollte sich in ihrem 15. Jahr an einer Spindel stechen?
(Dornröschen, Grimm 50)

Vor Zeiten war ein König und eine Königin, die sprachen jeden Tag: „Ach, wenn wir doch ein Kind hätten". Wer waren diese Leute?
(Die Eltern von Dornröschen)

Welche Königin überlegte die ganze Nacht, welche Namen sie jemals gehört hatte?
(Die Königin aus dem Märchen Rumpelstilzchen)

Welcher Hans hatte sieben Jahre seinem Herrn gedient und sagte dann zu ihm: „Herr, meine Zeit ist herum, nun wollte ich gern wieder heim zu meiner Mutter. Gebt mir meinen Lohn."
(Hans im Glück, Grimm 83)

Was war in einem Töpfchen drin, das kochte, während das Mädchen ausgegangen war und kochte über. Als das Mädchen heimkam, sprach es: „Töpfchen steh!" Da hörte es auf zu kochen.
(Der süße Brei, Grimm 103)

Es hat alles seine Zeit,
was wir anfangen,
was wir zur Seite legen.
Alles, was unter dem Himmel geschieht,
hat seine Stunde.

Geborenwerden hat seine Zeit.
Sterben hat seine Zeit.

Pflanzen hat seine Zeit
und ausreissen,
abtrennen und heilen,
niederreissen und bauen.

Weinen hat seine Zeit
und lachen,
klagen und tanzen,
Steine wegwerfen und sammeln,
umarmen und getrenntsein,
suchen und verlieren,
festhalten und loslassen,
zerreissen und nähen,
schweigen und reden.

Text nach Prediger Kohelet 3,1-7, Schrift: Friedrich Dedden

…„die **Zeit** selbst – sie muß doch irgend etwas sein. Es gibt sie doch.

Was ist sie denn wirklich?…

Momo überlegte lange.

„Sie ist da“, murmelte sie gedankenverloren, „das ist jedenfalls sicher. Aber anfassen kann man sie nicht. Und festhalten auch nicht.
Vielleicht ist sie so was wie ein Duft? Aber sie ist auch etwas, das immerzu vorbeigeht. Also muß sie auch irgendwo herkommen. Vielleicht ist sie so was wie der Wind? Oder nein! Jetzt weiß ich's! Vielleicht ist sie eine Art Musik, die man bloß nicht hört, weil sie immer da ist. Obwohl, ich glaub', ich hab' sie schon manchmal gehört, ganz leise.“
„Ich weiß“, nickte Meister Hora, „deswegen konnte ich dich ja zu mir rufen.“

„Aber es muß noch was anderes dabei sein“, meinte Momo, die dem Gedanken noch weiter nachhing, „die Musik ist nämlich von weither gekommen, aber geklungen hat sie ganz tief in mir drin.
Vielleicht ist es mit der Zeit auch so.“

aus:
Michael Ende, Momo,
K. Thienemanns Verlag Stuttgart-Wien 1973, S. 158

Eine Auswahl (Stand Juli 1992)

Von Riesen und Zwergen

m1 Von der Zwergen- und Riesenwelt

m8 Ein Fest im Zwergenreich

Andersen, L. Zwerger, Däumelieschen, Neugebauer Press
Andersen, K. Kaila, Däumelinchen, Verlag Gerstenberg
K. Boie, S. Brix-H., Entschuldigung, flüsterte der Riese, Verlag Oetinger
M. Bolliger, M. Laimgruber, Das Riesenfest, Verlag Artemis
Bolliger, Pavoni, Das Riesenfest und andere Geschichten, AT Verlag
S. Brandes, Der einsame Riese, Verlag Ellermann
E. Carle, Paßt auf, ein Riese! Verlag Gerstenberg (Auch zum Fühlen!)
A. Fuchshuber, Der Tag des Riesen, Verlag Ellermann
A. Fuchshuber, Mausemärchen – Riesengeschichte, Verlag Thienemann
D. Harrison, P. Fix, Riesen sind nur halb so groß, Ravensburger Buchverlag, O. Maier
H. Heine, S. Gräfin Schönfeld, von Riesen und Zwergen, Ravensburger Buchverlag (vergr.)
A. Lindgren, H. Wiberg, Tomte Tummetott und Tomte und der Fuchs, (2 Bd.) Verlag Oetinger
I. Korschunow, Die Wawuschels mit den grünen Haaren, dtv junior
I. Korschunow, Neues von den Wawuschels, dtv junior
E. Kreidolf, Die Wiesenzwerge, ars Edition
S. Otto, Vom kleinen Troll, der gern spielen wollte, Verlag Oetinger
S. Schuler, Mein erstes Vorlesebuch von den Zwergen

m2 Getauschte Sicht

T. Bogacki, W. Kreye, Der Riese von der kleinen Insel, Nord Süd Verlag
V. Ferra-Mikura, Besuch bei den drei Stanisläusen, Verlag Jungbrunnen/Herold Druck
J. Mogensen, 46 kleine Männer, Verlag Parabel
R. Triltsch, Riesengroß und klitzeklein, Ravensburger Buchverlag, O. Maier
H. Voigt, Die grüne Riesin, Verlag Schneider
E. Carle, Die kleine Maus sucht einen Freund, Verlag Gerstenberg
B. Cratzius, P. Kunstreich, Lauf weiter, kleiner Wumbo, Verlag Herder
E. Hjortvid, M. Nordquist, Kleines Pony ganz groß, Verlag Boje
M. Hoppe, J. Lenica, Die Maus und der Elefant, bohem press
I. Korschunow, Merrymaus, dtv junior
T. Michels, Kleine Hasen werden groß, dtv junior
H. Moers, J. Wilkon, Hugo und sein kleiner Bruder, Nord Süd Verlag
K. Recheis, J. Palecek, Der große Bär und der kleine Bär, Verlag Herder
G. Ruck-Pauquet, H. Otto, Großer Bär und kleine Maus, Verlag Schroedel

m3 Von der Größe – Vom Großwerden

m6 Kleinsein unter Größeren

G. Bergström, Nur Mut, Willi Wiberg / Bist du feige, Willi Wiberg? Verlag Oetinger
C. Brückner, C. Iwasaki, Ein Bruder für Momoko, Verlag Peters
R. Herfurtner, W. Blaebst, Motzarella und der Ärgerriese, A. Betz Verlag
Janosch, Kasper Mütze – Wie man einen Riesen foppt, Verlag Dressler
K. Kordon, M. J. Sacre, Der Kleine, der Riese und der Großriese, bohem press
K. Louhi, Lena wird groß / Ein Brüderchen für Lena, Verlag Gerstenberg
M. Mai, S. Metz, Endlich fängt die Schule an, Verlag Herder
C. Merz, H. G. Döring, Fabian und der Zauberdrache, Verlag Herder
J. Palecěk, Ihr seid groß und wir sind klein, Verlag Jungbrunnen/Herold Druck
T. Ungerer, Zeraldas Riese, Diogenes Verlag
S. Widerberg, C. Torudd, Die große Schwester, Verlag Oetinger

m5 Anregungen zum Gestalten

J. Ehlers-Juhle, H. Krekeler, A. Wendt, Bei den Zwergen (Ein Spiel- und Bastelbuch), Ökotopia V.
B. Harling, A. Büscher, Vorhang auf für Anton Zwerg, B&B Verlag
Zwerge: Wie man sie sieht, macht und mit ihnen umgeht (Material aus Waldorfkindergärten)
Verlag Freies Geistesleben

Von Bären – „bärenstark"

m1 Von Teddys – Spielbären – Weggefährten

m3 Bärenspiele und Leckereien

C. Bucknall, Ein Bär will nicht alleine sein, Verlag Carlsen
B. Cratzius, Mein allerliebstes Bärenbuch, Verlag Loewe
H. Heine, Prinz Bär, Verlag Middelhauve
M. und R. Rettich, Teddy-Krimi, Verlag Oetinger
M. Rosen, H. Oxenburg, R. Inhauer, Wir gehen auf Bärenjagd, Verlag Sauerländer

m5 Bärengeschichten und Darstellungen

F. Asch, Der kleine Mondbär, Verlag Herder
B. Bartos-Höppner, Muz, kleiner Muz, Hoch Verlag
H. Baumann, Leseloewen Tiermärchen, Verlag Loewe
H. de Beer, Kleiner Eisbär, wohin fährst du? Kleiner Eisbär, nimm mich mit! sowie weitere Bücher dieser Reihe, Nord Süd Verlag
M. Bolliger, J. Wilkon, Der Bärenberg, bohem press
U. Fuchs, Geschichten vom Bär, Verlag Anrich
J. Gantschew, Ota der Bär, bohem press
Janosch, Ich mach dich gesund, sagt der Bär, (sowie weitere Bücher, in denen Bären Handlungsträger sind) Verlage: Diogenes, Beltz, Parabel
H. Z. Jensen, Petra und der Pandabär, Verlag Parabel
D. Mc Kee, Mein lieber Bär, Bärengeschichten, Verlag Parabel
C. Lastrego, F. Testa, Der Bär und seine Freunde, Verlag Herder, (Panoramabuch)
T. Michels, Unser Gustav Bär, Verlag Benziger
A. A. Milne, Pu der Bär, Verlag Dressler
E. H. Minarek, M. Sendak, Der kleine Bär (4 weitere Bücher), Verlag Sauerländer
K. Recheis, J. Palecek, Der große und der kleine Bär, Verlag Herder
M. und R. Rettich, Der kleine Bär, Verlag Oetinger
L. Tolstoi, W. Lebedew, Drei Bären, Verlag Parabel
Chr. Vorhalt, Sammelband 2 Bausteine Kindergarten, Verlag Bergmoser und Höller (darin Anregungen zu den Bilderbüchern: Murmelbär und Der kleine Bär und seine Freundin)

m6 Von lebenden Bären in Zoo und fernen Ländern

H. Baumann, E. Dietzsch-Capelle, Wie Tierkinder schlafen, Verlag Thienemann
A. Charman, C. Forsey, Das Bärenbuch, Verlag Carlsen
A. Fechner, Chr. Adrian, Tiere in der weiten Welt, Ravensburger Buchverlag, O. Maier
T. Larsen, S. Kalas, Das Eisbären-Kinder-Buch, Neugebauer Press
Leben der Tiere, Ravensburger Buchverlag, O. Maier
P. Pfeffer, F. Stephan, Bären – Die unsanften Riesen (Die Welt entdecken 18) Ravensburger Buchverlag, O. Maier
R. Piumini, L. Rinzzatti, Tiermütter und ihre Jungen, Verlag Pestalozzi
J. Radel (Hrsg.) Das große Buch von kleinen Bären, Verlag Benziger
A. und C. Schmidt, Bären (Das Buch der Tierfamilien Bd. 1) Verlag Sauerländer
L. Streblow, Barro der Braunbär, Verlag Loewe

Zeitschrift:

Bimbo (Die Zeitschrift für den kleinen Tierfreund!)
Verlag Deutscher Tierschutz Dienst, Äußerer Laufer Platz 22, 8500 Nürnberg 1

Was Hände alles können

m2 Hände können spielend sich bewegen

m8 Spiele: Was Hände alles können

M. Arndt, W. Singer, Das ist der Daumen Knudeldick (Fingerspiele und Rätsel), Ravensburger Buchverlag, O. Maier
A. Bauer, Das Fingertheater, Verlag Novalis
W. Ellwanger, A. Grömminger, Das Puppenspiel, Verlag Herder

G. Falkenberg, Gefühl bis in die Fingerspitzen, Burckhardthaus-Laetare Verlag
M. Fuglsang, Schatten und Schemenspiel in einer Tischbühne, Verlag Frech
E. Pausewang, Die Unzertrennlichen – Neue Fingerspiele Bd. 1, 2,3 Verlag Don Bosco
S. Stöcklin-Maier, Sprechen und spielen (Alte und neue Wortspiele mit Finger, Händen, Füßen, Schatten, Requisiten), Ravensburger Buchverlag, O. Maier

m3 Hände sind geschickt
Bernadette, Frau Holle, Nord Süd Verlag
G. Orecchia, Fingerbücher 1-4 Verlag Herder
(Es waren einmal fünf Finger, die wanderten ans Meer)
Eins zwei drei vier – komm zähl mit mir
A E I O U das lernst du im Nu
Hände zum Streicheln und Schmeicheln, zum Knuffen und Puffen)
A. Rocard, C. Nadand, Gärtnern für Kinder, Verlag Tessloff
K. Stoevesandt, Bauen und Legen, Verlag Luther
S. Stöcklin-Meier, Falten und Spielen, Verlag Orell Füssli
S. Stöcklin-Meier, Naturspielzeug, Ravensburger Buchverlag, O. Maier

m5 Tasträume erfahren
H. Bücken, Kimspiele, Verlag Hugendubel
H. Bücken, Mit Hand und Fuß, Verlag Herder
Die kleine Wolke Clementine (Teil 1 und 2), Deutscher Blindenverband, Hof 27, 3000 Hannover 71 (Dort sind auch weitere Informationen zu erhalten.)
D. W. Haller, V. A. Jensen, Was ist das? Verlag Sauerländer
N. Hoensich, E. Niggemeyer, Heute streicheln wir den Baum, Ravensburger Buchverlag, O. Maier
K. Mönkemeyer, Spiele für alle fünf Sinne, Verlag Ökotopia
R. Seitz (Hrsg.) Tastspiele, Verlag Don Bosco

m6 Hände sind Werkzeuge zum Tun
E. Andersen, H. A. Lusznat, T. Klinger, ... und wo arbeiten deine Eltern? Ravensburger Buchverlag, O. Maier
Feiner, Niederle, Michelic, Kinder erleben ihre Umwelt (Kap. Kinder als Erfinder! Umgang mit Werkzeug und Material.) Ravensburger Buchverlag, O. Maier
D. Frutiger, Chr. Mehr, Dreckgeschichten, Verlag Orell Füssli
L. de Horna, Soll ich dir zeigen, wie man Brot bäckt? bohem press
U. Klindworth, Viele Hände bauen ein Haus, Ravensburger Buchverlag, O. Maier
F. Kohlsaat, Was macht Herr Benedikt um acht? Verlag Ellermann
A. Mitgutsch, Reihe Kinderhandbücher Vom ... zum ... Verlag Sellier
W. Müller, Elementares Arbeiten mit Ton, Verlag Don Bosco
H. Schmidt, C. Merz, Nimm mich mal mit (Kinder entdecken Berufe – Schornsteinfeger, Bäcker, Hufschmied) Verlag Herder
I. Tschinkel, T. Rothfuß, (Reihe: leichte Arbeit – schwere Arbeit, Wo Menschen arbeiten, Wer arbeitet hier? ...) Verlag Jugend und Volk

Wie die Zeit vergeht

m1 Von den Zeiten des Tages

m2 Von Monaten und Jahreszeiten

m6 Wenn die Jahre wechseln
O. Betz, Jeder Tag neu geschenkt, Verlag Herder
A. Bröger, R. Michl, Draußen ist es dunkel
Fessl, Tschinkel, Sachbilderbuch 2 Winter, Verlag Jugend und Volk
D. Goode, R. Levinson, Da oben leuchten die Sterne (Eine Geschichte von früher), Verlag Boje
J. Guggenmos, J. Burmingham, So geht das Jahr durchs Land, Ravensburger Buchverlag, O. Maier
W. Harranth, J. Palecek, Claudia mit einer Mütze voll Zeit, Verlag Jungbrunnen
L. Lionni, Frederik, Verlag Middelhauve
G. Lundgren, L. und M. Jacobson, Malkom erlebt den Sommer (Herbst, Winter, Frühling) Verlag Carlson
I. Mari, Ein Baum geht durch das Jahr, Verlag Ellermann
R. Mörtl-Rangnick, E. Ekker, Was ein Tag alles bringt, Ravensburger Buchverlag, O. Maier

T. Müller, T. Michels, Was für ein schöner Tag! Verlag Ellermann
M. Reidel, Die 12 Monate, Verlag Sellier
M. Rettich, Freitag ging alles schief, eine Woche mit Franzl und Nanni, dtv junior
G. Ruck-Pauquet, S. Ichikawa, Kunterbuntes Jahr, Verlag Peters
C. Spangenberg, ABC für kleine Gärtner, Verlag Ellermann
Uhren-Serie (Diese Bücher führen unter 13 Aspekten durch das Jahr! Versch. Verfasser)
Verlag Ellermann – Heil- und Giftpflanzen-Uhr – Die Schmetterlings-Uhr – Die Blumen-Uhr – Die Erd-Uhr – Die Garten-Uhr – Die Sonnen-Uhr – Die Pilz-Uhr – Die Fisch-Uhr – Die Grüne Uhr – Die Baum-Uhr – Die Wiesen-Uhr – Die Wald-Uhr – Die Vogel-Uhr –
G. Zeissner, B. Lotz, Vorlesebuch Kindergarten, Verlag Bardtenschlager

m3 *Zeit in Ruhe und Bewegung*
A. Hunt, Der Traum der 3 Bäume, Brunnen Verlag

m5 *Zeit, die wir messen können*
A. Fuchshuber, Kuckucks-Uhr-Kuckuck (Uhr Tag) Verlag Sellier
F. Herold, Zu meiner Welt gehören Zeiten, (Vorschul-Bilderbuch für spiel. Lernen)
H. Schwedes, Zeit Klettbuch 92430
M. Bolliger, J. Capek, Am Anfang ..., bohem press
M. Kasuya, Schöpfung, Wittig Verlag
B. Marquardt-Mau, R. Schmitt (Hrsg.) Chima baut sich eine Uhr (Sachunterricht; 3. Welt-Erziehung) Beltz Verlag
M. Rettich, Erzähl mal wie es früher war, Ravensburger Buchverlag, O. Maier
I. Tschinkel, Natur- und Sachbegegnung mit Kindern, (darin: Tag und Nacht, Die Zeit bestimmen, jünger und älter) Verlag Jugend und Volk

Hinweise zu Spielmaterial und MC

Spiele:
Riese Grobian, Verlag Herder, im Spielwarenhandel erhältlich!
Zwergenrennen, Noris Spiel, im Spielwarenhandel erhältlich!
Waldschattenspiel, Verlag Ökotopia und Versand,
Hafenweg 26,
4400 Münster, Tel. 0251/661035
Bärenspiel, Verlag Herder, Im Spielwarenhandel erhältlich!
(Ein Spiel, bei dem Würfelglück und gegenseitige Hilfe wichtig sind. Variationen als Such- und als Waldtierspiel sind möglich!)
Naschbärenspiel, (Für Kinder, die bis sechs zählen können). Erhältlich bei:
R. Wittig, Edition Perlhuhn „Spiel und Kunst",
Am Goldgraben 22,
3400 Göttingen
Tiermemory, Tierlotto, Ravensburger Spiele, Im Spielwarenhandel!

Musikcassetten:
Tierzirkus (Elefant, Affen, Pferde, Tanzbär, Tiger), Fidulafon 1212
Deutsche Grammophon Junior Hörspielfassungen:
Pu der Bär (3 Folgen) In Szene gesetzt von Charlotte Niemann 33 46 049-51
Oh, wie schön ist Panama und ***Komm, wir finden einen Schatz:*** Erzähler: Siegfried Wischnewski 33 46 053

Kataloge der Deutschen Grammophon Musikcassetten können angefordert werden bei:
Verkaufszentrale Ost, Otto-Suhr-Allee 59, 1000 Berlin 10
Verkaufszentrale West, Hansaring 69-73, 5000 Köln 1
Rolf Zuckowski, Zeit für Kinder – Zeit für uns MC 8294554 Deutsche Grammophon
Rolf Zuckowski, Rolf und seine Freunde, Starke Kinder, MC 841615-4, Deutsche Grammophon

R. Krenzer, P. G. Walter, ***Dreh dich wie ein dicker Bär,*** MC und Liedheft, Musikbär Verlag, Eichenweg 15, 6905 Schriesheim

Marieluise Ritter, ***Himbärs Geburtstag*** (Lauschstück für Lacher) MC 15060/847474-971, Nashorn Kindercassette im Patmos Verlag, Am Wehrhahn 100, 4000 Düsseldorf 1

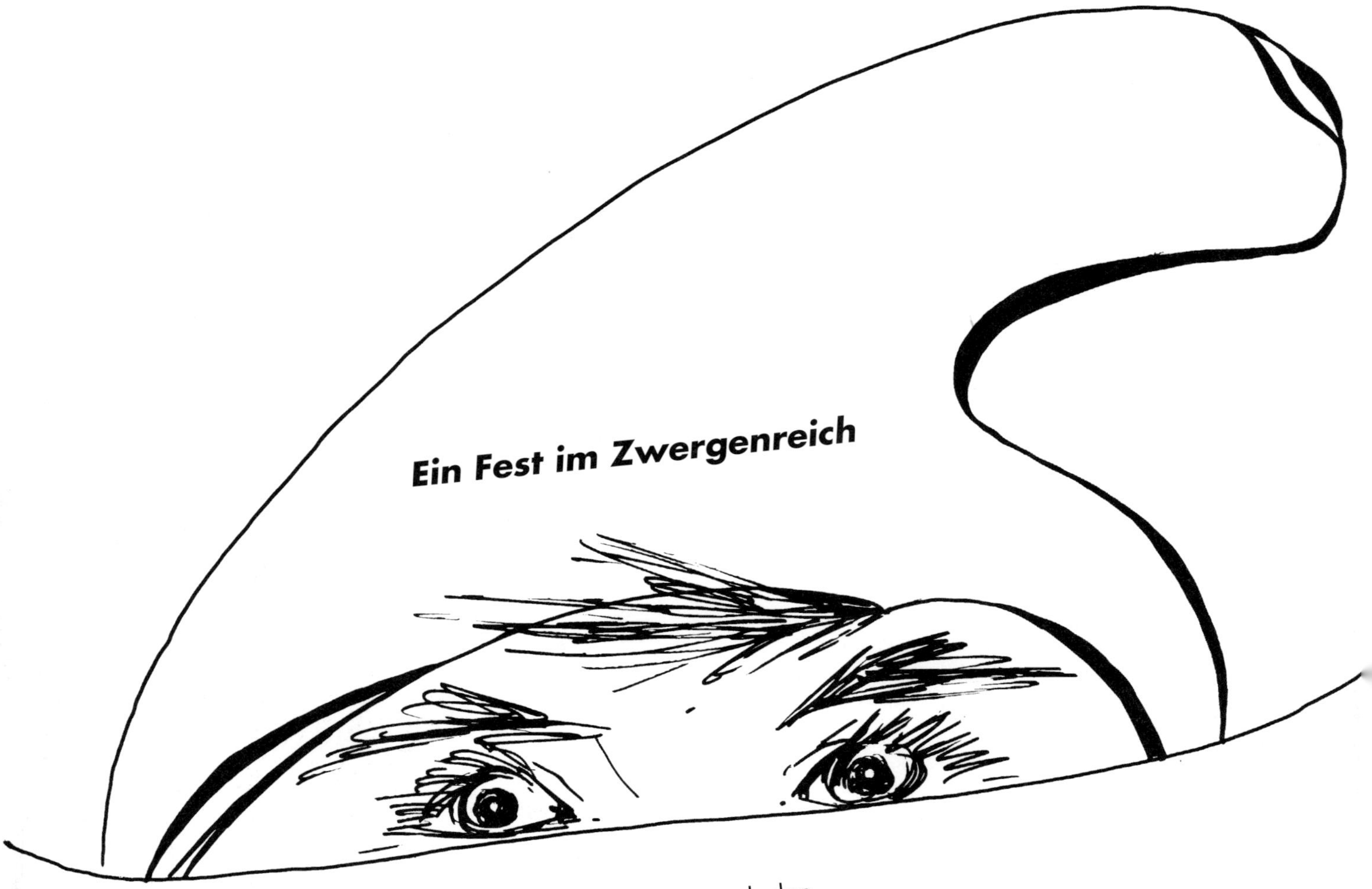

Ein Fest im Zwergenreich

Ausnahmsweise werden auch Riesenbesucher eingeladen,
wenn sie sich kleinmachen können, um in die Höhle zu gelangen!

Am .... um .... Uhr

im ....

Ich komme! Riesin ....

Ich komme! Riese ....

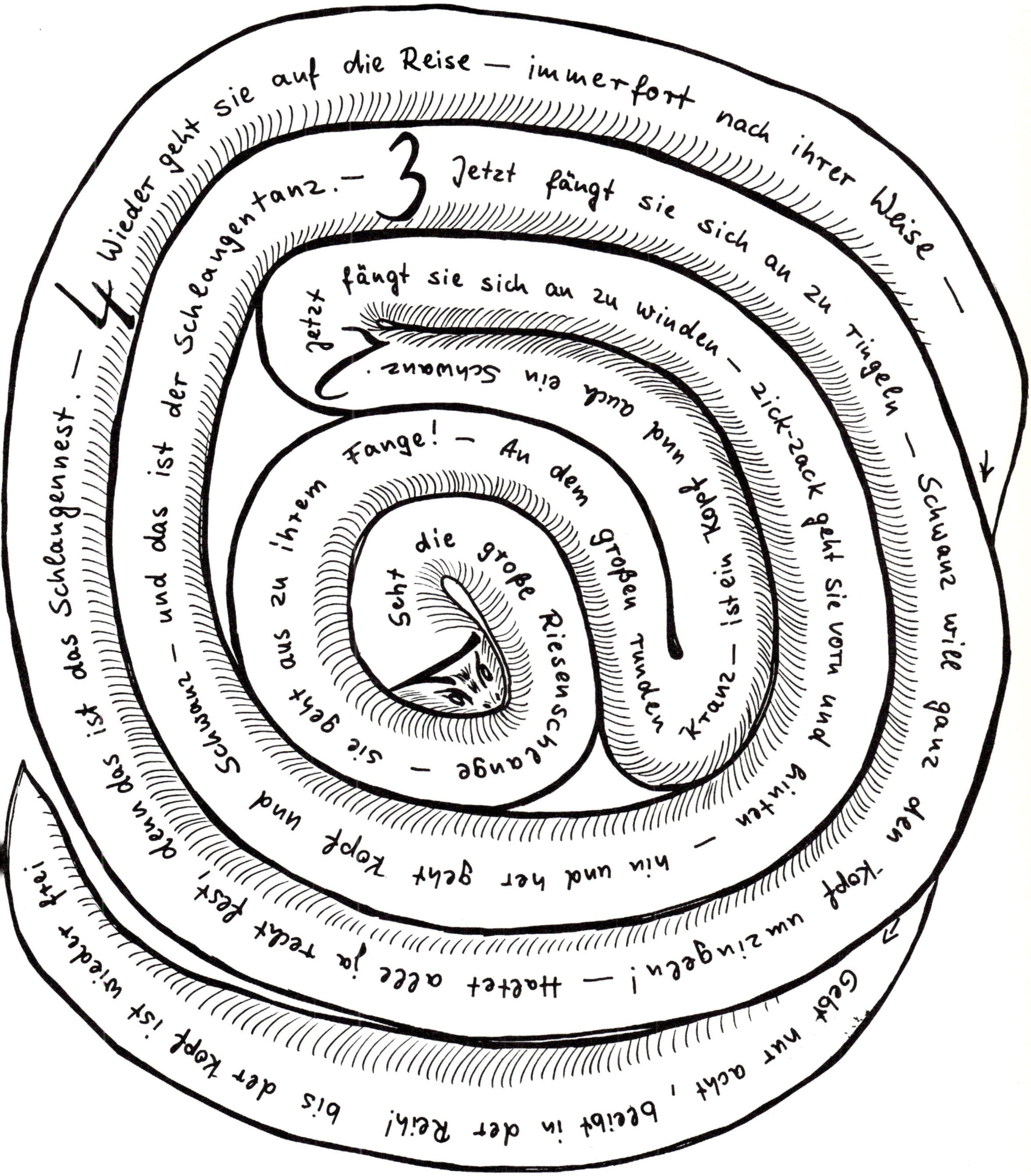
Seht die große Riesenschlange — sie geht aus zu ihrem Fange! — An dem großen runden Kranz — ist ein Kopf und auch ein Schwanz.
2
Jetzt fängt sie sich an zu winden — Zick-zack geht sie vorn und hinten — hin und her geht Kopf und Schwanz — und das ist der Schlangentanz. —
3
Jetzt fängt sie sich an zu Tingeln — Schwanz will ganz den Kopf umzingeln! — Haltet alle ja recht fest, denn das ist das Schlangennest. —
4
Wieder geht sie auf die Reise — immerfort nach ihrer Weise —
Gebt nur acht, bleibt in der Reih! bis der Kopf ist wieder frei!

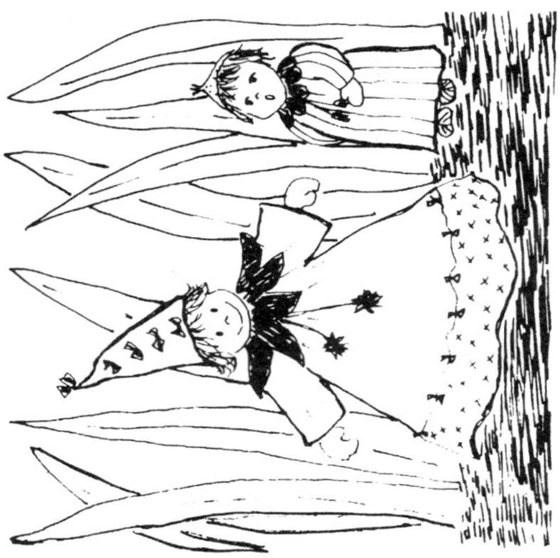
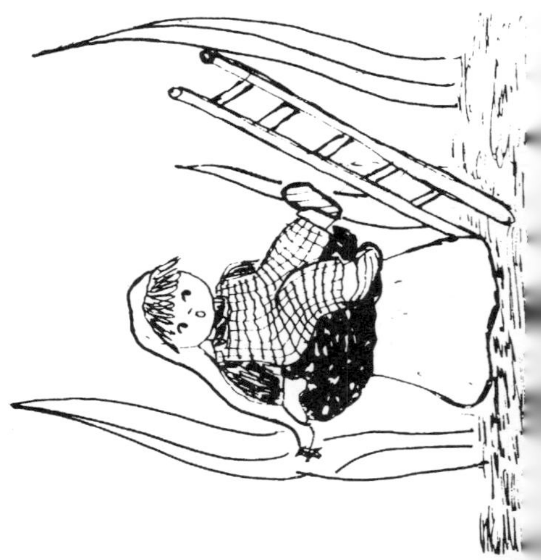

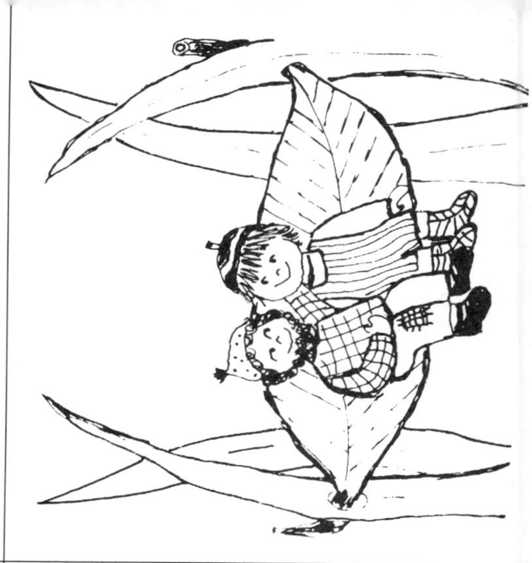